ars vivendi

Markus Raupach

55 X VERFÜHRT BAMBERG

ars vivendi

Bei der Realisierung dieses Buches ließen wir größtmögliche Sorgfalt walten.
Falls dennoch Fakten falsch oder inzwischen überholt sein sollten, bedauern wir dies,
können aber auf keinen Fall eine Haftung übernehmen.

Erste Auflage April 2014

www.arsvivendi.com
Fotos: Markus Raupach
Satz: Christine Richert, www.typoholica.de
Karte: Ingenieurbüro Dieter Ohnmacht, Frittlingen
Umschlaggestaltung: Philip Starke, Hamburg, www.starke-gestaltung.de,
unter Verwendung einer Grafik von © JiSign/fotolia.com
undeines Fotos von © Joachim Opelka/fotolia.com
Lektorat: Eva Elisabeth Wagner
Druck: Werbedruck GmbH Horst Schreckhase, Spangenberg
Printed in Germany

ISBN 978-3-86913-203-7

Inhalt

Auf historischer Spurensuche

1 Am Alten Kanal 10
Bambergs Zugang zur Nordsee

2 Im Zeichen des »Goblmoo« 14
Auf dass Wasser fließe

3 Die wahren Bamberger Reiter 18
Die Stationierung der Kaiser-Ulanen in Bamberg

4 Mit Horn und Hellebarde 22
Wer des Nachts über Bamberg wacht ...

5 Ein Wirtschaftsflüchtling aus Bamberg 26
Wie der Franke Levi Strauss die Blue Jeans erfand

6 Bamberg im Bombenhagel des Zweiten Weltkriegs 30
Die Zerstörung der Erlöserkirche

7 Steine, über die man stolpern sollte 34
Zum Gedenken an die Opfer des NS-Regimes

8 Zwiebeltreter und Süßholzraspler 38
Der grüne Daumen der Domstädter Gärtner

9 Vom Hegel'schen Idealismus bis zu Messerschmitts »rollender Käseglocke« 42
Berühmte Besucher in Bamberg

Auf dem Domberg

10 »Caput Orbis« 46
Der Bamberger Dom

11 Eine ungeklärte Personalie 52
Der »Bamberger Reiter«

12 Sternenmantel und Königsmord 56
Die Alte Hofhaltung

13 Von Schornsteinen, einem mysteriösen Fenstersturz und der Bamberger Verfassung 60
Die Neue Residenz

Von Bambergs Klöstern, Kirchen und Pilgerwegen

14 600 Pflanzen an der Decke 64
Auf dem Michelsberg

15 Jakobsweg und Pilgertrunk 68
Von Bamberg nach Hallerndorf

16 In den Fußstapfen eines ritterlichen Wallfahrers 72
Auf dem Kreuzweg in Bamberg

17 Zwischen Säkularisation und Neubeginn 76
Auf dem Stephansberg

18 Nonnen, Mönche und ein Hund 80
Im Karmelitenkloster

Weltliche Sehenswürdigkeiten

19 Böttingerhaus und Concordia 84
Architektonisches Erbe eines hochfürstlichen Geheimrates

20 Ein Schaukasten der Natur 88
Im Naturkundemuseum Bamberg

21 Hoch oben über der Stadt 92
Einmal Altenburg und zurück

22 Von Mühlen, einer pfiffigen Idee und plastischen Malereien 96
Im Schatten des Alten Rathauses

23 Von Bamberg zu den Sternen 100
Das Vermächtnis des Hobbyastronomen Remeis

Kunst und Kultur

24 Von Prag nach Bamberg 104
Bei Symphonikern zu Hause

25 Großes Theater und kleine Bühnen 108
Ein Streifzug durch Bambergs Theaterlandschaft

26 Moderne Kunst erlaufen 112
Unterwegs auf dem Bamberger Skulpturenweg

Bamberger Braukunst

27 Wenn's ums Bier geht ... 116
Der Bamberger Bierkrieg

28 Die Bierhauptstadt 120
Ein Streifzug durch Bambergs Brauereien

29 Eine Begegnung der bierigen Art 126
Das Bamberger Rauchbier

30 Die Magie des Bieres 130
Das Bierdiplom an der Bamberger Bierakademie

31 Von einem Oberfranken, der in die Welt zieht,
um Bamberger Bier zu verkaufen 134
Das Erfolgsrezept von »St. Erhard«

Gastronomien

32 Der gute Start in den Tag 138
Hier frühstückt es sich am besten!

33 Ein Bamberger geht AUF den Keller 142
Das Bamberger Keller-Einmaleins

34 Dreimal Drei Kronen 146
Leckeres Essen und gutes Bier, von den Schweden geprüft

35 Vom Hörnla übers Schäuferla bis hin zum Zwetschgenbames 150
Echte Bamberger Spezialitäten

Freizeitgestaltung in und um Bamberg

36 Baden gehen in Bamberg … 154
… nicht nur was für »dicke Frauen«

37 Baggern nach Herzenslust 158
Im Monsterpark Rattelsdorf

38 Double-Triple plus 1 162
Basketball in »Freak City«

39 Bambergs grüne Lunge 166
Unterwegs im Hain und auf der Erba-Insel

So feiert Bamberg!

40 Das Fest der selbst gemachten Musik 170
»Schwof« von der Oberen bis zur Unteren Sandstraße

41 Zauberhafte Tage in Bamberg 174
Hogwarts und New Orleans zu Besuch

42 Die fünfte Jahreszeit 178
Kerwa »im Sand«: Zwischen Partystimmung, Fischerstechen und Feuerwerk

43 »Wer hat Kerwa?« 182
Kirchweihzeit in und um Bamberg

44 Weihnachtsmärkte, Krippen und schwimmende Nikoläuse 186
Bamberg und die stade Zeit

Shopping und Einzigartiges

45 »Deutschlands schönstes Kaufhaus« 190
Shoppen gehen in Bamberg

46 Ein neuer alter Weinberg mitten in der Stadt 196
Die Lage »Bamberger Michaelsberg«

47 Made in Bamberg 200
Einzigartige Produkte aus der Domstadt

Unterwegs im Bamberger Umland

48 Das Urlaubsschloss am Rande der Stadt 204
Niedergang und Renaissance von Schloss Seehof

49 Wo die Mauerscheißer wohnen 208
Unterwegs in der Kaiserpfalz Forchheim

50 Die Housnküh 212
Unterwegs in Bambergs Festungsstadt Kronach

51 Die Wallfahrtszentrale 216
Legende und Bau von Vierzehnheiligen

52 Die Zuflucht der Bamberger Fürstbischöfe 220
Wanderung rund um Giechburg und Gügel

53 Ein Gefängnis hinter Klostermauern 224
Kloster Ebrach

54 Mumien hinter Klostermauern 228
Die wechselvolle Geschichte des Kloster Banz

55 Von Fürstbischöfen und Musketieren 232
Schloss Weißenstein

Zum Autor 236

Register 237

Blick auf das Wasserschloss Concordia

Am Alten Kanal

1

Bambergs Zugang zur Nordsee

Als König Ludwig I. 1825, ein Jahr nach seinem Amtsantritt, mit seinem Baurat Heinrich Freiherr von Pechmann die Pläne für eine Wasserstraße zwischen Donau und Main besprach, war die Idee nicht neu. Schon Karl der Große hatte die Idee, Truppen und Güter zwischen den großen Flüssen seines Riesenreiches hin und her zu transportieren. Seine Verbindung, deren Lückenschluss von 793 bei Treuchtlingen noch heute zu besichtigen ist, währte allerdings nur wenige Jahre. Im 17. und 18. Jahrhundert griffen einige Historiker das Thema wieder auf, doch die Umsetzung gelang erst unter Ludwig I. Während Karl der Große noch den Weg über Altmühl und Fränkische Rezat nach Nürnberg wählte, gingen die Bayern im 19. Jahrhundert einen anderen Weg: Der Kanal zweigte nördlich von Beilngries von der Donau ab und führte über Neumarkt in die Frankenmetropole. 100 Schleusen von Kelheim (Schleuse 1) bis Bamberg (Schleuse 100) stellten sicher, dass die Lastkähne der damaligen Zeit sicher die Höhenunterschiede der Gewässer überwinden konnten (80 Meter Aufstieg von der Donau und 184 Meter Abstieg zum Main). Nicht viele der Schleusen des 1950 aufgelassenen Kanals sind erhalten. Wenn Sie einmal in der Neumarkter Gegend sind, lohnt ein Ausflug nach Pollanten zur Schleuse 25, wo man auch noch einen Ausflug mit Schiff und Pferd unternehmen kann. Ebenfalls noch in Betrieb ist die Bamberger Schleuse 100. Von dort aus konnten die Schiffe den Main erreichen, und der Weg bis hinauf zur Nordsee war frei.

Doch zurück zu König Ludwig. Die Bauarbeiten gingen schnell voran, ein eigens gegründeter »Actienverein« sicherte die Finanzierung. Am 6. Mai 1843 legten die ersten Schiffe – voll beladen und festlich geschmückt – unter Kanonendonner in Bamberg ab und fuhren nach Nürnberg. Am 2. Juli 1846 war auch das zweite Teilstück bis Kelheim fertiggestellt, wovon heute noch das Kanaldenkmal am Erlanger Burgberg zeugt, das man beim Vorbeifahren von der A73 aus gut sehen kann. Seine Inschrift lautet: »DONAU UND MAIN FÜR DIE SCHIFF-FAHRT VERBUNDEN, EIN WERK VON CARL DEM GROSSEN VERSUCHT, DURCH LUDWIG I KOENIG VON BAYERN NEU BEGONNEN UND VOLLENDET MDCCCXLVI.«

Die Schiffe auf dem Kanal waren streng genormt. Maximal 104 Fuß (30 Meter) lang, 14 1/2 Fuß (4,20 Meter) breit und 4 Fuß (1,16 Meter) tief durften sie sein. Als Antrieb dienten Pferde, die die Kähne jeweils auf einer Flussseite an langen Seilen mit einer Geschwindigkeit von drei Stundenkilometern zogen. Diese Art der Fortbewegung nennt man »treideln«, die Wege entlang des Kanals deshalb »Treidelpfade«. Die Fahrt von Bamberg nach Kelheim war so, inklusive aller Schleusungen, innerhalb von sechs Tagen zu schaffen. Am Kranen zwischen Langer Straße und Kapuzinerstraße stehen heute noch die historischen Lastkräne, mit denen die Kähne entladen wurden. In den ersten Jahren erzielten die Aktionäre gute Gewinne, nach heutigem Wert etwa drei Millionen Euro pro Jahr. Mit dem Aufkommen der Eisenbahn wendete sich allerdings das Blatt. Schon am 1. September 1844 fuhr der erste Zug von Nürnberg nach Bamberg, wenige Jahre später konnte man mit der Bahn auch in den Süden bis nach Donauwörth gelangen. So machte der Ludwig-Donau-Main-Kanal zunehmend Verluste, zumal – bedingt durch die engen Maße des Kanals – die mittlerweile groß gewordenen Lastkähne von Rhein und Donau die enge Wasserstraße nicht mehr passieren konnten. Stattdessen fanden die Bürger zunehmend Geschmack an Ausflugsfahrten mit Schlagraddampfern, die Touristen für wenig Geld in die Ausflugslokale am Kanal schipperten. In den 1890er-Jahren dachte man bereits an den Bau eines neuen, großen Kanals, der allerdings erst am 25. September 1992 feierlich eröffnet werden konnte. Er verläuft über den rechten Regnitzarm auf der anderen Seite Bambergs. Eine der letzten Nutzungen des Alten Kanals war 1944 die Überführung einiger Schnellboote ins Schwarze Meer.

Im Zuge der Landesgartenschau 2012 gelang es, entlang des Schleusenwärterhäuschens den alten Treidelpfad bis zum Alten Rathaus wiederherzustellen – ein wunderschönes Stück Weg zwischen Altem Rathaus und Hain. Wenn Sie vom Alten Rathaus losgehen, liegt rechts das Rathaus Geyerswörth, ein Stadtschloss, dessen Wurzeln im 14. Jahrhundert liegen und das zeitweilig als Rathaus diente. Im Sommer finden in dem weinumrankten Innenhof regelmäßig Konzerte statt, im Winter dient er manchmal als Schauplatz eines Mittelalterweihnachtsmarktes. Auf der anderen Flussseite stehen die original erhaltenen Gerberhäuser. Die Gerber zählen in Bamberg zu den ersten Handwerkern und werden bereits 1306 in Urkunden erwähnt. Es gab zwei Arten von Gerbern, die Weiß- und die Rotgerber. Die Weißgerber stellten feine Ledersachen wie Handschuhe her, die Rotgerber produzierten gröbere Lederwaren. Auf den langen Holzbalkonen und den Trockenböden wurden die gegerbten Felle und Häute zum Trocknen aufgespannt. Die Gerber waren gute Kunden der Brauer, denn einer der wichtigsten Stoffe des Herstellungsprozesses war Urin –

Die Schleuse 100 mit ihrem Schleusenwärterhäuschen am Alten Kanal

die Gesellen mussten also stets viel trinken. Der Restalkohol im Urin war zudem dafür verantwortlich, dass das blaue Färbemittel aus der Pflanze Waid dauerhaft hielt. So entwickelte sich der Ausdruck, dass Menschen nach übermäßigem Alkoholkonsum »blau« sind.

Am Ufer vor den Gerberhäusern findet sich auch der Ablegesteg der Bamberger Gondolieri. Planen Sie eine Fahrt auf der Regnitz ein, insbesondere, wenn Sie romantische Tage zu zweit verbringen möchten. Das Treiben auf dem Fluss lässt sich davor oder danach schön von der Terrasse des *Restaurants Weinfass* aus beobachten, das alle bekannten Frankenklassiker bereithält. Im weiteren Verlauf bis zur Schleuse 100 sehen Sie am gegenüberliegenden Flussufer noch weitere alte Lastkähne, bevor dann auf der rechten Seite das historische, heute noch bewohnte Schleusenwärterhäuschen und die eigentliche Schleuse folgen.

TIPPS

Rathaus Schloss Geyerswörth, Geyerswörthstraße 3, 96047 Bamberg, heute Sitz des Sozialreferats.
Bamberg Tourismus & Kongress Service, Geyerswörthstraße 5, 96047 Bamberg, Tel. 09 51/2 97 62 00, www.bamberg.info
Gondolieri Bamberg, Tel. 09 51/1 20 63 27, www.gondel.info
Restaurant Weinfass, Habergasse 12, Tel. 09 51/2 30 35, www.weinfass-bamberg.de, tägl. 10.30–23.00.

Der Poseidonbrunnen am Grünen Markt wird von den Bambergern liebevoll »Gabelmann« genannt.

Im Zeichen des »Goblmoo« 2

Auf dass Wasser fließe

Das größte Problem mittelalterlicher Städte war eine ordentliche Wasserversorgung. Aus heutiger Sicht fragt man sich vielleicht, warum eine Stadt, die auf einer Insel inmitten eines Flusses liegt, ein Wasserproblem hatte. Die Flüsse erfüllten in alten Zeiten eine andere Funktion als heute. Jedes Abwasser aus den zahlreichen Handwerksbetrieben, die Notdürfte der Einwohner und alles andere, was man nicht mehr brauchte, landete im Fluss. Dieses natürliche Abwassersystem entsorgte die Abfälle – aus den Augen, aus dem Sinn. Mit der Zeit erkannten die Menschen das Problem, und man führte Tage ein, an denen der Fluss nicht verunreinigt werden durfte, sodass z. B. die Brauereien an einem bestimmten Tag einigermaßen sauberes Wasser für den Biersud entnehmen konnten.

Zu den größten Wasserverschmutzern gehörten die Gerberwerkstätten (siehe Kapitel 1) und das Schlachthaus, das Sie heute noch am Kranen sehen können. Dieses imposante Gebäude steht zur Hälfte über dem Wasser, damit man die Schlachtabfälle direkt in den Fluss werfen konnte. Auf der Vorderseite schaut ein Ochse auf Sie herunter und grüßt mit der Inschrift:

BOS PRIUS AC VITULUS PRIMAEVO NATUS AB ORTU,
NASCENDI SOLITUM TRANSGREDIENDO MODUM.
ARTIFICIS MANUS, ILLA FUIT PERFUNCTA PARENTIS
MUNERE, NON VITULUM, SED PARIENDO BOVEM.

Daneben finden Sie die freie Übersetzung in Reimform:
Sogleich ein Ochß und nicht –
vorher ein Kalb zu seyn
Ist gegen die Natur,
Doch trifft es bey mir ein.
Da mich des Künstlers Hand
zum Ochßsen hat gemacht,
Ehe Ich in Kälberstand
Von der Natur gebracht.

Die Figur stammt von dem Künstler Johann Adam Nickel, der sie in den Jahren 1741/42 schuf. Für den Historiker spannender ist allerdings die Inschrift darunter. In ihr verbirgt sich nämlich ein Chronogramm. Das be-

deutet, dass sich aus den Buchstaben – die im römischen Alphabet gleichzeitig auch Zahlen sind (I,V,X,L,C,D,M) – eine Jahreszahl ergibt. In diesem Fall kommt die Jahreszahl der Grundsteinlegung des Schlachthauses heraus, nämlich 1741:
SVB HVIATIS FABRICAE EXTRA = ORDINARAE IMPENSIS EXSTRVCTA
(5+5+1+1+1+100+10+500+1+1+1000+1+10+5+100 = 1741)

Doch zurück zur Bamberger Wasserversorgung. Die Fürstbischöfe erkannten das Problem schon im 12. Jahrhundert und ließen von einer Quelle im Michelsberger Wald eine Wasserleitung hinunter in die Stadt verlegen, die auch heute noch besteht, allerdings mittlerweile mehrfach modernisiert: Aus durchbohrten Baumstämmen wurden erst Ziegelröhren, dann Bleirohre und nun moderne Wasserleitungen aus diversen Verbundstoffen. Von hier aus konnten die Propstei St. Getreu und das Kloster St. Michael (siehe Kapitel 14) versorgt werden. Zusätzlich errichtete man mehrere Brunnen entlang der Leitung. Der tiefste lag in der Unteren Sandstraße, gegenüber dem heutigen *Hotel Residenzschloss*, das früher einmal eines der modernsten Krankenhäuser der Welt gewesen war. An diese Zeit erinnern noch weitere Straßennamen und Überreste von mehreren Brunnen. So gab es eine Quelle am Maienbrunnen, die das Elisabethenspital, in dem heute das Bamberger Gefängnis untergebracht ist, versorgte. Eine Quelle zwischen Bamberg und Bug speiste unter anderem den heute wohl bekanntesten Brunnen der Stadt, den »Gabelmann«. Der Domberg selbst bezog sein Trinkwasser interessanterweise aus dem »Heiligen Loch« und dem »Teufelsgraben«. Letzterer hatte sogar einen eigenen Wasserwärter, der über das kühle Nass der Fürstbischöfe wachte.

Zum Gabelmann sollte man noch ein paar Worte verlieren. Hier treffen sich seit Hunderten von Jahren die Bamberger, wenn sie sich verabreden wollen. Dann heißt es beispielsweise »Um fünf am Gabelmann« – und alle wissen, was gemeint ist. Auf fränkisch klingt es noch ein bisschen anders »Ummara Fümfa am Goblmoo«. Zu verdanken haben die Domstädter ihren Lieblingstreffpunkt am Grünen Markt einer testamentarischen Verfügung des Bamberger Ratsherren Ludwig Krug. Der war Anfang des 16. Jahrhunderts nach Nürnberg gezogen und dort auch gestorben, hatte aber bestimmt, dass seine Heimatstadt 800 Gulden zur Errichtung eines Brunnens erhalten sollte. Die stolzen Nürnberger weigerten sich, das Geld an die Bischofsstadt zu übergeben, und so ersannen die Bamberger eine List. Gut versteckt in einer Salzscheibe konnten sie den ansehnlichen Betrag mit anderen Hinterlassenschaften aus der Zeit von Krugs Ratsherrenschaft in die Domstadt überführen. Die Umsetzung dauerte noch ein paar Jahre, aber 1566 konn-

Über dem alten Bamberger Schlachthaus thront ein steinerner Ochse.

te der Meister Jorg Walbergk von Dressen aus Kulmbach sein Meisterwerk endlich enthüllen: einen barocken Neptunbrunnen, dessen Dreizack schon die ersten Betrachter zu der lieb gemeinten Verunglimpfung inspirierte: Der »Gabelmann« war geboren und ist bis heute geblieben.

Dem »Röhrenbrunnen« hingegen war nur ein kurzer Aufenthalt in der Domstadt vergönnt. Dieser stieß in den 1970er-Jahren auf so große Ablehnung in der Bevölkerung, dass er bald schon wieder weichen musste. Seine Überreste sind in *Drei Kronen* in Zapfendorf zu bewundern.

Sollten Sie aber am Gabelmann schon Hunger verspüren, müssen Sie nicht bis nach Zapfendorf eilen, sondern können auch einfach – thematisch zum Neptunbrunnen passend – zu Bambergs ältestem Griechen gehen. Das *Poseidon* ist ebenfalls eine Bamberger Institution und wird liebevoll von Vasili Makrigiannis und seiner bezaubernden australischen Frau Maria geführt. Zu finden ist er in der Habergasse auf der anderen Seite der Langen Straße. Über dem Eingang prangt noch die Steinplatte mit der Inschrift »Dvrch Georg Mager im zwey vnd achtzichsten Iar dis havs zym Elephant von neven erbavet war« – gemeint ist das Jahr 1582!

TIPPS

Restaurant Poseidon, Habergasse 11, 96047 Bamberg, Tel. 09 51/2 54 22, www.poseidon-bamberg.de, Mi–Mo 11.30–13.45 und 17.00–22.30, So bis 21.30, Di Ruhetag.

Brauerei-Gasthof Drei Kronen, Hauptstraße 26, 96199 Zapfendorf, Tel. 0 95 47/62 39, Mo–Fr 8.00–14.00 und ab 17.00, Sa, So, Fei ab 8.00, Mo Ruhetag.

Dieses Denkmal an der Wunderburg erinnert an die Stationierung der Kaiser-Ulanen in Bamberg.

Die wahren Bamberger Reiter

3

Die Stationierung der Kaiser-Ulanen in Bamberg

»Kaiser-Ulanen!« wie das klingt und singt!
Hell, wie die Trompete Signale bringt,
Schmetternd, wie der Fanfaren Hall,
Kräftig, wie der Pauke Schall,
Schneidig, wie der Kommandolaut
»Zur Attacke!« und »Gott vertraut!«

Auf uns'ren Lanzen spitze Fähnlein weh'n,
zum Zeichen, daß wir echte Bayern sein.
Man kann es schon aus weiter Ferne sehen,
daß es der Bayern Landesfarbe sein.
Ein jeder Bayer gibt mit frohem Mut,
für weiß und blau den letzten Tropfen Blut.

Bambergs Tradition als Garnisonsstadt und die Nähe der sandigen Böden des Hauptmoors als ideales Übungsgelände für eine Reiterei führten dazu, dass 1863 die »Kaiser-Ulanen« ihren Weg in die Domstadt fanden. Bis 1919 hatte das 1. Königlich Bayerische Ulanen-Regiment in der Wunderburg in Bamberg sein Zuhause, wo heute auch noch ein Denkmal steht. Der Begriff »Ulanen« ist tatarischen Ursprungs und bedeutet »wacker« oder »tapfer«. Vorwiegend mit einer Lanze bewaffnet, sorgte die tatarische leichte Reiterei im beginnenden 19. Jahrhundert an der polnischen Grenze erfolgreich für Unruhe. Grund genug für die europäischen Staaten, selbst solche Reiterregimenter aufzustellen, denen man den Namen »Ulanen« gab.

Ein Ulane war an der Ulanka, einem besonders geschnittenen, doppelt geknöpften Waffenrock, und der Tschapka, einem mit Haarbusch und viereckigem Deckel versehenen Lederhelm (entgegen der damals üblichen Pickelhaube), zu erkennen. Außerdem gehörte die Lanze zum Erscheinungsbild. An ihr prangte ein Wimpel mit den bayerischen Farben. Der bayerische König Max I. Joseph schuf am 19. August 1813 mit der Errichtung des 1. Ulanen-Regiments in Aschaffenburg den Vorläufer und die Stammtruppe des späteren 1. Königlich Bayerischen Ulanen-Regiments. Die Reiter bewährten sich erstmals 1815 im Kampf gegen Napoleon, wurden anschließend allerdings wegrationalisiert, bis Maximilian II. 1863 ihren Neuaufbau befahl. Neben den Reitern war zu dieser Zeit bereits das 5. Infanterieregiment in der Domstadt stationiert. Seit dem 19. Juni 1888 gab Kaiser Wilhelm II. dem Ulanen-Regiment seinen Namen, sie wurden zu den »Kaiser-Ulanen«.

Grundlegend für die Reiter war eine enge Beziehung zu ihren Pferden. Der ausgiebigen Sorge und Pflege des edlen Tieres stand ein anspruchsvolles Training im Springen, Geländereiten, Pferdeschwimmen, Distanzritt und Rennreiten entgegen. Außerdem konnten sich Ross und Reiter bei den alljährlichen Reiterrennen und der Fuchsjagd beweisen. Als »Fuchs« wurde der gewandteste Reiter von den »Herren Offiziere« und deren Gäste gejagt.

Die Mitglieder des Regiments kamen aus dem gesamten Königreich, zunächst überwogen die Pfälzer, später die Bayern und Franken. Unter Letzteren traten vor allem die fränkischen Adelsfamilien wie die von Stauffenberg, zu Guttenberg und insbesondere die von Gebsattel hervor. Jahrelang leisteten gleichzeitig sechs Brüder ihren Dienst für das Regiment, sodass sogar Kaiser Wilhelm II. bei einer Vorstellung 1891, als ihm der Name Gebsattel zum dritten Mal genannt wurde, den Regimentskommandeur mit den Worten unterbrach: »Sie haben wohl die Namen Ihrer Offiziere vergessen; ich höre immer nur Gebsattel.« Seit dieser Zeit sprach der Kaiser gerne von seinem »Regiment Gebsattel«. Besondere Ehren erfuhr das Regiment aber nicht zuletzt durch die Prominenz aus königlichem Hause. So dienten in Bamberg beispielsweise Herzog Max Emanuel von Bayern, Herzog Franz Joseph sowie Herzog Luitpold von Bayern.

Im Ersten Weltkrieg zeichneten sich die Bamberger Ulanen zunächst durch ihren Einsatz in Frankreich aus. Hier war es besonders die Attacke auf den französischen Ort Lagarde, geführt von zwei Ulanen-Regimentern am 11. August 1914, die den Ruhm der Reiter mehrte. Dabei forderte das aus militärischer Sicht fragwürdige Anrennen von Kavallerie gegen mit Maschinengewehren gedeckte Stellungen viele Opfer unter den Ulanen. Einem derartigen Kampf gegen die überlegene, moderne Technik wichen die Militärs mit der Versetzung des Regiments an die Ostfront aus, wo der Gegner nicht über Maschinengewehre verfügte.

Nach der Rückkehr des Regiments am 10. Februar 1919 in die Koppenhofkaserne änderte sich mit dem Versailler Vertrag die Situation der Ulanen grundlegend. Teile des Regiments wurden mit verschiedenen Reiterregimentern zum Reichswehr-Infanterieregiment 23 zusammengefasst. Die bayerischen Kavallerieregimenter wurden ins neu gebildete Reiterregiment 17 integriert. Der Regimentsstab und die 1. und 5. Eskadron blie-

Nun auch Bamberger Geschichte: Die letzten von einst über 10.000 amerikanischen Soldaten ziehen Ende 2014 aus der Bamberger Kaserne ab.

ben in Bamberg, die übrigen Teile wanderten zu den Standorten Ansbach und Straubing.

Nach dem Zweiten Weltkrieg schlugen die Amerikaner ihre Zelte in Bamberg auf. Die grenznahe Stadt mit guter Infrastruktur und Anbindung an die wichtigsten Verkehrswege sollte für viele Jahrzehnte eine der größten US-Kasernen Deutschlands beherbergen. Nun allerdings ist der Abzug der GIs beschlossene Sache, und nicht wenige Bamberger werden den US-Boys nachtrauern. Schließlich sorgten sie für Leben in der Stadt und gaben ihre besonders in den Nachkriegsjahren heiß begehrten Dollars in Bamberg aus. Aus »Ami go home« wurde »Ami stay here«, doch nun muss sich die Stadt nach einem Nachmieter für das riesige Kasernengelände umschauen.

Abends vor der Fassade des Alten Rathauses: Ein beliebter Treffpunkt für die jungen Bamberger

Mit Horn und Hellebarde

4

Wer des Nachts über Bamberg wacht …

In den wachsenden Städten des Mittelalters ergab sich schnell ein Problem: In der Nacht sind alle Katzen grau. Das bedeutete, dass Diebe und andere Verbrecher oft die Gunst der nächtlichen Stunde nutzten, um ihren üblen Machenschaften nachzugehen. Deswegen etablierte sich bald neben den schon vorhandenen Turmwächtern, die vor allem nach Bränden Ausschau hielten, ein neuer Berufszweig, der des Nachtwächters. Zu den Aufgaben des mit Horn und Hellebarde ausgerüsteten Mannes zählte einerseits der Schutz vor Räubern, Dieben, Feind und Feuer, andererseits aber auch das Ausrufen der Zeit.

Und so liefen im 18. Jahrhundert auch durch die Bamberger Gassen die Nachtwächter, kontrollierten verdächtige Personen und hatten sogar das Recht, Verhaftungen durchzuführen, wenn sie es für nötig erachteten. Jede Viertelstunde ertönte das Horn, und der Nachtwächter rief den allseits bekannten Spruch: »Hört, Ihr Herrn, und lasst Euch sagen …« Genauso wie bei den Turmwächtern ertönte dazu das Horn zur ersten Viertelstunde einmal, zur halben Stunde zweimal, zur Dreiviertelstunde dreimal und zur vollen Stunde viermal.

Geeignete Personen für den Beruf des Nachtwächters waren – laut der Bamberger Nachtwächterverordnung von 1789 – »keine andere als nüchterne, unverdrossene, vigilante und beherzte Leute, die überdies kein zu sehr ermüdendes Gewerbe bey Tage treiben, noch in der Nähe der Stadt Felder oder Weinberge besitzen.« Bei Letzteren ging man davon aus, dass zur Erntezeit nicht genügend Raum für die Nachtwächtertätigkeit bliebe.

Auch die nächtliche Arbeitszeit war klar geregelt: »Im November, Dezember, Januar und Februar von 8 bis 5 Uhr; im März, April, September und Oktober von 9 bis 4 Uhr; im May, Juni, July und August von 10 bis 3 Uhr.« Die Patrouille führte durch die jeweiligen Stadtviertel, immer an den Häusern entlang, keine Gasse durfte ausgelassen werden. Nachlässige Bürger brachten eine Sondereinnahme. Denn wenn Fensterläden oder Türen unverschlossen waren, musste der Nachtwächter die Bewohner oder Wirte wecken und durfte zwei Groschen verlangen, wenn es sich um ein Versehen und nicht um einen Einbruch oder Diebstahl handelte. Die Entdeckung eines Feuers brachte sogar einen Gulden ein.

Vor und während seiner Arbeit hatte der Wächter nüchtern zu bleiben, sonst drohten harte Strafen: »Ein Nachtwächter, der in einem lüderlichen Orte selbst eintrit und trinket, oder sonst mit diebischen Leiten umgehet, und dessen über kurz oder lang überführet wird, wird nicht allein kassiret, sondern auch am Leibe exemplarisch bestrafet.« Das sehen die heutigen Nachtwächter nicht mehr so eng und kehren nach jedem Rundgang in eine der Bamberger Wirtschaften ein. Stadtheimatpfleger Ekkehard Arnetzl gründete 2002 die neue Wächter-Truppe, nachdem mit der Einführung des Gaslichtes 1867 alle Nachtwächter arbeitslos und per Sozialplan in den Polizeidienst integriert worden waren. Der Bamberger Stadtheimatpfleger und Kunsthistoriker scharte sechs Getreue um sich, die zu regelmäßigen Terminen Bamberg-Besucher auf ihren Rundgängen mitnehmen. Dabei geht es natürlich hauptsächlich um die Stadtgeschichte und interessante Begebenheiten, das Horn und der Stundenruf werden aber nicht vergessen.

Während des Rundgangs kommt man auch bei der Oberen Pfarre vorbei, auf deren ungewöhnlich bekröntem Turm bis 1927 die Bamberger Turmwächter saßen und wohnten. Dies hatte man schon beim Bau der Kirche so geplant, der 1338 begann und 1535 abgeschlossen war. Glücklicherweise wurden die Pläne des Stadtpfarrers Nikolaus Eichhorn nicht in die Tat umgesetzt, der anlässlich einer umfangreichen Renovierung 1880 den Turm mit einem neugotischen Helm umgestalten und einen zweiten Turm errichten lassen wollte. In den letzten Jahren erfolgte erneut eine komplette Renovierung des Innenraumes und der Außenfassaden, die jedoch bis Ende 2014 abgeschlossen sein wird. Bereits von außen ist die Obere Pfarre ein herrlicher Anblick: Am auffälligsten ist das Brautportal, das man beim Anstieg auf den Kaulberg von der Straße aus gut sehen kann. Entgegen der weitläufigen Meinung handelt es sich dabei nicht um ein ursprüngliches Hauptportal, sondern war exklusiv dem katholischen Trauungsritus vorbehalten. Links sieht man die klugen und rechts die törichten Jungfrauen. Um die Ecke der Kirche finden Sie eine Ölberggruppe. Diese Darstellungen waren um 1500 ein beliebtes Motiv an vielen süddeutschen Pfarrkirchen. Nach dem Ende der Kreuzfahrerstaaten war es nicht mehr möglich, zum Original zu pilgern, und so beteten die Gläubigen eben vor den Ölbergskulpturen oder -reliefs an ihren Kirchen. Auffällig ist auch die prächtige Ausgestaltung des Chores, die in krassem Gegensatz zu der ansonsten eher schlichten Kirche steht. Der einzige fränkische Kathedralchor nach dem Vorbild der französischen Kirchenbauten wurde wohl ähnlich wie der etwas ältere der Nürnberger St.-Sebald-Kirche als Halle geplant, dann aber in seiner heutigen Form abgewandelt.

Die Bamberger Nachtwächter beim traditionellen »Gute Nacht Schluck« vor dem Ambräusianum.

Der Innenraum der Marienkirche wurde zu Beginn des 18. Jahrhunderts bis auf den gotischen Chorumgang komplett barockisiert und beeindruckt auch heute noch mit seiner Pracht. In der Oberen Pfarre finden regelmäßig Konzerte statt, eine gute Gelegenheit, das Gotteshaus in der passenden Atmosphäre zu bewundern.

TIPPS

Bamberger Nachtwächter, Tel. 09 51/1 89 25 18 bzw. 01 78/4 26 50 04, www.nachtwaechter-bamberg.de, Tickets auch bei der Tourist-Info, Tel. 09 51/2 97 62 01.

Pfarramt Obere Pfarre, Eisgrube 4, 94049 Bamberg, Tel. 09 51/5 20 18, www.obere-pfarre-bamberg.de

Die berühmteste Hose der Welt hat ein Buttenheimer erfunden: Levi Strauss. Das Museum in seinem Geburtshaus erzählt die Geschichte dazu.

Ein Wirtschaftsflüchtling aus Bamberg 5

Wie der Franke Levi Strauss die Blue Jeans erfand

Wir schreiben das Jahr 1845. Irland leidet unter der größten Hungersnot aller Zeiten, Dresden ertrinkt in der Sächsischen Sintflut, alle deutschen Staaten stecken in einer schweren Wirtschaftskrise. In dem kleinen Ort Buttenheim bei Bamberg steht eine große Familie um das Grab des Familienvaters. Der jüdische Hausierer Hirsch Strauß ist an Tuberkulose gestorben und hinterlässt neben der Witwe auch eine große Kinderschar, denen mit dem Tod des Vaters jede Zukunftsperspektive genommen scheint. Wie viele andere Bewohner Mitteleuropas sehen Rebecca Strauß und ihre sieben Kinder nur noch eine Zukunftsperspektive: die Auswanderung in das gelobte Land der unbegrenzten Möglichkeiten. So holen sie 1847 in Bamberg ihre Papiere ab und reisen über Land nach Bremerhaven, wo sie eine Passage nach New York buchen. Mit einem kleinen Textilhandel können sie sich dort über Wasser halten. Als um 1850 die Nachrichten von den sensationellen Goldfunden in Kalifornien auch die amerikanische Ostküste erreichen, entschließt sich einer der Söhne, Löb Strauß, gemeinsam mit einem seiner Brüder und einem Schwager, dem Lockruf des Goldes zu folgen und nach San Francisco zu ziehen.

Dort gehen die drei allerdings nicht auf Goldsuche, sondern bleiben bei ihren Leisten und verkaufen vor allem Textilien und weiteres Zubehör an die Goldgräber. Zum Verkaufsschlager entwickeln sich schnell braune Leinenhosen aus strapazierfähigem Segeltuch, die von Hosenträgern gehalten werden. Dieser Stoff stammte aus Genua, auf französisch Gênes, für die Amerikaner »Jeans«. Bald darauf ersetzt Strauß das Leinen durch französischen Baumwollstoff aus Nîmes (»De Nîmes«), für die Amerikaner »Denim«, der mit Indigo blau gefärbt wird. In Zusammenarbeit mit einem aus Lettland stammenden Schneider verstärkt Strauß die Nähte durch Nieten, wie sie sonst bei Pferdegeschirren verwendet werden – die Hose mit dem Kurznamen »Jeans« ist geboren. Schnell entwickelt sich ein Unternehmen, das 1883 bereits über 500 Angestellte in mehreren Fabriken beschäftigt. 1902 stirbt der Textilunternehmer einen plötzlichen und unerwarteten Tod – auf dem Grabstein steht der Name, den er sich bei der Ankunft in New York selbst gab und unter dem auch Sie ihn sicher kennen: Levi Strauss.

Diese Geschichte war lange Zeit unbekannt. Erst ein Brief aus Amerika an den Buttenheimer Bürgermeister sorgte 1983 für Nachforschungen. Nachfahren baten um Auskunft über den Geburtsort von Levi Strauss. Schnell wurden die Geburtenregister durchforstet, und tatsächlich: Im Geburtsmatrikel der jüdischen Gemeinde fand sich der Eintrag von Löb Strauß, dem Sohn von Hirsch und Rebecca Strauß. Weitere Recherchen im Bamberger Staatsarchiv förderten zudem die Auswanderungsurkunden zutage. Als weiterer Glücksfall erwies sich, dass sogar das Geburtshaus noch fast original erhalten war, allerdings kurz vor dem Abriss stand. So kam man schnell auf die Idee, dem berühmten Sohn ein Museum zu widmen und damit ein Denkmal zu setzen. 1987 erwarb die Gemeinde das Haus, eines der ältesten ganz Buttenheims, 1992 startete die Renovierung, und im September 2000 konnte das Museum seine Pforten öffnen. Viele

Mittlerweile besteht das Levi-Strauss-Museum aus zwei Gebäuden, rechts das Geburtshaus.

Preise und Prämierungen bestätigten die Verantwortlichen, seit 2011 gehört nun auch das Nebengebäude zum Museum und bietet Platz für regelmäßige Sonderausstellungen und Veranstaltungen.

Beim Rundgang durch das Museum begleitet Sie eine Erzählerin über einen Audio-Guide durch alle Räume. Im Erdgeschoss, wo Löb Strauß seine ersten 18 Lebensjahre verbrachte, erfahren Sie viel über die Zustände im Franken des frühen 19. Jahrhunderts. Sie tauchen anhand vieler Originaldokumente in die Wirklichkeit der »Landjuden« und die Hoffnungen der Auswanderer ein und begleiten Sie auf dem Weg ins erste Stockwerk bei der Fahrt über den Atlantik. Dort angekommen, dreht sich alles um die berühmteste Hose der Welt, die Jeans. Im Shop im neuen Nebengebäude kann man anschließend auch gleich seine eigene Jeans erstehen.

Wer seinen Kauf dann im Anschluss »begießen« möchte, dem legen wir eine der beiden Brauereigaststätten Buttenheims, oder im Sommer auch deren jeweilige Bierkeller am Ortseingang, ans Herz. Im Volksmund heißen sie nur »Der Öber« und »Der Unter«. Gemeint sind *GeorgenBräu* und *Löwenbräu*, die beide über hervorragendes Bier und gute fränkische Küche verfügen. Besonders viel Spaß macht der Besuch im August, wenn die Buttenheimer Kirchweih ansteht.

TIPPS

Geburtshaus Levi Strauss Museum, Marktstraße 31–33, 96155 Buttenheim, Tel. 0 95 45/44 26 02, www.levi-strauss-museum.de, März–Okt Di, Do 14.00–18.00, Sa, So, Fei 11.00–17.00, Nov–Feb Di, Do 14.00–17.00, Sa, So, Fei 11.00–17.00, Gruppen nach Vereinbarung.

St. GeorgenBräu Bräustübla, Marktstraße 12, 96155 Buttenheim, Tel. 0 95 45/4 46 70, www.kellerbier.de, Mi–Mo ab 11.00, warme Küche bis 21.00, Di Ruhetag.

Brauereigasthof Löwenbrau, Marktstraße 8, 96155 Buttenheim, Tel. 0 95 45/3 32, www.loewenbraeu-buttenheim.de, Di–Sa ab 9.00, So 9.00–15.00, Mo Ruhetag.

St. GeorgenBräu Bierkeller, Kellerstraße, 96155 Buttenheim, Tel. 0 95 45/4 46 70, www.kellerbier.de, Apr–Sep Mo–Sa ab 14.00, So, Fei ab 11.00, nur bei schönem Wetter geöffnet.

Löwenbräu Keller, Eremitage 3, 96155 Buttenheim, Tel. 0 95 45/50 93 46, www.loewenbraeu-keller-buttenheim.de, Mai–Aug Mo–Sa ab 11.00, warme Küche 11.00–14.30 und 16.30–21.00, So ab 10.00, warme Küche 10.00–15.00, Sep–Dez , März, Apr Di, Mi Ruhetag, Jan, Feb geschlossen.

Zerstört und wieder aufgebaut:
die Erlöserkirche

Bamberg im Bombenhagel des Zweiten Weltkriegs 6

Die Zerstörung der Erlöserkirche

Nur 5% der Bamberger Bausubstanz wurden bei Bombenangriffen im Zweiten Weltkrieg zerstört. In der Domstadt kursiert dazu die Sage, dass die Schutzpatronin der Stadt, die Heilige Kunigunde, ihren schützenden Schleier über Bamberg ausgebreitet hatte. Bei verschiedenen Angriffsversuchen lag die Regnitzstadt regelmäßig unter dichtem Nebel. Eine der neuesten Kirchen Bambergs sollte aber dann kurz vor Kriegsende doch noch amerikanischen Bomben zum Opfer fallen. Am 22.02.1945 wurde die Erlöserkirche am Kunigundendamm weitestgehend zerstört.

Das war für die evangelische Gemeinde ein harter Schlag, waren die Schulden für den Bau doch erst zwei Monate davor, an Weihnachten 1944, völlig abbezahlt worden. Wegen des sehr langen Weges zur Stephanskirche, der damals einzigen protestantischen Kirche Bambergs, erwarb die Gemeinde einen Bauplatz am Kunigundendamm, um dort ein weiteres Gotteshaus zu errichten. Die Inflation von 1923 machte den Baubeginn anfangs unmöglich. Erst 1930 konnte das Projekt mit Hilfe des Kirchbauvereins und der Spenden der Gemeindemitglieder umgesetzt werden. 1934 war es dann soweit: Bamberg durfte seine zweite evangelische Kirche einweihen. Ein großer Menschenzug wanderte deshalb über die Marienbrücke, um dieses Ereignis zu feiern.

Da der Kunigundendamm zwei Meter über dem eigentlichen Bodenniveau liegt, entstand beim Bau des Kirchengebäudes ein Kellerraum, der während des Zweiten Weltkrieges als Luftschutzbunker genutzt wurde. So auch am 22.02.1945. Schätzungsweise 500 Menschen befanden sich dort, um der tödlichen Bombengefahr zu entgehen. Unter ihnen auch Waltraud Karch, verwitwete Esser, die ihre Erlebnisse in ihrem Tagebuch festhielt:

»Am Donnerstag, den 22.02.1945, kreisten mittags die Bomber über Bamberg und luden ihre todbringende Last ab – für uns Menschen Sekunden der Angst und des Schreckens, wo der Atem zu stocken beginnt. Ich saß an jenem Tag, wie immer bei Fliegeralarmen, mit meinem Säugling im Kinderwagen im Keller der Erlöserkirche. In dieser hatten – wie es hieß – etwa 700 Menschen, darunter eine Kompanie russischer Kriegsgefangener, Schutz gesucht.

Die Kirche wurde von drei 50-kg-Bomben (Angabe des Luftschutzwartes) getroffen: Finsternis – Schreie – hilflos dem Schicksal ausgeliefert.

Stunden später, nachdem der verschüttete Eingang freigegraben war, lagen sie alle da, aufgereiht vor der Kirche im Rasen: 17 Tote, darunter meine Freundin Sabine Sorge mit ihren drei Kindern Ulrike, Bärbel und Wolfgang. Die Mädchen hatten noch ihre Püppchen im Arm. Sie waren im Keller des Hauses in der Heumannstraße gegenüber der Erlöserkirche, das ein Volltreffer (man sprach von einer Luftmine) getroffen hatte, ausgegraben worden. Ihre Lungen waren durch die Kraft der Bombe zerrissen.

Unter diesen 17 Toten waren auch der Bruder Dieter meiner Freundin Sabine mit Frau und Töchterchen. Sie waren Tage zuvor mit einem Treck aus Breslau gekommen. Das Inferno in Dresden hatten sie überlebt, hatten aber ihren in den nassen Windeln erfrorenen Säugling, ein Bübchen, unterwegs liegen lassen müssen; denn bei der grimmigen Kälte damals konnte niemand begraben werden.«

Bamberg war an diesem Tag ursprünglich nicht das Ziel der Alliierten. Wegen der schlechten Wetterlage – es war sehr bewölkt – konnten sie ihre Bombenlast jedoch nicht über dem geplanten Gebiet abwerfen und traten den Rückflug an. Unter einer Wolkenlücke lag die Stadt Bamberg, die dadurch zum Ausweichziel wurde.

Die Bamberger Kirchengemeinde engagierte sich nach dem Krieg besonders für den Wiederaufbau der Erlöserkirche. Es wurde viel gesammelt und gespendet, um das Gebäude so schnell wie möglich wieder instand zu setzen. Doch die Währungsreform von 1948 machte diesem Vorhaben schließlich einen Strich durch die Rechnung. Das gesammelte Geld wurde stark entwertet, sodass sich das Projekt verzögerte. Der Kirchbauverein gab jedoch nicht auf und ließ die Kirche provisorisch wieder aufbauen. Das Dach war dabei lediglich durch Dachpappe abgedichtet, auch die Einrichtung um einiges karger – anstelle von Lärchenholz verwendete man günstigeres Fichtenholz. Für die Einweihung am 4. Juni 1950 wurde eigens ein Notsteg – »Der Erlösersteg« – gebaut, über den man das Gotteshaus auch vom Heinrichsdamm aus erreichen konnte. Die Brücken waren alle von der Deutschen Wehrmacht im Zweiten Weltkrieg gesprengt worden. Heute hat die Erlöserkirche wieder ein richtiges Dach, und die Orgel ist ebenfalls wieder an Ort und Stelle. Vor knapp 40 Jahren gestaltete man den ehemaligen Schutzkeller, der so vielen Menschen das Leben rettete, zu einem Gemeindezentrum um. Seither wird der Zerstörung und dem Wiederaufbau in regelmäßig stattfindenden Gottesdiensten gedacht.

Der Bamberger Oratorienchor beim Konzert in der Erlöserkirche

TIPP

Evangelisch-Lutherisches Pfarramt Erlöserkirche, Kunigundendamm 15, 96050 Bamberg, Tel. 09 51/2 36 88, www.erloeserkirche-bamberg.de

Künstler Gunter Demnig verlegte in Bamberg bisher schon über 100 Stolpersteine.

Steine, über die man stolpern sollte

7

Zum Gedenken an die Opfer des NS-Regimes

Mittlerweile gibt es sie in ganz Europa: die Stolpersteine. Kleine Betonwürfel mit 10 Zentimeter Kantenlänge tragen eine Messingplatte, auf der Name, Geburts- und Sterbedatum sowie die Umstände des Todes von Opfern des NS-Regimes eingetragen sind. Diese Steine liegen vor den Häusern, in denen die Opfer vor dem Terror wohnten, im jeweiligen Bodenbelag ebenerdig verlegt – man »stolpert« also nur im übertragenen Sinne. In Bamberg sind es seit 2004 über einhundert Steine, die – in der gesamten Stadt verstreut – an verfolgte, vertriebene und ermordete Bürger erinnern. Die Initiative ging von der Willy-Aron-Gesellschaft Bamberg aus, die für Erinnerung, Mahnung und Zivilcourage eintritt. Wir möchten hier drei der Opfer und die jeweiligen Verlegeorte der Stolpersteine kurz vorstellen:

Schützenstraße 20 – Claus Schenk Graf von Stauffenberg

Die 1865 erbaute »Stauffenberg-Villa« im Bamberger Haingebiet wurde erst 2010 von den Nachfahren des Hitler-Attentäters verkauft, und dient nun als Wohn- und Geschäftshaus. Bevor hier eine Wohnsiedlung entstand, schlängelten sich viele Seitenarme der Regnitz durch die »Insel der sieben Flüsse«. Im 19. Jahrhundert wurden die Flussarme begradigt und zwei Parks angelegt, der Theresien- und der Luisenhain. Ab 1862 erfolgte dann die Besiedelung, vor allem durch jüdische Hopfenhändler, die hier zahlreiche Villen errichteten. Auffälligstes Gebäude ist das 1902–1905 errichtete Königliche Kreisarchiv, heute Staatsarchiv, das wie ein Schloss an der Ecke Hainstraße/Sodenstraße steht. Zur Zeit des Nationalsozialismus konnte ein Großteil der Bamberger Juden auswandern, mehr als zweihundert wurden jedoch deportiert und ermordet.

Claus Schenk Graf von Stauffenberg heiratete im September 1933 in Bamberg Nina Freiin von Lerchenfeld und wohnte mit ihr in der Schützenstraße 20. Die Rolle des Wehrmachtsoffiziers und vor allem seine Motivation für das Hitler-Attentat sind nach wie vor umstritten, allerdings rückte der Film »Operation Walküre – Das Stauffenberg Attentat« 2008 das Thema international in den Fokus. Fakt ist jedenfalls, dass Stauffenberg am 20. Juli 1944 zu Hitlers Hauptquartier, der »Wolfsschanze«, flog und zwei Sprengladungen bei sich trug, mit denen Hitler ein Ende gesetzt werden sollte. Durch verschiedene Umstände, unter anderem wechselten

Zeitpunkt und Ort der geplanten Besprechung, konnte Stauffenberg nur eine der Ladungen scharf machen. Hitler überlebte, und die Verschwörer wurden einen Tag später erschossen. Die Familie kam in Sippenhaft, wurde verschleppt und teils ebenfalls erschossen. Die Ächtung blieb auch nach dem Ende des Krieges an der Familie haften, und der 20. Juli galt in der Domstadt der Fünfziger- und Sechzigerjahre als Gedenktag zweiter Klasse. Mittlerweile ist die Generation der Kriegsteilnehmer jedoch überwiegend ausgestorben, und Stauffenbergs wird als Widerstandskämpfer gedacht.

Willy-Lessing-Straße 8 – Willy Lessing

Der in Bamberg geborene Wilhelm Heinrich Lessing rechnete auch nach der »Machtergreifung« nicht mit Repressalien, da seine Familie seit über hundert Jahren in der Stadt eine bedeutende Rolle spielte und er selbst für Deutschland im Ersten Weltkrieg gekämpft hatte. Doch auch der geachtete Wohltäter vieler Vereine wurde zunehmend ausgegrenzt und seiner gesellschaftlichen Stellung beraubt. Als Vorsitzender der Repräsentantenversammlung der Israelitischen Kultusgemeinde Bamberg wollte er in der Reichspogromnacht am 9. November 1938 die Thora-Rollen aus der brennenden Bamberger Synagoge retten. Die Schergen der Nationalsozialisten

Die Stolpersteine sind 10 x 10 cm groß und von Hand gearbeitet.

ergriffen und misshandelten ihn so schwer, dass er sechs Wochen später an den Folgen starb.

Die frühere Sophienstraße, 1948 umbenannt in Willy-Lessing-Straße, wurde in der zweiten Hälfte des 19. Jahrhunderts angelegt und bildete neben dem Haingebiet das zweite Zentrum der jüdischen Bevölkerung. Im Anwesen Willy-Lessing-Straße 7 befindet sich heute die sechste Synagoge der Bamberger jüdischen Gemeinde, die 2005 den seit 1963 am selben Ort befindlichen Betraum ersetzte. Im Dachgeschoss ist ein Museum geplant.

Luitpoldstraße 16 – Hans Wölfel

Der gebürtige Österreicher Hans Wölfel lebte seit 1916 im Bamberger Raum und besuchte das Alte Gymnasium (heute Kaiser-Heinrich-Gymnasium). Der Rechtsanwalt und Vorsitzende des Ortskartells der katholischen Vereine Bambergs verteidigte Bamberger Bürger, die wegen angeblich staatsgefährdender Vergehen vor dem Sondergericht angeklagt waren. Nach kritischen Äußerungen über die politische und militärische Lage im Bekanntenkreis wurde er 1943 denunziert, verhaftet und nach Berlin verschleppt, wo man ihn vor dem Volksgerichtshof wegen Volksverhetzung zum Tode verurteilte und am 3. Juli 1944 in Brandenburg-Görden hinrichtete. Freunde und Berufskollegen ließen im Treppenaufgang des Oberlandesgerichts Bamberg für Hans Wölfel eine Gedenktafel anbringen mit der Inschrift: VINDEX IURIS PERIIT – Ein Beschützer des Rechts ist umgekommen.

Das Oberlandesgericht am Wilhelmsplatz war 1900–1903 erbaut worden, nachdem das wegen der Hochwasser verhängte Bauverbot im Haingebiet 1888 aufgehoben werden konnte. Es folgten die Oberpostdirektion 1905–1908 und Bambergs vierte Synagoge 1908–1910. Der Platz vor dem mächtigen Gerichtsgebäude, das eine Justitiafigur auf dem Giebeldach trägt, war als Ort der Begegnung gedacht, diente im Zweiten Weltkrieg als Löschwasserbecken und ist heute von mächtigen Kastanienbäumen umgeben.

TIPPS

Stolpersteine, www.stolpersteine-bamberg.de
Willy-Aron-Gesellschaft, www.willy-aron.de
Förderkreis Hans Wölfel, www.foerderkreis-hans-woelfel.de
Israelitische Kultusgemeinde Bamberg, www.ikg-bamberg.de
Jüdische Geschichte Bambergs, www.juden-in-bamberg.de

Erst seit wenigen Jahren wird in Bamberg wieder Süßholz angebaut.

Zwiebeltreter und Süßholzraspler 8

Der grüne Daumen der Domstädter Gärtner

Im Mittelalter erhielten die Bewohner fast jeder Stadt ihren Spitznamen. So gab es zum Beispiel die »Tümpelschöpfer« aus Lichtenfels und die »Mauerscheißer« aus Forchheim. Die Bamberger – bekannt für ihr Gemüse – wurden schnell als »Zwiebeltreter« bezeichnet. Das rührte daher, dass die Triebe der Zwiebeln, die »Schlutten«, mit den Füßen umgebrochen wurden, damit der Saft nicht »ins Kraut« schoss und sich eine prächtige Zwiebel bildete. Im Gegensatz zu den heute üblichen, großen und runden Zwiebeln sind die klassischen Bamberger Gärtnerzwiebeln eher klein und birnenförmig.

Die Geschichte der Bamberger Gärtner ist über 600 Jahre alt. Damals kamen die ersten Vertreter dieser Zunft aus dem »Knoblauchsland« zwischen Nürnberg, Fürth und Erlangen in die Bischofsstadt und legten hinter ihren jeweiligen Anwesen lange, schmale Felder an. Die kann man heute noch sehen, wenn man durch die Theuerstadt, Wunderburg oder die Heiliggrabstraße geht. Zu den Produkten gehörten die schon erwähnten Zwiebeln, aber auch Samen und echte Raritäten wie beispielsweise Süßholz. Dafür erlangte Bamberg schnell eine überregionale Bedeutung. Zentnerweise lieferten die Domstädter das Süßholz bis nach Böhmen, Ungarn und Österreich. Sogar auf den venezianischen Märkten gab es Stände mit »Bärendreck« aus Bamberg. Der heutige Spitzname Bärendreck rührt übrigens nicht von den Exkrementen eines vermeintlichen Burgbären her, sondern von Karl Bär, der in Nürnberg viele Lakritzsorten herstellte und dafür europaweit Patente besaß.

Süßholz wurde erst 2012 zur Arzneipflanze des Jahres gewählt, weil seine Wirkstoffe gegen Husten und Magenbeschwerden bis heute in der Medizin Verwendung finden. Das Mittelmeergewächs kam über verschiedene Handelswege nach Franken. Hier schätzte man neben der heilenden, vor allem die süßende Wirkung. Sie übersteigt die von klassischem Rohrzucker um mehr als das 50-fache. Die klebrige schwarze Masse stellten die Bamberger Gärtner durch Eindicken des Wurzelsaftes her. Heutzutage gibt man noch Zuckersirup, Mehl und Gelatine hinzu und erhält – Lakritze. Auch diese Bezeichnung hat ihre Geschichte. Die lateinische Bezeichnung der Pflanze »glycyrrhiza« ist aus dem Griechischen entlehnt (glykys für süß und rhiza für Wurzel). Daraus wurde im Gassenlatein »liquiritia«

(in Anlehnung an liquor = Flüssigkeit) und schließlich die umgangssprachliche Lakritze. Süßholz gehörte zur Standardausrüstung der Soldaten, von den römischen Legionen bis zum Ersten Weltkrieg. Selbst Napoleon trug immer ein kleines Säckchen mit Süßholzpulver bei sich. Nach dem Zweiten Weltkrieg geriet die süße Wurzel in Deutschland allerdings mehr und mehr in Vergessenheit. Der Anbau wird heute nur noch von einigen Bamberger Gärtnern und der Bamberger Süßholzgesellschaft betrieben.

Den besten Überblick zur Geschichte der Bamberger Gärtner und ihrer Kollegen, der Häcker (Winzer), erhalten Sie im Gärtner- und Häckermuseum in der Mittelstraße. Das 1979 von einem Verein eröffnete Museum fristete lange Jahre ein ziemlich kärgliches Dasein und wurde eher als Geheimtipp gehandelt. Im Zuge der Landesgartenschau 2012 ließ die Stadt Bamberg das gesamte Museum neu gestalten. In einem alten Gärtnerhaus von 1767 tauchen Sie in die Welt der Bamberger Gärtner um das Jahr 1900 ein. Arbeitsgeräte, religiöse Bräuche, Trachten und die zahlreichen Gemüse- und Kräutersorten geben authentische Einblicke ins Gärtnerleben, das übrigens auch ein entscheidendes Argument für die Erlangung des Weltkulturerbestatus 1993 war.

Bio-Anbauer Sebastian Niedermaier gehört zu den Aushängeschildern der Bamberger Gärtnerzunft.

Mitten in Bamberg können die Bürger ihr frisches Biogemüse einkaufen.

Das Gegenstück zum Gärtnermuseum der Stadt bildet das Bauernmuseum auf dem Land. Dort haben Stadt und Landkreis Bamberg im ehemaligen Fischerhof von 1810 eine vielfältige Ausstellung zum Leben der Bauern zusammengetragen. Regelmäßige Sonderausstellungen und Aktionen sorgen zudem für Abwechslung. Gourmets sollten ein gemütliches Abendessen im *Landgasthof Pickel* einplanen, der nicht nur hervorragende Gerichte zaubert, sondern auch über einen der bestsortierten Weinkeller der Gegend verfügt. Auf dem Schlot des Gasthauses wohnt übrigens seit vielen Jahrzehnten eine glückliche Storchenfamilie.

TIPPS

Gärtner- und Häckermuseum, Mittelstraße 34, 96052 Bamberg, Tel. 09 51/51 93 85 06, www.ghm-bamberg.de, Mai–Okt Mi–So 11.00–17.00.
Bauernmuseum Bamberger Land, Hauptstr. 3–5, 96158 Frensdorf, Tel. 0 95 02/83 08, www.bauernmuseum-frensdorf.de, Apr–Okt Di–Fr 14.00–17.00, So, Fei 13.00–17.00.
Landgasthof Pickel, Marktplatz 5, 96158 Frensdorf, Tel. 0 95 02/3 34, www.landgasthof-pickel.de, Mo, Mi ab 16.00, Do–So 11.30–14.00 und ab 17.00, Di Ruhetag.

Bambergs bekanntester Holländer betreibt
ein beliebtes Restaurant in der Königstraße,
das *JOSCH*.

Vom Hegel'schen Idealismus bis zu Messerschmitts »rollender Käseglocke« 9

Berühmte Besucher in Bamberg

Natürlich gehen wir davon aus, dass es Ihnen in Bamberg gefällt, und damit sind Sie nicht alleine. Im Laufe der Jahrhunderte haben sich zahlreiche Berühmtheiten hier an der Regnitz niedergelassen, manche nur für wenige Nächte, andere für ein ganzes Leben:

Friedrich der Große (19./20.7.1730)

Der Alte Fritz kam als 18-Jähriger in Begleitung seines Vaters, des strengen Friedrich Wilhelm I., der als Soldatenkönig in die Geschichte einging. Die beiden nächtigten in einer Scheune in der Memmelsdorfer Straße und besichtigten Domplatz, Domschatz und heutige Martinskirche.

Johann Wolfgang von Goethe (16.11.1797)

Es war nur ein Zwischenstopp auf dem Rückweg seiner dritten Schweizer Reise, aber das Mittagessen nahm der Dichterfürst im *Weißen Lamm* in der Königstraße ein. In seinem Tagebuch vermerkte er für den 16. November: »Strulndorf von den Franzosen verbrent jetz wieder erbaut, durch Tannenwald nach Bamberg im Lamm Mittag die Stadt liegt sehr angenehm und heiter gegen Mittag ist sie mit einem Wald eingeschlossen – gen Norden hat man eine der schönsten Plänen vor sich auf welcher theils freundliche Dörfer theils fruchtbare Felder abwechseln. durch Hallstadt. Rechts sieht man auf etwas entfernten Bergen 2 Schlösser. Man komt dem Mainufer nah in Giesbach übernachtet.« Auch heute ist das imposante Fachwerkhaus wieder ein Gasthaus, allerdings gehört es dem kreativen Holländer Jos de Leeuw, der in der Stadt nur als Josch bekannt ist. Die beste Besuchszeit ist zu einem Spiel der holländischen Nationalmannschaft. Der Fußballfan verwandelt dann das ganze Haus in einen Oranje-Tempel.

Georg Wilhelm Friedrich Hegel (1807–1808)

Als die Franzosen 1806 die Preußen schlugen, wurde die Universität Jena geschlossen und Hegel dadurch arbeitslos. Der Philosoph folgte dem Ruf der Bamberger Zeitung und leitete die Redaktion vom März 1807 bis November 1808. Hegel wohnte im »Haus zum Krebs« (Pfahlplätzchen 1). Er hatte schwer mit der damals herrschenden Zensur zu kämpfen, veröffentlichte aber in der Bamberger Zeit sein Werk »Phänomenologie des

Geistes«, das von unbedingtem Idealismus geprägt ist. Von den Beschränkungen des bayerischen Pressegesetzes ernüchtert, reiste Hegel 1808 weiter nach Nürnberg, wo er Rektor am Egidiengymnasium wurde.

E.T.A. Hoffmann (1808–1813)

Die Bamberger sind sehr stolz darauf, dass der Komponist, Maler und Dichter Ernst Theodor Amadeus Hoffmann für fünf Jahre nach Bamberg kam, um als Musikdirektor am Theater zu arbeiten. Das Bamberger Theater und ein Gymnasium tragen seinen Namen. Er selbst allerdings erlebte die Bamberger Zeit mit vielen Schatten. An Syphilis erkrankt und von Intrigen des Orchesters betroffen, verlor er die Stelle bereits nach wenigen Wochen. Hoffmann schrieb fortan Musikkritiken und Erzählungen. Ab 1810 arbeitete Hoffmann wieder am Theater, als Dramaturg und Dekorationsmaler, und gab privaten Musikunterricht. Die Liebe zu seiner 13-jährigen Gesangsschülerin Julia Mark endete unglücklich, und der Dichter reiste als Musikdirektor nach Dresden und Leipzig weiter. Wer auf den literarischen Spuren Hoffmanns durch Bamberg gehen möchte, wird einerseits im Luisenhain (siehe Kapitel 39) das E.T.A.-Hoffmann-Denkmal von 1968, das an seine Begegnung mit dem sprechenden Hund Berganza erinnert, und andererseits an der Tür der Eisgrube 14 den goldenen Türknauf mit dem Apfelweibla finden, der in der Erzählung »Der goldne Topf« Erwähnung findet.

Otto und Amalie von Griechenland (1863–1867/1875)

Nach dem griechischen Unabhängigkeitskrieg bestieg der jüngere Sohn Ludwigs I. von Bayern 1832 mit 16 Jahren den Thron in Griechenland. 30 Jahre später wurde er durch eine Revolte gestürzt und floh ins Exil, erst nach München und dann nach Bamberg. Gemeinsam mit seinem 50-köpfigen Hofstaat und Gattin Amalie versuchte das Königspaar, eine reduzierte Form des griechischen Hoflebens aufrechtzuerhalten: Trachten aus den verschiedenen Gegenden Griechenlands waren offizielle Hofkleidung, einschließlich der griechischen Nationaltracht mit der Fustanella, dem knielangen, weißen Männerrock. Jeden Abend zwischen sechs und acht wurde nur Griechisch gesprochen, das beide Majestäten perfekt beherrschten. Die auffälligste Erscheinung im Gefolge war General Panajotis Notaras, der als Hofmarschall stets in der griechischen Nationaltracht der königlichen Leibgarde auftrat. Aber auch über den griechischen Mohren Marcos Abessinios sollen die Bamberger nicht schlecht gestaunt haben. Viele Fürsten und Könige aus ganz Europa besuchten das Königspaar, und so war in der kleinen Domstadt eigentlich immer etwas los. Nach dem plötzlichen Tod des Königs 1867 führte Amalie den Hof weiter, bis sie 1875 starb, sehr zum Bedauern des Hofkonditors Kraus, dessen beste Kundin sie gewesen sein soll.

Wilhelm Emil Messerschmitt (1906–1951)

Als Sohn eines Bamberger Weinhändlers wuchs Willy Messerschmitt in Bamberg auf und gründete dort noch während seines Studiums die Messerschmitt Flugzeugbau GmbH, wo er Segel- und motorisierte Verkehrsflugzeuge entwickelte. Nach einer unterschiedlich bewerteten Rolle während des Zweiten Weltkrieges heiratete Messerschmitt in Bamberg Lilly Stromeyer und ließ in seinem Bamberger Werk Fertighäuser, Nähmaschinen, Bügeleisen und den bekannten Messerschmitt Kabinenroller herstellen. 1951 ging er nach Spanien, später nach Ägypten und wurde nach seinem Tod 1978 in Bamberg in der Familiengruft seiner Frau beigesetzt. In Willy Messerschmitts Elternhaus befindet sich heute das Romantik-Restaurant *Messerschmitt*, das stilvolles Ambiente, gehobene Küche und edle Weine bietet.

TIPPS

Restaurant JOSCH, Untere Königstraße 28, 96052 Bamberg, Tel. 09 51/2 08 30 95, www.josch-restaurant.de, Mo–Sa 17.30–23.00, warme Küche bis 21.30, So, Fei geschlossen.
E.T.A.-Hoffmann-Haus, Schillerplatz 26, 96047 Bamberg, Tel. 09 51/2 97 62 00 (Tourist-Info), www.etahg.de, Mitte Apr–1. Nov Di–Fr 15.00–17.00, Sa, So, Fei 10.00–12.00.
E.T.A.-Hoffmann-Theater, E.T.A.-Hoffmann-Platz 1, 96047 Bamberg, Tel. 09 51/87 30 30, www.theater.bamberg.de, Theaterkasse Di–Sa 10.00–13.00, Mi 16.00–18.00.
Hotel Restaurant Weinhaus Messerschmitt, Lange Straße 41, 96047 Bamberg, Tel. 09 51/29 78 00, www.hotel-messerschmitt.de, Mo–Sa 11.00–14.00 und 18.00–23.00, So Ruhetag.

Der Bamberger Dom ist die Kathedrale des über 1000-jährigen Bistums.

»Caput Orbis« 10
Der Bamberger Dom

Als Kaiser Heinrich II. 1007 das Bistum Bamberg gründete, wollte er nicht nur eine Residenz erschaffen. Seine Neugründung sollte die Hauptstadt seines Reiches sein, weswegen er sie mit umfangreichen Schenkungen und Territorien ausstattete. Auf dem Domplatz bestimmte er den Mittelpunkt des Reiches, »umbilicus imperii«, heute durch ein unterirdisches Denkmal noch deutlich zu sehen. Die große Liebe für die Stadt Bamberg haben die Bamberger ihm und seiner Frau Kunigunde nie vergessen. Noch heute finden große Feierlichkeiten zum Heinrichsfest statt, zum Kunigundenfest schmücken die Domstädter über Nacht die Statue der Heiligen auf der Unteren Brücke. Besucher des Bamberger Domes finden nicht nur Reliquien der beiden, sondern auch ihr Grab, auf dem einige Szenen aus dem Leben des Paares dargestellt sind.

Auch wenn das christliche Leben in Bamberg so wie überall in Europa weit hinter das weltliche zurückgetreten ist, gibt es immer noch Tage, an denen der »Domberg«, wie die Bamberger sagen, das Geschehen in der Stadt bestimmt. Neben den hohen Feiertagen wie Weihnachten, Ostern und Pfingsten bietet die Fronleichnamsprozession die beste Gelegenheit, diese besondere Beziehung kennenzulernen. Ganz Bamberg schmückt sich dann mit weiß-gelben Fähnchen an den Fenstern und Birken vor den Häusern. Seit 1390 startet der Bittgang am zweiten Donnerstag nach Pfingsten morgens um acht Uhr auf dem Domplatz mit einer feierlichen Messe. Anschließend ordnen sich Erzbischof und Domkapitel in den langen Zug aus Bamberger Zünften, Pfarreien, Vereinen und sonstigen Gruppierungen ein. Viele der mitgeführten Schätze und Reliquien sind jahrhundertealt, am schwersten dürfte mit 650 Kilogramm das mit rosa Nelken geschmückte Domkreuz sein. 18 Männer sind nötig, um es die gesamte Strecke über Markusstraße und Maxplatz wieder zurück auf den Domplatz zu führen. Ausschlafen gibt es an Fronleichnam für ganz Bamberg nicht – überall hängen Lautsprecher, die das Geschehen live in alle Ecken und Winkel übertragen.

Zu den wichtigsten Protagonisten gehören die Knaben und Männer des Bamberger Domchores. Seit über 800 Jahren begleitet diese Institution das Geschehen im Dom und ist fast jede Woche bei den sonntäglichen Hochämtern des Erzbischofs zugegen. Die etwa 80 Sänger gehen auch regelmäßig als musikalische Botschafter des Erzbistums auf Konzertreise in alle Welt.

Der Bamberger Dom gehört zu den Kaiserdomen, die alle in besonderem Bezug zum Heiligen Römischen Reich stehen. Allerdings brannte der erste, 1012 fertiggestellte Bau 1081 ab. Dem sechs Jahre später geweihten provisorischen Neubau erging es 1185 nicht anders, und so wurde der heute stehende dritte Dom erst 1237 geweiht. Wie im Mittelalter üblich, finden sich in allen Skulpturen Allegorien auf das damalige Weltbild, die Sie sich bei einer Führung ausführlich erklären lassen sollten. Das Innere war ursprünglich komplett farbig ausgemalt. Der Anstrich ging jedoch im Laufe der Zeit und spätestens durch die Purifizierung in den 1830er-Jahren verloren, ebenso wie die nach dem Dreißigjährigen Krieg eingebrachte barocke Ausstattung und die ehemals bunten Glasfenster.

Wir möchten Ihnen vor allem das schon genannte Kaisergrab vorstellen. Auf dem Weg dorthin kommen Sie am einzigen Papstgrab nördlich der Alpen vorbei, dem Grab Clemens II., und am Bamberger Reiter, für den es zahlreiche Deutungen gibt (siehe Kapitel 11). Das Kaisergrab aus den Jahren 1499 bis 1513 entstammt der Werkstatt Tilman Riemenschneiders. Auf der vom Meister persönlich geschaffenen Deckplatte sehen Sie Heinrich und Kunigunde (von Luxemburg) liegend mit zwei Löwen zu ihren Füßen. Die Tiere tragen das bayerische und das luxemburgische Wappen. An den Seiten sind Szenen aus dem Leben des Kaiserpaares dargestellt. Beginnen wir nun zunächst mit der sogenannten Pflugscharprobe, einem Gottesurteil. Wir sehen auf dem Bild links den Kaiser und rechts die Kaiserin. Zwischen beiden steht ein jüngerer Mann, der einen trennenden Part und somit den Teufel darstellt. Was war hier geschehen? Kaiser Heinrich, der ja als Regent viel unterwegs war, wurde eines Tages zugetragen, dass ihm die Kaiserin während seiner Abwesenheit untreu geworden sei. Bei dem Zuträger könnte es sich um den jungen Mann in der Mitte gehandelt haben. Die Kaiserin musste nun ein Gottesurteil über sich ergehen lassen. Sie lief über glühende Pflugscharen, und nach der Überlieferung soll sie das unverletzt überstanden haben. Hierzu muss gesagt werden, dass jemand, der über glühende Pflugscharen läuft, natürlich Verbrennungen an den Füßen davonträgt. Diese wurden aber verbunden und blieben über die symbolhafte Reihe von 3, 6 oder 9 Tagen unberührt. Danach wurden die Verbände geöffnet und je nachdem, ob ein Heilungsprozess eingetreten war oder nicht, ging das Gottesurteil zu Gunsten oder zu Ungunsten des Betroffenen aus. Im Fall der Kunigunde ging es jedenfalls zu deren Gunsten aus. Es gibt hier aber noch eine zweite Auslegung des Vorgangs. Die Pflugschar war von früher her ein Symbol der Fruchtbarkeit. Mit ihr wurde der Acker, der Boden, bearbeitet, und es kam neues Leben hervor. Die Ehe des Kaiserpaares blieb kinderlos, und es besteht die Möglichkeit, dass Kunigunde zur Erlangung von Fruchtbarkeit über Pflugscharen laufen musste.

Bei der nächsten Szene handelt es sich um das sogenannte Pfennigwunder. Die Kaiserin hatte maßgeblich das Stift St. Stephan ins Leben gerufen. Während der Bauarbeiten kamen plötzlich die Arbeiter und verlangten ihren Lohn. Kunigunde ist links im Bild zu sehen, sie hält die Geldschale mit der rechten Hand und fordert mit der linken zum Nehmen auf. Vor der Kaiserin stehen die Arbeiter und hinter diesen ein junger Mann, der sich schon durch die Kleidung und einen gehaltenen Dolch von den anderen unterscheidet. Dieser Mann schiebt mit dem rechten Ellenbogen den vor ihm stehenden Arbeiter an und will ihn zu der Geldschale bugsieren. Mit diesem Jüngling hat Riemenschneider wiederum den Teufel dargestellt, der die Menschen zu einem verwerflichen Handeln anstiften oder antreiben will. Der Überlieferung nach ist Folgendes passiert: Wenn einer der Arbeiter mehr Geld aus der Schale nahm, als ihm zustand, musste er die zu viel genommenen Münzen fallen lassen, weil sie in seiner Hand zu glühen begannen. Das zeigte dem mittelalterlichen Betrachter, dass jeder nur das nehmen durfte, was ihm auch wirklich zustand.

Vom Dom aus bietet sich ein faszinierender Blick über die Stadt.

An der Schmalseite des Grabmals ist die Sterbeszene des Kaisers zu sehen. Heinrich starb im Jahr 1024 in seiner Pfalz Grona bei Göttingen. Bei ihm war auch Kunigunde mit dem Hofstaat. Die Abbildung zeigt, wie der Kaiser auf dem Sterbebett die letzten Anordnungen trifft. Interessant ist der junge Mann, der am Fußende des Bettes kniet und intensiv zu Heinrich hinübersieht. Dieser junge Mann unterscheidet sich ebenfalls durch seine Kleidung von den übrigen Personen, außerdem trägt er ein Kurzschwert. Bemerkenswert ist der linke Arm, den er verdreht, bewusst falsch und linkisch hält. Dies stellt ebenfalls den Teufel, den Versucher, dar, der noch am Totenbett versucht, durch Locken mit der rechten Hand die Seele des Kaisers zu ergattern. Doch die Gebete der Kaiserin und des Hofstaates können die drohende Gefahr bannen und damit den Versucher abwehren. Pikanterweise ist vor dem Bett des sterbenden Kaisers ein schlafendes Löwenhündchen abgebildet. Der Hund, normalerweise ein treuer, aufmerksamer Wächter des Menschen, versagt in diesem Fall völlig, und der Kaiser ist nur auf die Hilfe seiner Frau angewiesen.

Die nächste Szene zeigt die sogenannte Seelenwägung. Hier ist rechts der Erzengel Michael zu sehen, ganz links Kaiser Heinrich. Der Heilige Laurenzius in der Mitte zeigt mit seiner linken Hand auf die Person, um die es eigentlich geht. Der Erzengel Michael hält in seiner rechten Hand ein großes Schwert, das Symbol des Soldaten, der Gerichtsbarkeit, aber auch des Martyriums. Mit der linken Hand hält er eine Waage, bei der kleine Teufel versuchen, die eine Schale nach unten zu ziehen. In der anderen Waagschale, die bereits den Boden erreicht hat, liegt ein goldener Kelch, den der Heilige Laurenzius, der Lieblingsheilige des Kaisers, hineingelegt hat. Was bedeutet dies alles? Die Waagschalenseite, an der die kleinen Teufel ziehen, stellt die bösen und schlechten Taten und Seiten des Kaisers dar. Die Waagschale mit dem goldenen Kelch symbolisiert die guten Taten und Seiten von Heinrich – und diese überwiegen, die Wägung der Seele geht deshalb zu seinen Gunsten aus.

Das letzte Bild zeigt die Heilung vom Steinleiden. Hier dürfte der historische Hintergrund eine Reise Kaiser Heinrichs nach Italien im Jahr 1022 gewesen sein. Dabei kam er auch am Kloster Monte Cassino vorbei, einer Gründung des Heiligen Benedikt. Den Kaiser plagte zu diesem Zeitpunkt ein Steinleiden. Vermutlich hatte er Blasensteine, wie viele seiner Ritterkollegen, die bei Wind und Wetter im Sattel saßen. Während der Nacht soll Heinrich den Heiligen Benedikt um Linderung angerufen haben. Der Überlieferung zufolge erschien der Heilige dem Kaiser, schnitt mit einem Messer den Leib auf, holte den Stein heraus und legte ihn dem schlafen-

Der Riemenschneider-Altar im Bamberger Dom

den Heinrich zum Beweis der Heilung in die Hand. Die Szene zeigt den Heiligen links neben dem Bett mit dem Messer in der rechten Hand, wie er den herausgeholten Stein dem Kaiser in den Schoß legt. Der schlafende Mann rechts neben dem Bett ist der Leibarzt des Kaisers, der nichts zur Linderung beziehungsweise Heilung beiträgt. Dieser schlafende Arzt stellt das menschliche Versagen dar.

TIPPS

Dom, Nov–März 9.00–17.00, Apr–Okt 9.00–18.00, keine Führung oder Besichtigung während der Gottesdienste.
Domführungen, Domtouristik, Domplatz 5, 96049 Bamberg, Tel. 09 51/5 02 25 12, www.bamberger-dom.de, Nov–Apr Mo–Do 10.30, 14.00, Fr, Sa 10.30, 14.00, 15.00, So 14.00, 15.00, Mai–Okt Mo–Sa 10.30, 14.00, 15.00, So 14.00, 15.00, Dauer ca. 1 Std.

Bis heute ist nicht geklärt, wen der Bamberger Reiter eigentlich darstellt. Das Reiterstandbild in Lebensgröße ist älter als der Dom.

Eine ungeklärte Personalie

Der »Bamberger Reiter«

Er ist älter als der Bamberger Dom. Täglich blickt er auf das Grab von Kaiser Heinrich und Kaiserin Kunigunde. Und jeden Tag wird er umringt von Hunderten staunenden Menschen, die sich fragen, wer er eigentlich ist: der Bamberger Reiter.

Sie finden die Skulptur im Bamberger Dom, wenn Sie vor dem Kaisergrab stehen, an der rechten Säule. Das erste Reiterstandbild, das jemals in einer Kirche aufgestellt wurde, zeigt einen lebensgroßen Mann mit Königskrone auf einem Pferd. Darüber schwebt ein kleiner Baldachin, den Grund bildet eine Akanthusblattkonsole. Sicher ist, dass die Bamberger Dombauhütte zur Entstehungszeit des Reiters (1225–1237) einige Künstler aus Frankreich angeworben hatte, um den Dom mit Skulpturen auszustatten. Deswegen entspricht die Figur auch weitgehend französischen Vorbildern, erkennbar an einzelnen Details wie Sattel und Zaumzeug. Viele können sich heute kaum vorstellen, dass Reiter und Dom im Mittelalter bunt bemalt waren. So hätte ein Farbfoto aus dieser Zeit einen prächtigen, dunkelhaarigen Mann mit purpurnem Mantel auf einem Apfelschimmel gezeigt. Die Fassmaler (so hießen die Handwerker, die für die Skulpturenbemalung zuständig waren) hatten selbst kleine Details wie Iris und Pupillen in den Augen des Reiters, strahlend weiße Zähne bei ihm und seinem Pferd und ein dunkelrotes Maul des Tieres ausgearbeitet. Krone, Gürtel und Sattelzeug trugen goldene Applikationen, der Sockel war in einem satten Grün bemalt.

Und das alles ohne einen schriftlichen oder sonstigen deutlich erkennbaren Hinweis auf die Identität des Dargestellten. Kein Wunder also, dass sich zahlreiche Interpretationsansätze ergeben, von denen wir Ihnen die spannendsten kurz skizzieren möchten:

1) Es ist Stephan I. von Ungarn.
Stephan I., erster König von Ungarn und Nationalheiliger des Landes, bestieg 997 den Thron. Seine Hochzeit mit der Schwester Heinrichs II. beendete die Fehden zwischen Bayern und Ungarn. Zu seinen Hauptverdiensten gehört die Christianisierung seines Landes, wofür Stephan 1083 heiliggesprochen wurde. Doch der Herrscher hatte auch seine Schattenseiten. So ließ er seinem Vetter die Augen ausstechen und die Ohren mit

Blei ausgießen, um zu verhindern, dass dessen Linie nach seinem Tod an die Macht kommen könnte. In Bamberg jedenfalls entwickelte sich schnell ein Stephanskult, die letzten Ausgrabungen im Dom brachten einen Stephanusaltar (zwischen den beiden Treppen zum Georgenchor) zum Vorschein. Diese Verehrung und die engen verwandtschaftlichen Beziehungen zu Bischof Eckbert von Meranien legen eine Darstellung des Ungarnkönigs nahe. Denn Bischof Eckbert amtierte zur Zeit der Aufstellung des Reiters und war mit der Schwester des aktuellen Ungarnkönigs verheiratet. Dieser hatte ihm zudem während der Untersuchungen zu seiner Mitschuld am Königsmord in Bamberg 1208 Asyl gewährt. Auch die Skulptur selbst könnte diese Deutung bestätigen: Die Ausführung der Krone mit mehreren Buckelreihen – im Gegensatz zu den Kronen Heinrichs und Kunigundes – zeigen, dass es sich vom Rang her höchstens um einen König handeln kann, womit jegliche Deutung in Richtung des Bistumsgründers hinfällig wird. Die dargestellte Krone könnte auch als rein symbolisches Attribut gedacht sein – das griechische Wort »stephanos« bedeutet Kranz oder Krone.

2) Es ist Kaiser Friedrich II.
Friedrich hatte nach seiner Krönung 1215 ein Kreuzzugsgelübde zur Rückeroberung Jerusalems abgelegt. Mit einer kleinen Streitmacht schiffte er 1228 nach Palästina ein und erreichte auf diplomatischem Wege die Rückgabe Jerusalems, Bethlehems und Nazareths an die Christen. Obwohl zwischenzeitlich unter Kirchenbann, krönte sich Friedrich II. als König von Jerusalem und kehrte in das Reich zurück, wo zwei Jahre später auch der Bann zunächst aufgehoben wurde. Der Bamberger Reiter könnte also für den Kreuzritter Friedrich, für das Kreuzrittertum an sich oder für die staufische Kaiserdynastie und ihren Machtanspruch stehen.

3) Es handelt sich um eine symbolische Darstellung der Stadt und des Bistums Bamberg.
Für diese Deutung spricht, dass es in der Zeit der Aufstellung des Standbildes für Bamberg keinen Grund gab, einem anderen Herrscher zu huldigen. Die Stadt war autonom, der amtierende Kaiser in Sachen Kreuzzug unterwegs, und der Reiter trägt keinerlei Attribute, die auf eine bestimmte Person hindeuten. Auf dem Sockel steht kein Name, und es gibt auch keine schriftliche Überlieferung zur Identität der Figur – im Gegensatz zu vielen anderen Skulpturen aus dieser Zeit, zu denen immer Erklärungen tradiert sind. Die Aufstellung in großer Höhe über den Köpfen der Gemeinde könnte darauf hindeuten, dass der Bamberger Reiter ein Symbol

Eine hölzerne Kopie des Bamberger Reiters finden Sie im *Restaurant Weierich.*

für den christlichen Missionierungsanspruch und seine höhere Rechtfertigung darstellt. Damit stünde er für den Anspruch und die Mission der Bamberger Bischöfe, vom »Caput Orbis« aus die Heiden zu missionieren.

Neben all den konkreten Ideen gibt es auch die ganz einfache Deutung, dass man eine Allegorie der mittelalterlichen Weltanschauung vor Augen hat. Über dem Höllendämon im rechten Sockel steht die Natur, darüber die Tiere in Form des Pferdes und der Mensch als Reiter. Der Baldachin darüber symbolisiert den Himmel und die Ewigkeit.

So richtig aufklären wird sich die Identität des Bamberger Reiters wahrscheinlich nie. Es gab in der Geschichte auch missbräuchliche Deutungen, so sahen die Nationalsozialisten in der Figur das Idealbild des Ariers. Sie verwendeten ihn in ihren Propagandafilmen, und Göring hatte eine Kopie in seinem Landsitz Carinhall stehen.

Der Bamberger Geschichtenerzähler Erik Berkenkamp bei einer Führung in der Alten Hofhaltung.

Sternenmantel und Königsmord

Die Alte Hofhaltung

Nachdem Sie den Bamberger Dom bereits kennengelernt haben (siehe Kapitel 10), ist es nun an der Zeit, sich den restlichen Domberg genauer anzuschauen. Hier gab es schon vor über 3.000 Jahren in der Bronzezeit die ersten Siedlungen, und der Domberg ist es auch, der 902 als »Babenberch« der späteren Stadt seinen Namen gab. Wenn Sie zwischen Dom und Neuer Residenz stehen, haben Sie den einzigartigen Blick auf vier verschiedene Architekturstile. Der Dom – romanisch und gotisch –, daneben die Alte Hofhaltung aus der Renaissance und ganz rechts die barocke Neue Residenz, die die Fürstbischöfe als vierflügeligen Repräsentationsbau anlegen ließen.

Die meisten Bamberger kennen den Innenhof der Alten Hofhaltung nur als Theaterkulisse. Denn hier finden jedes Jahr im Sommer die Calderón-Festspiele statt. Allerdings erst seit 1973. Damals wollte man zur 1.000-Jahr-Feier der Stadt ein besonderes Schauspiel geben, und fand irgendwie die Verbindung zwischen E.T.A. Hoffmann und dem berühmtesten spanischen Dramatiker, Petro Calderón de la Barca. Nach einigen Jahren waren die Stücke des Madrilenen aufgebraucht, und seitdem spielt das Bamberger Theater auch Stücke aus der Feder anderer Künstler. Bei Wind und Wetter strömt dann das Publikum in die Hofhaltung, oft mit Sitzkissen, Decke, Wein und Pizzakartons bewaffnet, um sich dort dem besonderen Schauspiel hinzugeben.

Diese Kulisse wird aber nach dem Theater nicht abgebaut, sie steht seit über 600 Jahren an Ort und Stelle. Unter den steilen, dreigeschossigen Dächern verbergen sich die gigantischen Lagerräume, in denen im Mittelalter die Vorräte verstaut wurden. Schließlich musste man bei Belagerungen lange aushalten können. Im Erdgeschoss war unter anderem das Vieh untergebracht, außerdem gab es Räumlichkeiten für Handwerker und Militärpersonal. Eigentlich wohnten wirklich alle unter einem Dach. Ein eigener Brunnen garantierte völlige Unabhängigkeit. Auffällig ist auch der große Baum rechts nach dem Eingang. Es ist der auch schon wieder stattlich gewordene Nachfolger der Gerichtslinde, die zu jeder mittelalterlichen Residenz gehörte. Hier wurde geurteilt und Recht gesprochen, ein Relikt aus germanischen Tagen. Wenn Sie vom Domplatz aus in die Residenz gehen, sollten Sie zudem einmal die Augen nach oben richten.

Dort finden Sie ein Relief von 1573 mit umfangreicher Symbolik: Ganz außen die Flüsse Main (links) und Regnitz (rechts), in der Mitte Maria, hinter ihr Heinrich und Kunigunde, die ein Modell des Domes halten. Der Apostel Petrus, der Heilige Georg sowie die Bischöfe Otto und Kilian komplettieren das Bild.

1208 war die Alte Hofhaltung übrigens Schauplatz eines Königsmordes: Otto VIII. von Wittelsbach ermordete am 21. Juni den Stauferkönig Philipp von Schwaben, kurz bevor dieser zum Kaiser gekrönt werden sollte. Auch Otto fand kurze Zeit später den Tod. Am 7. März 1209 wurde er als Vogelfreier in Oberndorf bei Kelheim durch Reichsmarschall Heinrich von Kalden gestellt. Der Kopf des Toten wurde in die Donau geworfen, der Leichnam jahrelang in einem Fass aufbewahrt. Mönche aus dem Kloster Indersdorf entwendeten schließlich das Fass und bestatteten den Leichnam auf dem Klostergelände.

Weite Teile der Hofhaltung beherbergt mittlerweile das Historische Museum der Stadt, in dem zahlreiche Ausstellungsstücke von der Vorgeschichte bis ins 21. Jahrhundert gezeigt werden, ergänzt durch regelmäßige Sonderausstellungen. Sehenswert sind auch die ständige Gemäldegalerie »100 Meisterwerke« mit Werken von Lucas Cranach und Pieter Brueghel und die von der UNESCO prämierte Dauerausstellung »Im Fluss der Geschichte«, die sich auf innovative Weise mit der Fluss- und Stadtge-

Blick von einem der Domtürme auf die Alte Hofhaltung

schichte Bambergs auseinandersetzt. Den kirchlichen Teil der Geschichte der Stadt finden Sie im Diözesanmuseum auf der anderen Seite des Domes. Das Museum ist aus dem Domschatz hervorgegangen, wenngleich die ursprünglich sehr umfangreiche Ausstattung vor allem durch die Säkularisation stark dezimiert wurde. Die Bamberger kämpfen beispielsweise heute noch um die Rückgabe der Heinrichs- und der Kunigundenkrone, die nach wie vor in der Schatzkammer der Residenz München verwahrt werden. Immerhin konnte man eine Kopie der Heinrichskrone für das Domjubiläum 2012 erstellen lassen, die nun im Diözesanmuseum zu sehen ist. Im Obergeschoss finden Sie unter anderem den prachtvollen Sternenmantel Kaiser Heinrichs II. Auf blauem Grund breiten sich goldene Sterne strahlenförmig über den halbkreisförmigen Mantel aus; sie sind jeweils aus zwei ineinandergesteckten Quadraten gebildet und werden von oben nach unten größer. In der Rückenmitte erscheint Christus, von einer Mandorla und den Symbolen der Evangelisten umgeben. Sol, Luna, Alpha, Omega, Cherubim und Seraphim sowie zahlreiche weitere Medaillons und Gestalten gruppieren sich darum herum. Heinrich hat den Mantel allerdings nie getragen, sondern stiftete das Geschenk eines Gefolgsmannes dem Bamberger Dom.

TIPPS

Historisches Museum, Domplatz 7, 96049 Bamberg, Tel. 09 51/5 19 07 46, www.museum.bamberg.de, Mai–Okt Di–So 9.00–17.00, Nov–Apr nur zu Sonderausstellungen geöffnet.
Diözesanmuseum, Domplatz 5, 96049 Bamberg, Tel. 09 51/5 02 25 02, www.dioezesanmuseum-bamberg.de, Di–So 10.00–17.00, Winterpause siehe Homepage.

In den Zeiten, als Hofhaltung und Dom gebaut wurden, dienten Tretmühlen als Antrieb für die Lastenaufzüge. Im Dom ist noch eine im Original erhalten.

Von Schornsteinen, einem mysteriösen Fenstersturz und der Bamberger Verfassung 13

Die Neue Residenz

Gegenüber der Alten Hofhaltung steht das nächste imposante Bauwerk, die Neue Residenz. Die beiden hinteren Flügel im Renaissance-Stil entstanden unter Fürstbischof Johann Philipp von Gebsattel ab 1602, die beiden vorderen barocken Flügel unter Fürstbischof Lothar Franz von Schönborn. Der hätte seinen Baumeister Leonhard Dientzenhofer gerne noch weiterbauen lassen; die Steine an der linken Hausecke warten noch heute auf eine Fortsetzung des Baus.

Die Bamberger sind allerdings froh, dass der Bau nicht weitergeführt wurde, schließlich hätte man dann die Alte Hofhaltung abreißen müssen, und es gäbe eine Attraktion weniger in der Stadt. Wichtig für die historische Betrachtung ist auch, dass der Platz früher ein anderes Bodenniveau hatte. Denn ursprünglich war der Domplatz der Innenhof einer Burganlage, die ringsum von Mauern umgeben war. Der einzige Zugang bestand weiter bergauf vom Torschuster aus. Die Straße, die heute von der Karolinenstraße nach oben führt, stellt erst seit Ende des 18. Jahrhunderts eine Zufahrtsstraße dar. Damals wollten sich die Fürstbischöfe den Zugang erleichtern, und die Zeit der großen Belagerungen war auch vorbei. Das ursprüngliche Bodenniveau können Sie an den Borden oberhalb der Kellerfenster in der Neuen Residenz sehen, ebenso wie gegenüber am Dom. Die Treppenstufen zu den einzelnen Pforten wurden um 1770 erbaut. Zu dieser Zeit entstand auch der Durchgang zwischen Dom und Alter Hofhaltung, die früher aneinander gebaut waren.

Doch zurück zur Neuen Residenz. Einer der wichtigsten Punkte für die Fürstbischöfe war, dass sich das neue Gebäude im Gegensatz zur Alten Hofhaltung endlich beheizen ließ. Dies dokumentierten sie auch entsprechend, indem sie viele auffällige Schornsteine auf ihre Dächer setzen ließen. Die Residenz hatte bisher drei große Auftritte im Laufe der Geschichte. Der erste markiert allerdings gleich einen tragischen Fall, im wahrsten Sinne des Wortes: Louis-Alexandre Berthier, ein französischer Marschall, residierte 1815 in Bamberg, als die Kaiserlich Russische Armee im Anmarsch war, um das Ende von Napoleons erneuter Herrschaft einzuläuten. Berthier, der auch in Frankreich zwischen den Stühlen saß – Napoleon war gerade erst zu seiner kurzen letzten Herrschaft von der Insel Elba

Die Neue Residenz mit dem Rosengarten war Teil der früheren Burganlage auf dem Domberg.

zurückgekehrt –, wählte entweder aus Angst vor russischer Gefangenschaft oder dem Zorn Napoleons den Freitod, oder er wurde von Häschern aus dem Fenster gestoßen. Sicher ist jedenfalls, dass er am 1. Juni 1815 aus dem oberen Stockwerk auf die Straße fiel. Eine Gedenktafel erinnert heute an den »Bamberger Fenstersturz«.

Eine zweite wichtige Episode war das Exil des griechischen Königspaares von 1862 bis 1875 (siehe Seite 44). Die letzte spielte sich schließlich 1919 ab, als die bayerische Regierung und der Landtag wegen der Ausrufung der Räterepublik nach Bamberg flohen. In dieser Zeit verabschiedeten die Politiker mit der »Bamberger Verfassung« die erste demokratische bayerische Verfassung in der Domstadt. In Bayern hatten die Wirren der Novemberrevolution dafür gesorgt, dass der König als erster deutscher Monarch abdankte und in München die Republik ausgerufen wurde. Der erste Ministerpräsident, Kurt Eisner (USPD), fiel im Februar 1919 einem Attentat zum Opfer. Gegen seinen Nachfolger Johannes Hoffmann (SPD) riefen anarchistische und kommunistische Kräfte schließlich am 7. April die Räterepublik aus. Die nach Bamberg ausgewichene Regierung unter Hoffmann holte unter anderem Freikorps-Truppen zu Hilfe, die gemeinsam mit der Reichswehr aus Berlin am 2. Mai 1919 München zurückeroberten und die Räterepublik beendeten. Am 14. August wurde die Bamberger Verfassung nochmals in München bestätigt, und erst am 1. Dezember der Kriegszustand über München aufgehoben.

Heute übernehmen die Räumlichkeiten der Residenz viele Funktionen.

Am besten Sie beginnen erst mal mit einer Führung durch die Schauräume. Über 40 teils prachtvoll ausgestattete Zimmer und der berühmte Kaisersaal geben einen guten Eindruck von dem Selbstverständnis der absolutistischen Herrscher. 16 überlebensgroße Bildnisse von Kaisern und ein imposantes Deckengemälde werden Sie sicher in ihren Bann ziehen. Anschließend lohnt sich auch ein Rundgang durch die Staatsgalerie, eine Zweiggalerie der Bayerischen Staatsgemäldesammlungen. Unter den Meisterwerken befindet sich beispielsweise Hans Baldungs »Sintflut«. In diesem kleinen Gemälde entfaltet der barocke Maler kraftvoll das Bild einer Apokalypse, wie sie die Propheten der damaligen Zeit regelmäßig vorhersagten.

Im Ostflügel der Neuen Residenz schließlich befindet sich seit der Säkularisation die heutige Staatsbibliothek Bamberg (1966), früher erst Kurfürstliche (1803), Königliche (1806) und dann Staatliche (1918) Bibliothek. Der Grundbestand setzt sich aus den Bibliotheken der säkularisierten Stifte und Klöster des Hochstifts Bamberg und späteren Zukäufen und Schenkungen zusammen. Die bedeutendsten historischen Schriften wanderten allerdings, wie auch die wichtigsten Teile des Domschatzes, nach München, wo sie heute noch aufbewahrt werden.

Als Letztes möchten wir Ihren Blick noch auf den Rosengarten lenken, der sich im Innenhof der Residenz befindet und 1733 in einen Barockgarten verwandelt wurde. Balthasar Neumann plante die Anlage, Baumeister Johann Jakob Michael Küchel erstellte den Rokokopavillon, und Ferdinand Tietz schuf die Skulpturen, die allesamt Figuren aus der griechischen Mythologie zeigen. Im Sommer blühen in den Beeten über 4.500 Rosen der unterschiedlichsten Sorten und verbreiten betörende Düfte. Hier kommen vor allem Bamberger Hochzeitspaare her, um in dem traumhaften Ambiente ihre Hochzeitsbilder aufnehmen zu lassen. Das Treiben können Sie gut vom *Café im Rosengarten* aus beobachten, das zur renommierten *Konditorei Graupner* in der Langen Straße gehört. Von Juni bis September haben Sie hier zudem die Gelegenheit, bei den Rosengarten-Serenaden den Bamberger Symphonikern zu lauschen.

TIPPS

Neue Residenz, Domplatz 8, 96049 Bamberg, Tel. 09 51/7 51 93 90, www.schloesser.bayern.de, Apr–Sep tägl. 9.00–18.00, Okt–März 10.00–16.00.

Café-Restaurant im Rosengarten, Domplatz 8, 96049 Bamberg, Tel. 09 51/79 80 40 35, www.hotel-graupner.de, tägl. 10.00–18.00.

Rosengarten-Serenaden, Jun–Sep, jeweils ab 20.00, Termine unter www.rosengarten-serenaden.com, bei schlechtem Wetter im Kaisersaal.

Die eigentlich romanische St. Michaels Kirche trägt eine Barockfassade.

600 Pflanzen an der Decke

Auf dem Michelsberg

Als das Bistum Bamberg gegründet wurde, dachte man bereits zu Beginn des 11. Jahrhunderts ans Marketing, weltlich wie geistlich. Um den Nimbus als »Fränkisches Rom« zu schaffen, erschuf man die Stadt »auf sieben Hügeln«. Dafür war allerdings ein kleiner Kunstgriff nötig, denn eigentlich sind es nur sechs: Stephansberg, Kaulberg, Altenburgberg, Jakobsberg, Michelsberg und Abtsberg. Die cleveren Domstädter erklärten kurzerhand die auf dem Jakobsberg gelegene Babenburg zu einem eigenen Berg, den späteren Domberg. Der Kniff geriet schnell in Vergessenheit, und so stehen seit über 1.000 Jahren in jedem Bamberg-Führer die »Sieben Hügel« der mit Jerusalem, Athen und Rom verglichenen Stadt. Und auch für die himmlischen Mächte sollte die neue Hauptstadt der Welt ein besonderes Schmuckkästchen sein. Also legten die mittelalterlichen Stadtplaner ein imaginäres Kreuz aus Kirchen über die Stadt. Der Längsbalken reicht über St. Jakob und den Dom bis zu St. Gangolf in der Theuerstadt, der Querbalken verläuft von St. Stephan über den Dom nach St. Michael.

Dementsprechend sind diese Gotteshäuser die ältesten der Stadt, und neben dem Dom ist vor allem die Michaelskirche, die man bereits von Weitem sehen kann, ein Wahrzeichen Bambergs geworden. Der erste Bamberger Bischof, Eberhard, in seinen Anfangsjahren auch Kanzler für Deutschland und Italien, gründete nach St. Stephan (siehe Kapitel 17) im Jahre 1015 das Benediktinerkloster auf dem Michelsberg als bischöfliches Eigenkloster. Der jeweilige Abt unterstand also direkt dem Bamberger Bischof. Unter Bischof Otto I. gelangte St. Michael zu einer ersten Blüte. Otto, der unter anderem Pommern missionierte, wurde schon 50 Jahre nach seinem Tod 1189 heiliggesprochen und in der Klosterkirche beerdigt. Sein Bischofsstab steht im Diözesanmuseum, und das Hochgrab avancierte zum Touristenmagneten. Die Menschen kamen und kommen nicht nur hierher, um zu dem Heiligen zu beten, sondern auch in der Hoffnung auf Gesundheit: Ein Durchschlupf im Grab verspricht allen, die darunter durchkriechen, Heilung von Rückenleiden.

Im Laufe der Zeit gelangten die Mönche durch Schenkungen und ihre eigenen wirtschaftlichen Aktivitäten zu großem Reichtum. Ihnen gehörten Besitzungen in über 400 Orten des Bistums. Verbürgt ist außerdem, dass seit dem Jahr 1122 in den Klostermauern Bier gebraut wurde. Diese

Klosterbrauerei war damit eine der ältesten der Welt und bestand bis 1968. Der Wohlstand führte natürlich auch zu Neid, und so waren die Benediktiner immer wieder Ziel von Übergriffen aus der Bevölkerung. 1435, 1525 und 1552 wurde das Kloster geplündert. Im Dreißigjährigen Krieg wählten es die Schweden zu ihrem Hauptquartier. Danach ging es wieder aufwärts, bis der bayerische Staat bei der Säkularisation 1802 fette Beute machte. Umfangreiche Güter in der Stadt Bamberg und in über 140 Orten des Umlandes, die Einrichtung und die wertvolle Klosterbibliothek fielen in seine Hände. Die Stadt verlegte 1803 die Spitäler aus der Innenstadt in die Klosterräume.

Neben dem imposanten Areal selbst beeindruckt vor allem die Fassade der Kirche, die sich auf den ersten Blick in reinstem Barock zeigt. Doch diese Fassade ist nur vorgeblendet und stammt aus dem Ende des 17. Jahrhunderts, erschaffen von Leonhard Dientzenhofer, dessen Bruder Johann die vorgelagerte Terrasse gestaltete. Hinter der Barockfassade steht immer noch die 1121 geweihte romanische Kirche, die heute unter ihrem zweigeschossigen Vorbau zu leiden hat. Schon in der Barockzeit belastete die Fassade, die wie ein Rucksack an der Kirche hängt, die Türme, weswegen vermutlich der Baumeister Balthasar Neumann bereits im 18. Jahrhundert mit Stahlankern für zusätzliche Stabilisierung sorgen musste. Das ging einige Jahrhunderte gut, 2012 allerdings entdeckte man neuerliche Risse in der Decke, die dringend saniert werden müssen. Sie gefährden den Bestand der Kirche und damit auch das augenfälligste Prachtstück im Inneren: 1617 verzierten vier Maler die Gewölbedecke der Kirche mit einem Herbarium. 580 Pflanzenbilder sind an den Decken des Mittelschiffs, des Querschiffs, der Vierung und der Westempore zu sehen, darunter auch Exoten wie Ananas, Baumwolle, Granatapfel und Tabak. Viele der dargestellten Pflanzen wurden erst wenige Jahre zuvor entdeckt. Sie gelangten über den in Wien tätigen Naturforscher Charles de l'Écluse, der so viele neue Arten entdeckt und beschrieben hat wie kein anderer vor oder nach ihm, in die Domstadt. Er brachte beispielsweise Rosskastanie, Tulpe und Kartoffel nach Wien. Die Bamberger Mönche unterhielten seit der Klostergründung umfangreiche Kräutergärten und besaßen auch exotische Pflanzen in ihrer Orangerie oberhalb des heutigen Weinberges. Neben den Blumen, Nutzpflanzen und Kräutern sind auch einige Singvögel und Papageien dargestellt. Insgesamt mag dieses Werk zur Verehrung und Darstellung der Schöpfung gedient haben, vielleicht sogar, um die Menschen in der Zeit der Reformation zum »wahren Glauben« zurückzuführen bzw. sie zu halten.

Das Michaels-Kloster mit Orangerie und Weinberg

Aufgrund der Planung und Durchführung der Sanierungsarbeiten wird dieser Teil des Klosters allerdings auf Jahre hinaus für die Öffentlichkeit gesperrt sein. Die Außenanlagen mit Terrassengarten, Reuthersberg und dem Sternenbrunnen-Plateau sowie die alte Klosterbrauerei können jedoch besichtigt werden.

Die alte Klosterbrauerei beherbergt heute das Fränkische Brauereimuseum (siehe Seite 125). Daneben sind das Theater am Michelsberg (siehe Seite 110) und ein gutes italienisches Restaurant, *Da Francesco*, mit Traumterrasse untergebracht. Francesco gehört mittlerweile zu den Bamberger Urgesteinen und hat sich als Torschützenkönig für seine Fußballvereine (u. a. 1. FC Bamberg) unentbehrlich gemacht. Seinem brasilianischen Vorbild Ronaldo eifert er glücklicherweise nur auf dem Fußballplatz nach, in der Küche hält er sich lieber an die gehobenen italienischen Klassiker. Hinter der Kirche finden Sie noch ein Café, in dem Sie unter anderem die Edelbrände aus der kleinen »Drei-Brüder-Brennerei« *Zenkel* genießen können. Den Zenkels erschien nach eigenen Worten in den Ruinen des alten Bamberger Katharinenspitals der Geist der Schwester Perpetua, der sie ermahnte, die alte Brennerei zu erneuern. Dieser Forderung kommen sie nun seit einigen Jahren äußerst erfolgreich nach.

TIPPS

Ristorante Da Francesco, Michaelsberg 10f, 96049 Bamberg, Tel. 09 51/2 08 57 77, www.francesco-bamberg.de, Mai–Sep Di–So ab 11.00, Okt–Apr Di–So ab 17.00, Sa, So 11.00–14.30 Mittagstisch, Mo Ruhetag.
Café Restaurant am Michaelsberg, Michaelsberg 10e, 96049 Bamberg, Tel. 09 51/5 74 84, www.restaurant-michaelsberg.de, Mi–Sa, Mo 11.00–19.00, Di Ruhetag, So nur Mittagstisch.
Obstbrennerei Zenkel, Katharinenhof, 96050 Bamberg, Tel. 09 51/5 29 74, www.obstbrennerei-zenkel.de

Edelbrenner Norbert Winkelmann wurde schon dreimal in Folge mit dem Bundesehrenpreis in Gold ausgezeichnet.

Jakobsweg und Pilgertrunk

Von Bamberg nach Hallerndorf

Der Ursprung des Jakobswegs liegt im 11. Jahrhundert. In einer Urkunde aus dem Jahr 1047 werden Pilger der Heiligen Jakobus und Peter erwähnt, die auf dem Camino Francés, der Hauptverkehrsstrecke Nordspaniens unterwegs waren. Ziel der Gläubigen war das mutmaßliche Grab des Heiligen Jakob in Santiago de Compostela, das im 12. Jahrhundert neben Rom und Jerusalem zur drittwichtigsten Pilgerstätte avancierte. Wahrscheinlich steckte dahinter ein geschickter Schachzug der christlichen Könige von Asturien und später von León, mit dem Ziel den christlichen Reconquista-Heeren eine örtliche Identifikationsfigur zu geben. Schnell entstand eine Kathedrale, käufliche Ablässe und Gnadenjahre befeuerten die Pilgerströme, die aus ganz Europa kamen.

Bamberg lag an einem dieser Wege. Pilger aus dem sächsischen, böhmischen und Brandenburger Raum machten hier Station, bevor sie über Würzburg oder Nürnberg weiterzogen. Die gut ausgebaute Infrastruktur der Domstadt, ihre Jakobskirche und der Domschatz mit seinen Reliquien machten die Stadt zusätzlich zu einem attraktiven Zwischenziel. 1496 entstand sogar eine Bamberger Jakobsbruderschaft, die allerdings nicht auf Männer beschränkt war und nicht zwingend voraussetzte, die knapp 3.000 Kilometer nach Santiago bewältigt zu haben. Man sorgte füreinander, organisierte Fürsprachen und Totenmessen und hatte ein reges Gesellschaftsleben, das schnell dazu führte, dass die »Fraternitas Sancti Jacobi« mit Sitz an der Martinskirche zu einem wichtigen Element des Bamberger Lebens wurde. Selbst die Säkularisation tat diesem Aufschwung keinen Abbruch, 1829 zählte man etwa 11.500 Mitglieder. Die Bruderschaft wurde nach ihrem Niedergang im 20. Jahrhundert im November 2006 wiederbelebt und ist nun auch offen für nicht-katholische Christen.

Wenn Sie nun die Wander- oder Pilgerlust gepackt hat, dann empfehlen wir Ihnen, doch ein kleines Stück des Jakobsweges selbst zu gehen. Dabei bietet sich das paradiesische Stück zwischen Bamberg und Hallerndorf an, das zudem am Ende mit dem Bierkellermekka Frankens eine weitere Attraktion für die müde Pilgerseele bietet. Die Strecke beträgt knapp 20 Kilometer und sie ist in etwa fünf Stunden zu bewältigen. Hin und/oder zurück können Sie natürlich auch mit den öffentlichen Verkehrsmitteln fahren oder unterwegs abkürzen. Oder Sie nehmen für den

Den Kreuzberger Pilgertrunk 2013 braute Norbert Winkelmann zusammen mit den Mönchen von Kreuzberg in der Rhön.

Rückweg einfach ein Taxi, das Sie auch zu bezahlbaren Preisen zurück in die Domstadt bringt.

Thematisch passend sollten Sie am Morgen vor der Jakobskirche in Bamberg beginnen und dann durch die Stadt in den Bruderwald nach Höfen laufen. Anschließend geht es über Reundorf (hier lockt der *Schmausenkeller*) nach Herrnsdorf (Kult-Wirtschaft *Barnikel*), dessen Pfarrkirche dem Heiligen Jakob geweiht ist. Der nächste Ort, Schlüsselau, grüßt Sie schon von Weitem mit dem Turm der Wallfahrtskirche des ehemaligen Zisterzienserklosters. Das Kloster gründeten die Herren von Schlüsselberg um 1280 als Hauskloster und Grablege des Geschlechts. Doch auch nach dem Aussterben der Adelsherren 1356 blieb das Nonnenkloster bestehen und etablierte im frühen 16. Jahrhundert die Wallfahrt zur Schmerzhaften Heiligsten Dreifaltigkeit, die heute noch stattfindet. Im Zweiten Markgrafenkrieg erlosch 1554 das zerstörte Kloster und blieb seitdem, bis auf eine kurze Episode holländischer Karmelitinnen von 1949 bis 1968, ungenutzt.

Ein kleiner Anstieg führt nun durch den Wald nach Schnaid, an dessen Ortsausgang der Kreuzberg mit seiner Wallfahrtskirche weithin sichtbar ist. Über 20 Wallfahrten gingen früher täglich hinauf zur Kreuzbergkapelle. Gläubige umrundeten dann mit einem schweren Holzkreuz die Kirche und ihre 15 Kreuzwegstationen. Dies ist eine echte Besonderheit. Zu den sonst üblichen 14 Stationen richtete man hier noch eine Darstellung der Kreuzauffindung durch die Kaiserin Helena, die Mutter Konstantins des

Großen, ein. Der Legende nach veranlasste sie die Grabungen nach den Resten des Kreuzes Christi und ließ gemeinsam mit ihrem Sohn die Grabeskirche in Jerusalem erbauen. Heute sind die Wallfahrten zwar seltener geworden, dafür hat die Kreuzbergkapelle aber unter anderem eine große Beliebtheit als Hochzeitskapelle erlangt. Die Heilige Messe wird von Mai bis September an jedem Dienstagabend um 18.30 Uhr gefeiert. Auch der Innenraum der Kirche ist sehr sehenswert; den gotischen Kapellenchor schmücken eine spätbarocke Ausstattung und eine fein ausgearbeitete Stuckdecke.

Nun dürfen Sie sich ausgiebig stärken, wozu Sie einen der drei Bierkeller auf dem Kreuzberg nutzen können. Die größte Vielfalt sowohl an Speisen als auch an Getränken bietet dabei das *Brauhaus am Kreuzberg*, ein auffälliger Fachwerkbau, von der Kirche aus gesehen ganz links. Die Familie Friedel-Winkelmann betreibt die über 500-jährige Brauerei immer noch als reinen Familienbetrieb. Norbert Winkelmann als Braumeister, Biersommelier, Edelbrandsommelier, Koch und Metzger vereint dabei die geballte Kompetenz in einer Person. Seine Frau, Luitgard Friedel-Winkelmann, ebenfalls Braumeisterin, die vier Kinder und die Großeltern tragen nicht weniger zum Wohl der Gäste bei. Zu den Bieren gehört auch ein uriges Siebenkornbier, der Pilgertrunk. Zum Abschluss des Mahles empfehlen wir Ihnen dann noch einen der über 100 verschiedenen Edelbrände aus der Brennerei des Hauses, die bereits mehrfach in Folge als die beste Brennerei des Landes ausgezeichnet wurde.

TIPPS

S. Arenz, N. Stadelmann, R. Weirauch: *Jakobswege in Franken. Unterwegs auf alten Pilgerpfaden*, Cadolzburg 2013.
M. Hanna: *Der Fränkische Jakobsweg. Wandern auf dem Pilgerweg von Kronach über Lichtenfels nach Nürnberg*, Luzern 2011.
Schmausenkeller, Am Bahnhof 13, 96158 Reundorf, Tel. 0 95 02/6 08, www.schmausenkeller.de, Mitte März–Mitte Okt, Mo–Fr ab 16.00, Sa ab 15.00, So, Fei ab 11.00, Küche ab 11.30, Do bei schlechtem Wetter Ruhetag, Mitte Nov–Anfang Feb Mo, Di, Fr ab 16.00, Sa ab 15.00, So ab 11.00, Mi, Do Ruhetag.
Brauereigaststätte Barnikel, Dorfstraße 5, 96158 Herrnsdorf, Tel. 0 95 02/2 93, www.brauerei-barnikel.de, tägl. 10.00–23.00, Mi Ruhetag.
Brauhaus am Kreuzberg, Kreuzberg 1, 91352 Hallerndorf-Schnaid, Tel. 0 95 45/47 36, www.brauhaus-am-kreuzberg.de, Mitte März–Okt tägl. ab 11.00, Ende Nov–Mitte Dez Fr, Sa, So, Fei ab 11.00, unter der Woche für Feiern geöffnet.

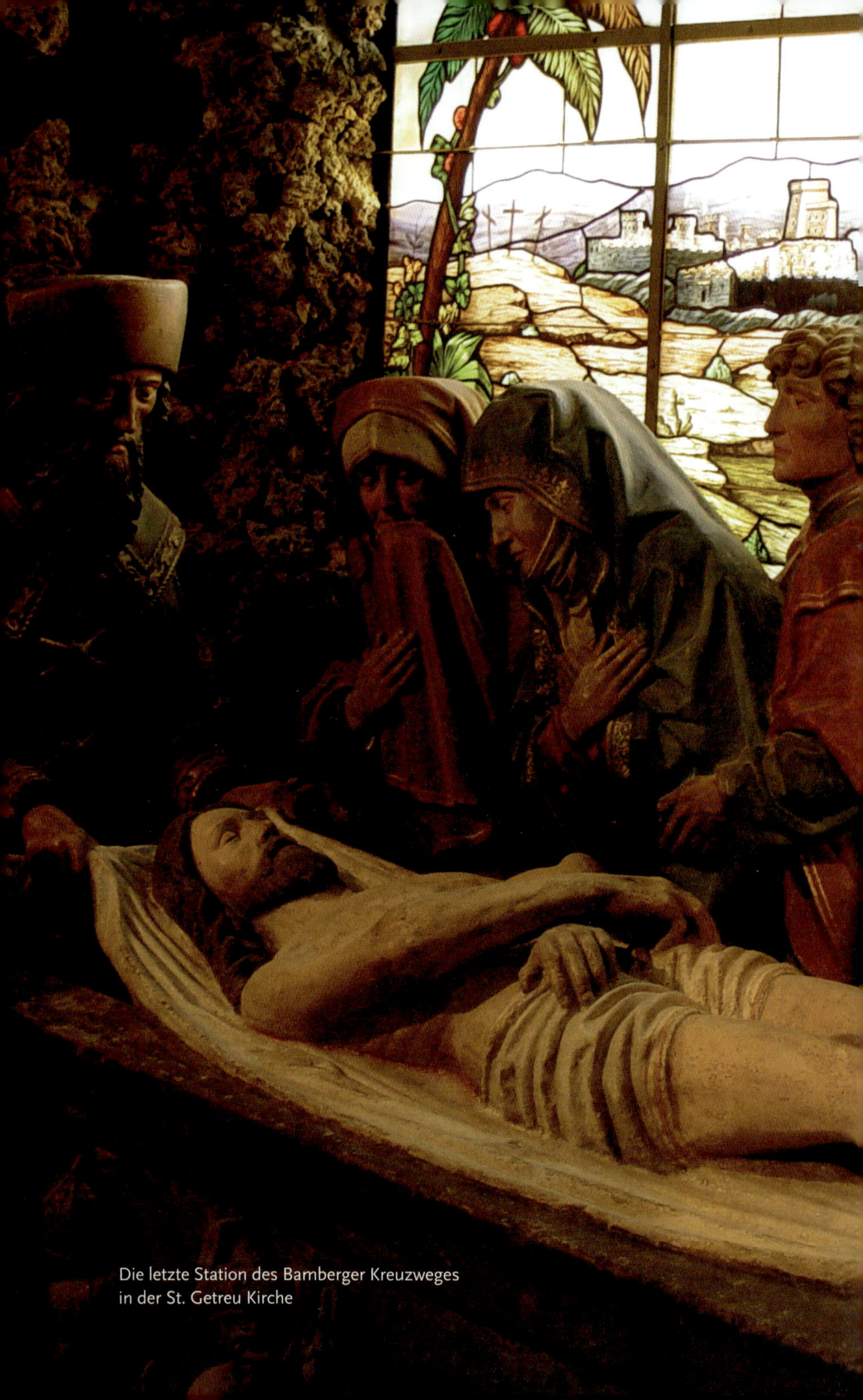

Die letzte Station des Bamberger Kreuzweges
in der St. Getreu Kirche

In den Fußstapfen eines ritterlichen Wallfahrers 16

Auf dem Kreuzweg in Bamberg

Ende des 15. Jahrhunderts machte sich ein Ritter aus der Bamberger Gegend auf eine beschwerliche Reise. Ritter Heinrich Marschalk von Ebneth zu Raueneck, dem unter anderem Besitzungen bei Ebern und Lichtenfels gehörten, pilgerte bis nach Jerusalem. Um von seiner Fahrt zu künden, ließ er nach seiner Rückkehr um das Jahr 1500 Messen in der Elisabethenkapelle und der Kirche St. Getreu lesen und stiftete mindestens zwei Kreuzwege: Einen in Nürnberg, von dem allerdings nicht viel erhalten ist, und einen in Bamberg, der heute der älteste vollständig erhaltene Kreuzweg in Deutschland ist. In der heiligen Stadt hatte der Ritter penibel die Schritte vom Pilatushaus zu den einzelnen Originalschauplätzen gezählt und ließ sie auf seinen Bamberger Kreuzweg mit neun Stationen übertragen. Sie können die Schrittzahl auch heute noch an jeder Station ablesen. Wir möchten Sie einladen, diesen Kreuzweg zu beschreiten, der jeweils aus einer Plastik mit Inschrift besteht:

Der Beginn liegt an der Grundstücksmauer der Justizvollzugsanstalt in der Sandstraße, neben der Kirche St. Elisabeth. Auf der rechten Säule steht schlicht »pilatushaws«, auf der rechten »Hir wirt Cristus ausgefihrt von pilatus haws sein kreutz tragend«. Dazwischen sieht man, wie Jesus mit der Dornenkrone zur Kreuzigung abgeführt wird und dabei sein Kreuz auf dem Rücken trägt. Fünf Folterknechte halten die nötigen Utensilien zur Kreuzigung.

Die zweite Station liegt am Eingang der Aufseßgasse, die heute für den Straßenverkehr gesperrt ist. Gehen Sie von der Elisabethenkirche bis zu dem kleinen Tante-Emma-Laden an der Ecke und dann das kleine Stück bergauf in Richtung Dom. Dann zweigt nach links die Residenzstraße unter dem großen Eingangstor ab, rechts beginnt die Aufseßgasse zum Michelsberg. Hier begegnet Christus seiner ohnmächtigen Mutter. Johannes und Maria Magdalena stützen Maria, einige Schergen traktieren den Kreuzträger auf unterschiedliche Art und Weise.

Die nächsten drei Stationen finden sich im weiteren Verlauf der Aufseßgasse. Etwa in der Mitte hilft Simon von Kyrene Christus, sein Kreuz zu tragen. Begleitender Mob will die Hilfe verhindern und schlägt auf Simon ein. Ein Stückchen weiter trifft Jesus auf die weinenden Frauen von Jerusalem. Im Lukasevangelium spricht er zu ihnen: »Ihr Töchter von Jerusalem, weint nicht über mich, sondern weint über euch selbst und über eure Kinder.« Unter den vier dargestellten Frauen könnte auch wieder die Gottesmutter sein, die ihre Hände ringt. Hinter ihr steht der Apostel Johannes.

Am Ausgang der Aufseßgasse kommen Sie zur fünften Station, bei der Jesus das Schweißtuch an Veronika überreicht. Im Mittelalter galt es als die größte Reliquie der Christenheit. Nun geht es den Michelsberg hinauf bis zur Abzweigung in die St.-Getreu-Straße gegenüber dem Eingangsportal in das Kloster. Kurz nach Beginn der Straße sehen Sie rechts die nächste Station, Jesus fällt unter der Last des Kreuzes. Ein weiteres Stück bergauf findet schließlich an der Mauer des ehemaligen Friedhofs von St. Getreu die Kreuzigung statt. Maria, Johannes und drei weitere Frauen stehen neben dem Kreuz, rechts und links davon sind zwei Verbrecher gekreuzigt. Die Kreuzesinschrift in Latein, Griechisch und Hebräisch enthält im

Der älteste erhaltene Kreuzweg in Deutschland beginnt an der Mauer neben dem Eingang zur Elisabethenkirche in der Sandstraße.

In dem ehemaligen Kloster an der Regnitz befindet sich heute die Justizvollzugsanstalt, von den Bambergern »Café Sandbad« genannt.

nichtlateinischen Text einige Fehler, am Schaft können Sie die Jahreszahl 1500 lesen. In die Kreuzigungsgruppe ist die achte Station integriert, in der der tote Christus beweint wird.

Die letzte Station findet sich ebenfalls in St. Getreu, hinter dem Kreuzaltar. Josef und Nikodemus kümmern sich um die Bestattung Jesu. Hinter dem Sarkophag stehen wieder Frauen, unter ihnen Maria. Diese Station ist am besten erhalten, weil sie nie Wind und Wetter ausgesetzt gewesen war, und vermittelt vor allem auch in ihrer Farbenpracht ein eindrucksvolles Bild der tiefen Gläubigkeit jener Zeit. Noch heute geht die Dompfarrei jedes Jahr am Palmsonntag um 17 Uhr diesen Kreuzweg.

Im *Stöhrenkeller* gibt es regelmäßig verschiedene Bamberger Biere vom Fass.

Zwischen Säkularisation und Neubeginn 17

Auf dem Stephansberg

Hier finden Sie nicht nur Bierkeller (siehe Kapitel 33), sondern auch das evangelische Zentrum Bambergs, die Stephanskirche, sowie die benachbarte wiederentdeckte Johanniskapelle. St. Stephan gehörte zu den ersten Kirchen der Stadt und bildet mit dem Dom in der Mitte, St. Jacob, St. Michael und St. Gangolf das berühmte »Kreuz über Bamberg«, das der Stadtplanung Kaiser Heinrichs zugrunde lag. Zudem ist sie die einzige heute evangelische Kirche, die von einem Papst geweiht wurde (1020, Benedikt VIII.). Um den Bau der Kirche rankt sich eine Kunigundenlegende, das sogenannte »Pfennigwunder« (siehe Seite 49).

Von dem ursprünglichen Bau ist allerdings fast nichts mehr erhalten, der älteste Teil ist der Turm aus dem 13. Jahrhundert. Anfang des 17. Jahrhunderts sollte der Schweizer Baumeister Giovanni Bonalino die Kirche auf dem Grundriss des 11. Jahrhunderts neu erbauen. Glücklich über den Auftrag zog er von Scheßlitz nach Bamberg und erwarb dort 1628 das »Haus zum Kamel« in der Kesslerstraße. Fünf Jahre später ereilte den 58-Jährigen ein plötzlicher Tod. Zudem erfasste der Dreißigjährige Krieg nun auch das Bamberger Land, weshalb die Bauarbeiten eingestellt werden mussten.

Nach dem Ende des Krieges holten die Fürstbischöfe den Italiener Antonio Petrini in die Domstadt, der gerade in Würzburg mit dem Stift Haug den ersten großen Kirchenbau des fränkischen Barocks errichte hatte. Später plante er auch Schloss Seehof, die Sommerresidenz der Bischöfe (siehe Kapitel 48). Petrini ergänzte drei Kreuzbalken und stellte die Kirche bis 1681 in griechischer Form als Kreuz mit gleich langen Armen fertig.

Die Säkularisation spielte der Kirche jedoch übel mit. Fast das gesamte Inventar wurde verkauft, der Kirchenraum zum Gemüselager umfunktioniert. Durch die napoleonischen Umstellungen war das benachbarte Würzburg toskanisch geworden und zählte nun zum Ausland. Die dort sitzende evangelische Kirche musste umziehen, entschied sich für Bamberg, hatte dort aber kein Gotteshaus. So übergab der bayerische Staat St. Stephan an die Protestanten, die in der Domstadt am 19. Juli 1807 eine eigenständige Pfarrei gründeten, heute Zentrum des Dekanates Bamberg. Bei der Besichtigung von St. Stephan werden Ihnen mehrere Dinge auffallen. Zuallererst die komplett weiße Farbe, die dem gesamten Innenraum seit der Renovierung von 1987 ein angenehmes Licht verleiht. Als Zweites kommt Ihnen sicher die Loge gegenüber dem Altar in den Blick. Sie wurde nötig, weil sich der bayerische Kronprinz Maximilian und die preußische Prinzessin Marie Friederike 1842 zur Eheschließung angekündigt hatten. In kürzester Zeit entstand der kleine Anbau mit dem Wappen des Herrschers. Der eigens für die Prinzessin angefertigte Stuhl, auf dem die Mutter des späteren Königs Ludwig II. saß, kann heute noch bewundert werden.

Als Letztes möchten wir Sie noch auf den Taufstein aufmerksam machen. Der deutsche Bildhauer Jürgen Goertz vereinte das Bild der Weihnacht mit dem der Passion Jesu in diesem Bronzeguss. Das Christuskind sitzt nackt auf einer metallenen Kugel, einen symbolischen Reichsapfel in seinem Schoß. Die Gestalt ist allerdings missgebildet, hat einen offenen Rücken und einen Wasserkopf. Das leidende Gesicht starrt mit Glasaugen in die Welt und schreit sein Unglück in die selbige hinaus. Die linke Hand wirkt überdimensional, sie soll die des erwachsenen Christus darstellen, der mit dem Finger auf den Altar bzw. das Lesepult zeigt, von dem aus das Wort Gottes verkündet wird.

Gegenüber der Stephanskirche sehen Sie versetzt in einem Innenhof die Johanniskapelle (voller Name: »St. Johannis Baptistae unter der Linden«). Die fast vergessene Kirche konnte dank der Initiative eines Vereines und der 2008 aufgelegten UNESCO-Fördergelder schon zum größten Teil restau-

Der moderne Taufstein in St. Stephan

riert werden. Ihre Geschichte beginnt mit einem Eintrag des Domkantors Eberhard in seinem privaten Geschichtswerk. Im 13. Jahrhundert berichtet er von Prozessionen und Wallfahrten am Johannitag nach St. Johanni. Die erste urkundliche Erwähnung des Baues fand am 16. August 1343 statt, als eine Seelenmesse gestiftet wurde. Die Einweihung der wohl zwischenzeitlich erweiterten Kirche erfolgte am 14. November 1400. Sie diente als Pfarrkirche am Stephansberg und den Bürgern als Gemeindegotteshaus, nachdem die Stephanskirche als Stiftskirche nicht für eine solche Nutzung ausgelegt gewesen war. Im Barock restaurierte man die Kapelle und stattete sie reichlich mit Kirchenschmuck aus.

Eine Wende brachte jedoch auch hier die Säkularisation – die Gemeindeglieder wurden der Oberen Pfarre zugeschlagen, die Johanniskapelle verlor ihre Funktion. 1804 versteigerten die Behörden die Ausstattung, die Stockwerke im Innenraum der Kirche dienten als Lager, darunter entstanden die Felsenkeller der Brauerei *Zum Steinernen Haus*.

Daran erinnerte man sich in den Tagen des Zweiten Weltkrieges, als der gesamte Stephansberg mit seinen Kellergewölben für kriegswichtige Produktionen genutzt wurde. In und unter der Kapelle baute die Firma Wieland Feuerleitsysteme für Flugzeuge. Die erneuten Umbauten benötigten drei Stockwerke und brachten viele weitere Einbauten innerhalb des Kirchenraumes mit sich. Um vor Luftaufklärung sicher zu sein, war der Schlot so angelegt, dass der Rauch in das Innere der Johanniskapelle zog.

Die Sanierung der Kapelle wird erst 2015 abgeschlossen sein, dennoch lohnt sich auf jeden Fall eine kurze Stippvisite, schließlich sind es dann ja nur noch wenige Meter bis zu *Spezial-* und *Wilde-Rose-Keller* (siehe Kapitel 33). Wer lieber drinnen sitzen möchte, sollte entweder – vor allem zur vorgerückten Stunde – die etwas unterhalb gelegene Weinstube *Galerie am Stephansberg* oder den weiter oben gelegenen *Stöhrenkeller* besuchen. Dort bedient Sie nicht nur einer der Söhne der Brauerei *Keesmann* mit vielen feinen Bieren, in unregelmäßigen Abständen gibt es auch hervorragende Thai-Küche.

TIPPS

Pfarramt St. Stephan Bamberg, Eisgrube 18, 96049 Bamberg,
Tel. 09 51/5 19 31 60, www.stephanskirche.de
Stöhrenkeller, Oberer Stephansberg 11, 96049 Bamberg,
Tel. 09 51/3 02 07 88, Mo–Sa ab 19.00, So Ruhetag.
Galerie am Stephansberg, Unterer Stephansberg 5, 96049 Bamberg,
Tel. 09 51/5 60 00, Di–So ab 19.00, Mo Ruhetag.

Die Karmeliten-Kirche verlor in ihrer wechselvollen Geschichte unter anderen ihren Turm.

Nonnen, Mönche und ein Hund 18

Im Karmelitenkloster

Im Flickenteppich des Heiligen Römischen Reiches Deutscher Nationen entstanden – vor allem durch Hochzeiten innerhalb der verschiedenen Herrscherfamilien der Kleinststaaten – immer neue Konstellationen. So ehelichte beispielsweise 1102 der Graf Goswin von Stahleck und Höchstadt an der Aisch Liutgart von Heimbach in der Eifel, die wiederum von ihrem ersten Mann Besitzungen aus der Nähe von Bad Ems mit in die Ehe brachte. Neben diesen Gütern hatte sie auch noch einen Sohn aus erster Ehe, der auf diesem Umweg ins Fränkische kam und seine spätere Gemahlin Hildegard von Henneberg kennenlernte. Aus der Ehe ging auch ein eigener Sohn hervor, Hermann von Stahleck, der Onkel Friedrich Barbarossas. Doch wozu diese Familiengeschichte? Interessanterweise ereilte beide Brüder dasselbe Schicksal. Sie begingen Landfriedensbruch und wurden vom Kaiser zum »Hundetragen« verurteilt. In der Überlieferung heißt es dazu: »Wenn einer von Adel des Frieden-Bruchs vor den Richter würde überführt befunden werden, sollte er, ehe noch das Todes-Urtheil an ihm vollstrecket würde, zur Schmach der von ihm angerichteten Confusion den Hund tragen. Diese Weise hielt auch der Kayser Fridericus Barbarossa, indem er den Pfälzer Graff Hermannen als öffentlichen Friedensstörer, wenn er gleich ein großer Reichs-Fürst war, mit noch 10 anderen Grafen, die seine Helffer gewesen waren, zwang den Hund eine Teutsche Meile zu tragen, weil sie, da der Kayser in Italien war, Unruhe gestiftet.«

Es war allerdings Hermanns Glück, dass Barbarossa ihm gewogen war, weshalb er von der Todesstrafe im Anschluss an den Weg mit dem Hund auf dem Rücken absah. Diese Tatsache sollte sich für die Stadt Bamberg als glückliche Schicksalsfügung erweisen. Denn der Verschonte verließ seine Frau Gertrud und trat als einfacher Mönch ins Ebracher Kloster ein (siehe Kapitel 53). Gertrud wiederum ging gleichzeitig ins Kloster Wechterswinkel in Unterfranken. Nach dem Tod Hermanns stiftete sie seine Besitztümer dem Bamberger Bistum zur Errichtung eines Frauenklosters und zog, zusammen mit den adligen Nonnen aus Wechterswinkel, in die Domstadt. So konnte Bischof Eberhard II. 1157 ein reich ausgestattetes Kloster, welches der Gottesmutter und dem Heiligen Theodor gewidmet war, einweihen. Die Nonnen waren für ihn ein willkommenes Geschenk, er freute sich, dass »unsere Stadt, die von allen

Seiten durch Bollwerke von Kanonikern und Mönchen umgeben ist, auch gottgeweihte Jungfrauen in ihrem Umkreise besitzt, der Dienst Gottes in ihr gemehrt und die Versorgung der Armen und Fremden nichts zu wünschen übriglasse.«

So versahen die Nonnen, die als »Theodorusen« erst nach den Regeln der Zisterzienserinnen lebten und später die der Benediktinerinnen übernahmen, treu ihren Dienst in der aufstrebenden Stadt an der Regnitz – bis ins Jahr 1525. Damals revoltierten die Bauern und plünderten über 1.000 Klöster im süddeutschen Raum. Eines davon war das Theodorusenkloster auf dem Bamberger Kaulberg. Von der Plünderung erholten sich die Schwestern nicht und das Kloster wurde 1554 aufgehoben. Davon profitierte ein anderer Orden, die in Bamberg seit 1273 in der Au ansässigen Karmeliten. Die waren für ihre scharfzüngigen Predigten bekannt und schlugen sich, wie die meisten Bettelorden, auf die Seite der Reformation. Einer der Mönche predigte 1523 in Bamberg: »Wären wir rechte Christen, so ließen wir die Armen nicht Not leiden, wir verkauften die Monstranzen, Kelche und andere Kirchengerätschaften, um aus dem Erlös derselben den Armen zu helfen.« Derart aufrührerische Worte, noch dazu von einer Kirchenkanzel aus, hatte man in der Bistumsstadt bislang noch nie gehört. Der Herrscher verwies den Prediger aus der Stadt, einige Gesinnungsgenossen mussten ihm folgen. Der Prior der Karmeliten hatte allerdings zu gute Beziehungen, weshalb der Orden selbst in Bamberg ansässig bleiben konnte. Dennoch schrumpfte die Zahl der Mönche weiter, sodass Bischof Ernst von Mengersdorf 1585 diese Tatsache nutzte, um die Brüder aus ihrem Kloster auszuquartieren. Stattdessen richtete er dort ein Priesterseminar für die Ausbildung willfähriger Diener ein. Formal kam es zu einem Tausch. Die Karmeliten übernahmen am 17. März 1589 die Reste des Nonnenklosters und verzichteten auf ihre Gebäude in der Au. Im Gegenzug verpflichtete sich der Bischof, das Kloster am Kaulberg zu erneuern und den Mönchen vier Studienplätze zur Verfügung zu stellen. Nachdem der Papst diesen Vertrag besiegelt hatte, zogen die verbliebenen Karmeliten um. Im Gepäck hatten sie ihre umfangreiche Bibliothek, für die jedoch kein Raum vorhanden war. Zudem fehlten eine Sakristei, eine Sepultur (Grablege) und in der Kirche Kanzel und Orgel. Der Kreuzgang und die Pforte waren sehr renovierungsbedürftig. Dennoch erlebte das Kloster einen unerwarteten Aufschwung: Leonhard Dientzenhofer barockisierte um 1700 die Kirche, 1737 entstand ein neuer Westflügel, um 1800 wurden die Turmhelme erneuert. Nur wenige Jahre später beendeten dann die Ereignisse der Säkularisation den Aufwind am Kaulberg; das Kloster

Der Karmeliten-Klosterladen wurde schon mehrfach ausgezeichnet.

wurde aufgelöst, der Besitz versteigert, die Räumlichkeiten als Lazarett, Schule und Kaserne genutzt.

100 Jahre später jedoch kehrten die Karmeliten zurück. Sie kauften das Klosterareal im Jahr 1902. Ein kunstfertiger Bruder, Frater Alois Ehrlich, sorgte für eine neue Ausstattung der Kirche. Zusätzlich erstanden die Mönche den ursprünglichen Altar und die Kanzel. Der Turm war allerdings nicht zu retten. Seine Reste dienten 1808 zur Aufschüttung des Platzes an der Kreuzung Sutte/Matern unterhalb des Klosters. Dort finden Sie übrigens das beste Asien-Restaurant der Stadt namens *Koi*.

Im Konvent leben zurzeit etwa 20 Mönche, die die Bamberger Pfarreien in der Seelsorge unterstützen. Im Oktober 2009 machten sie der Stadt ein besonderes Geschenk. Mit viel Liebe entstand in einem über 400 Jahre alten Gewölbe an der Ecke zum Kaulberg ein Klosterladen, der 2010 bei einem Wettbewerb als »schönster Klosterladen Deutschlands« ausgezeichnet wurde. Zum Sortiment gehören, neben allerlei erbaulichen Büchern und Devotionalie, auch Kulinarisches aus Klöstern sowie Kunst und weitere Klosterprodukte, vom Weihrauchfass bis hin zur individuellen Grußkarte.

TIPPS

Karmelitenkloster Bamberg, Karmelitenplatz 1, 96049 Bamberg,
Tel. 09 51/9 52 90, www.karmeliten.de
Klosterladen, Karmelitenplatz 1, 96049 Bamberg, Tel. 09 51/5 09 89 32,
Mo–Sa 9.00–17.00.
Klassik im Kreuzgang, im Kreuzgang der Karmelitenkirche,
Tel. 09 51/2 97 62 00 (Tourist-Info) oder 09 51/9 80 82 20 (bvd-Kartenservice),
www.bambergerstreichquartett.de
Restaurant Koi, Maternstraße 1, 96049 Bamberg, Tel. 09 51/2 09 43 42 bzw.
09 51/2 09 59 13, www.koi-bamberg.de, Mo–Sa 17.00–23.00, So, Fei
11.30–14.30 und 17.00–22.30, warme Küche bis 22.00.

Das Bolero ist vielen Bambergern noch als »*Polarbär*« im Gedächtnis. In der ehemaligen Brauerei und Studentenkneipe werden heute Tapas serviert.

Böttingerhaus und Concordia

Architektonisches Erbe eines hochfürstlichen Geheimrates

Wenn Sie am Pfahlplätzchen in die Judenstraße einbiegen, sehen Sie bereits im Hintergrund Teile der Barockfassade des Böttingerhauses. Es gehört zu einer Reihe von Gebäuden, die der Hofbeamte Johann Ignaz Tobias Böttinger im 18. Jahrhundert errichten ließ. Der 1675 im »Haus zum Biber« (Sandstraße 9) geborene Sohn eines Hofrats heiratete 1701 eine Würzburger Hofratstochter. Zwei Jahre zuvor war er selbst in den Hofrat berufen worden. Das Ratsgremium umfasste in der Regel acht Hofräte und stellte die oberste Ebene der nicht-adligen Verwaltung dar. Böttinger erklomm noch weitere Stufen, avancierte zum Geheimrat und kümmerte sich sowohl im Hochstift Bamberg als auch im Fränkischen Reichskreis unter anderem um die Beschaffung der Ausstattung des Militärs. Eine solche Stellung brachte hohe Einnahmen. Schließlich waren die Rüstungsaufträge sehr begehrt und sicherlich mit lukrativen Geschenken an die Verantwortlichen verbunden. Außerdem gehörte es zu Böttingers Aufgaben, Besteuerung und Schutzgeldzahlungen der ansässigen Juden zu organisieren. Aus dem Jahr 1719 ist die Zahl von 15.000 Gulden überliefert, die die Bamberger Schutzjuden zahlen mussten. Zum Vergleich: Das jährliche Hofratsgehalt betrug in dieser Zeit 100 Gulden.

Durch seine hohen Einnahmen und die Fürsprache des Fürstbischofs Lothar Franz von Schönborn konnte sich Hofrat Böttinger ein entsprechend repräsentatives Domizil leisten und ließ in der Judenstraße ein Stadtpalais nach dem Vorbild italienischer Palazzi gestalten. Wenn Sie Glück haben, können Sie auch einen Blick in den Innenhof mit seinem imposanten Treppenhaus werfen. Der dahinter ansteigende Stephansberg ermöglichte einen Terrassengarten, sodass man von jeder Etage des Hauses ebenerdig in den Garten gelangen kann. Das zwischen 1707 und 1713 erbaute Palais erfüllte trotz seiner Pracht schon bald nicht mehr die Anforderungen des Besitzers. So ließ Böttinger von 1717 bis 1720 auf dem Gelände eines 1705 erworbenen Anwesens von Johann Dientzenhofer ein neues Gartenpalais bauen. Das Bauholz dafür schenkte ihm der Fürstbischof. 1722 war auch der Garten mit seinen drei Terrassen und einer nie in Funktion gesetzten Wasserkaskade fertiggestellt. 1837 erwarb der Verein

»Gesellschaft Concordia« das Gebäude und betrieb bis 1947 eine Gaststätte. Deswegen ist der Bau in der Stadt vor allem unter dem Namen Wasserschloss Concordia bekannt. Seit 2012 fährt im Sommer eine kleine Fähre von der Schleuse 100 zum Wasserschloss Concordia – eine ganz tolle neue Errungenschaft der Stadt!

Nach einigen Jahrzehnten staatlicher Nutzung konnte 1997 unter Bernd Goldmann das »Internationale Künstlerhaus Villa Concordia« hier eingerichtet werden. Jährlich kommen ca. zwölf Stipendiatinnen und Stipendiaten aus jeweils einem anderen Land nach Bamberg, um in der Weltkulturerbestadt an ihren Projekten arbeiten und sie hier auch der Öffentlichkeit präsentieren zu können. Im Künstlerhaus finden regelmäßig Ausstellungen, Lesungen und Konzerte statt. In der Satzung vom 19. März 1998 heißt es: »Das Internationale Künstlerhaus Villa Concordia dient der Förderung und Pflege der Künste und der Vertiefung der kulturellen Beziehungen des Freistaates Bayern zu anderen Staaten. Durch die Aufnahme von Künstlern aus anderen europäischen Ländern will der Freistaat Bayern einen Beitrag zur Förderung des europäischen Gedankens leisten. Außerdem soll das Internationale Künstlerhaus durch die Zusammenarbeit mit den örtlichen Institutionen, durch öffentliche Auftritte der Stipendiaten und durch eigene Veranstaltungen einen Beitrag zum kulturellen Leben der Stadt Bamberg und der Region leisten.«

Der Garten des *Bolero* gehört zu den Lieblingsplätzen der Bamberger im Sommer.

Ein weiterer Böttinger'scher Bau steht in Stegaurach, etwa zwei Kilometer südwestlich von Bamberg. In dem kleinen Ort ließ sich der Hofrat ein Landhaus errichten, das ebenfalls von Dientzenhofer um 1725 erbaut wurde. Teile der Jugendstilanlage sind heute noch erhalten, der geplante große Garten wurde allerdings nie fertiggestellt, weil selbst Böttinger am Ende das Geld ausging.

Die Judenstraße ist Teil des Judenhofes, einem Viertel zwischen Judenstraße, Balthasargäßchen, Schranne, Lugbank und Pfahlplätzchen. Die Marienkapelle trägt die Hausnummer 1 der Judenstraße, liegt heute aber am Pfahlplätzchen, weil die Straße vom Kaulberg daran vorbeiführt. Sie war ursprünglich die erste Bamberger Synagoge, verlor aber nach der Judenvertreibung 1348 ihre Bestimmung. Von 1452 bis 1468 errichteten die Bamberger dann an dieser Stelle die 1470 geweihte Marienkapelle, die nach der Säkularisation erst als Lagerraum, dann als Turnhalle und schließlich nach dem Zweiten Weltkrieg als evangelische Kapelle für das US-Militär diente. Von 1951 bis 2008 war sie im Besitz der Bamberger Baptistengemeinde, die mittlerweile in einem neuen Gemeindezentrum an der Hallstadter Straße sitzt. Die Idee, eine jüdische Gedenkstätte einzurichten, kam leider beim Verkauf nicht zum Zuge, nun soll ein »Kulturraum« geschaffen werden.

Nicht weniger als fünf Brauereien hatten ihren Sitz in der Judenstraße. Die bekannteste war lange Zeit der *Polarbär* (Nummer 7), für die Bamberger »*Bollabär*«. Die 1599 gegründete Braustätte fusionierte 1935 mit der benachbarten *Blau-Löwen-Bräu* (Nummer 2) und bestand bis 1965. In den Achtzigerjahren versuchte sich eine Gruppe von Studenten als Wirte in einer Art Gastro-Kommune, die immerhin bis Mitte der Neunzigerjahre bestand und einen wahren Kultstatus in Bamberg hatte. Die Bamberger Gastro-Profis Ralf Schmidtlein und Thomas Gebert übernahmen 2000 und machten unter dem Namen *Bolero* ein spanisches Restaurant daraus. Das alte *Polarbär*-Feeling lebt besonders im wunderschönen Garten weiter, in dem man im Sommer perfekt relaxen und die Seele baumeln lassen kann.

TIPP

Bolero, Judenstraße 7, 96049 Bamberg, Tel. 09 51/5 09 02 90, www.bolero-bamberg.de, Mo–Fr ab 17.00, Sa, Fei ab 11.00, So ab 10.00.

Der original erhaltene Vogelsaal ist das Prunkstück des Bamberger Naturkundemuseums.

Ein Schaukasten der Natur

Im Naturkundemuseum Bamberg

Die meisten Bamberger erinnern sich noch lange an den Tag, an dem sie mit ihren Eltern oder mit der Schule zum ersten Mal das Naturkundemuseum besucht haben. Auch wenn sie groß geworden sind, kommen die Domstädter gerne wieder hierher, nicht zuletzt um auch bei ihren eigenen Kindern das Staunen und den Glanz in den Augen zu beobachten, wenn sie durch die einzelnen Räume gehen.

Alleine schon das Gebäude und die Ausstattung des Museums sind einzigartig. Es befindet sich in den Räumen der Universität, im ehemaligen Jesuitenkolleg mitten in der Stadt. Und das seit 1791. Damals richtete Fürstbischof Franz Ludwig von Erthal sein Naturalienkabinett ein, in dem er die Biologie und Geologie seines Herrschaftsbereiches erfassen, sammeln und katalogisieren wollte. Davon sollten auch die Professoren und Studenten der Universität profitieren. Mit dem Ende des Hochstifts 1803 schloss auch die Hochschule ihre Pforten, und das Naturalienkabinett wurde neu gegründet, um unter anderem die Bestände der Obstbaukunde des ebenfalls säkularisierten Klosters Banz aufzunehmen. Stiftungen und Schenkungen erweiterten die Zahl der Exponate beträchtlich, der preußische Generalkonsul Julius von Minutoli steuerte viele Stücke bei, die er auf seinen zahlreichen Dienstreisen aus aller Welt mitgebracht hatte. Der Kontakt nach Bamberg entstand – wie sollte es anders sein – der Liebe wegen. Minutoli hatte sich in Freiin Mathilde von Rotenhan verliebt, deren Familie zu den Dienstmannen des Bistums Bamberg gehörte. Mit ihr hatte er nach der Heirat 1834 vier Kinder und verbrachte – zwischen seiner Entlassung als Berliner Polizeipräsident im Zuge des Zeughaussturmes und der erneuten Anstellung als Generalkonsul für Spanien und Portugal – vier glückliche Jahre in Bamberg, wo er enge Kontakte zu den wissenschaftlich und kulturell führenden Kreisen der Stadt pflegte. Als Mitglied des Historischen Vereines und der Naturforschenden Gesellschaft hatte der Preuße unter anderem auch engen Kontakt zu Emil Marschalk von Ostheim. Dieser war der letzte Vertreter des fränkischen Adelsgeschlechts der Marschalk von Ostheim und vermachte seine umfangreiche Bibliothek der Staatsbibliothek Bamberg. Aus dem Vermögen wurde die »Marschalk-von-Ostheim'sche Stiftung zur Förderung und Mehrung des Bamberger Kunst- und

Kulturbesitzes«, die noch heute Stipendien an junge Wissenschaftler und Künstler vergibt.

Doch zurück zum Naturkundemuseum. Genauer gesagt zu seinem Herzstück, dem Vogelsaal. Dieser 1810 fertiggestellte zweigeschossige Saal ist der einzige original erhaltene museale Schauraum des 19. Jahrhunderts. Eine Modernisierung blieb wohl über die mehr als 200 Jahre aus, weil der Raum seine Funktion als Lehrstätte verloren hatte. Damit ist er quasi ein Museum im Museum. Der Vogelsaal erstreckt sich über zwei Geschosse mit einer umlaufenden Galerie aus Wandvertäfelungen, Schauvitrinen und vielen Schnitzereien. Nach und nach konzentrierte sich hier die Sammlung präparierter Vögel, die dem Raum mit der Zeit auch seinen Namen gaben. Noch heute finden Sie in der unteren Etage exotische Vögel an den Wänden und europäische Vögel in den Vitrinen in der Mitte. Diese Vitrinen sind besonders kunstvoll gearbeitet, beispielsweise die vier pyramidenartigen Prachtstücke, in denen die Kolibri-, Eier- und Nestersammlungen untergebracht sind. Die obere Etage beinhaltet neben exotischen Singvögeln auch Fische, Reptilien, Säugetiere, wirbellose Tiere und botanische Exponate.

Doch auch die restliche Ausstellung kann sich sehen lassen. Neben Schwerpunkten in der Geologie und Mineralogie mit vielen Kristallen können Sie eines der letzten 24 Quagga-Präparate bewundern. Diese ausgestorbene Zebra-Form wurde Ende des 19. Jahrhunderts vom Menschen ausgerottet, obwohl die Tiere noch bis ins 17. Jahrhundert zu den häufigsten Großsäugern, beispielsweise in Südafrika, gezählt hatten. Am meisten fasziniert die Zeichnung, die an Kopf und Hals noch die zebratypischen Streifen aufweist und dann in ein einheitlich gefärbtes Fell übergeht. In diesem Ausstellungsraum erfahren Sie noch vieles über weitere vom Menschen verursachte Artenvernichtungen.

Ein weiteres Tierpräparat mit Geschichte ist der Kopf des letzten Bamberger Burgbären (siehe Seite 93) »Poldi«, bei dem vor allem Bamberger Besucher immer wieder sentimental werden.

Als Letztes möchten wir Ihnen hier noch die Fossiliensammlung ans Herz legen. Denn die Fränkische Alb war wie ganz Süddeutschland vor etwa 150 Millionen Jahren noch der Grund eines riesigen Flachmeeres. Hier lagerten sich nach und nach die Überreste allerlei Getieres ab, und in der Nähe von Bamberg, bei Wattendorf, bildeten sich Schichten, die mit dem berühmten Solnhofener Plattenkalk vergleichbar sind. Zwar in weitaus geringerem Rahmen, dafür aber sogar reicher an Fossilien. Einige der schönsten Stücke stellt das Bamberger Naturkundemuseum aus,

Die Räumlichkeiten wurden bereits 1810 fertig gestellt.

darunter seit 2012 auch drei neue besondere Fundstücke. Das erste zeigt einen neuartigen Flugsaurier, dessen Entdeckung Wissenschaftler mit der eines Archäopteryx vergleichen. Wenn man genau hinsieht, kann man sogar die Fischreste im Bauch erkennen. Doch auch die anderen beiden, ein 1,14 Meter langer Schlangensaurier aus der Gattung Pleurosaurus und ein 46 cm langes Reptil, das bisher noch nicht zugeordnet werden konnte, stellen echte Raritäten dar. Die vielen neuen Arten erklären sich übrigens daraus, dass der Wattendorfer Plattenkalk bis zu 500.000 Jahre älter ist als der Solnhofener und damit neue Einblicke in eine bisher kaum erforschte Epoche des Frankenjuras geben kann.

TIPP

Naturkundemuseum Bamberg, Fleischstraße 2, 96047 Bamberg, Tel. 09 51/8 63 12 49, www.naturkundemuseum-bamberg.de, Apr–Sep Di–So 9.00–17.00, Okt–März Di–So 10.00–16.00.
Vogelsaal, www.vogelsaal.de

Die Bamberger Altenburg vom
Greifenklau-Biergarten aus gesehen

Hoch oben über der Stadt 21

Einmal Altenburg und zurück

Wenn man einen Bamberger um die 40 oder älter nach dem »Poldi« fragt, bekommt er in der Regel feuchte Augen. Denn es handelt sich dabei um den Namen des letzten Bamberger Burgbären, der 1952 auf der Altenburg einzog. Seinen Namen bekam er vom Bamberger Bürgermeister Luitpold Weegmann, der ebenfalls den Spitznamen Poldi trug. Bis 1982 lebte der Braunbär in seinem Zwinger auf der Burg und war eine der Hauptattraktionen für die Bamberger Kinder, die ihn mit Eiern fütterten. Mit artgerechter Haltung hatte das wenig zu tun, weswegen heute ein Stoffbär hinter den Gittern die Besucher begrüßt.

Ein Ausflug auf die Burg gehört aber heute immer noch zu den Highlights, auch für die Einheimischen. Zumal es seit Kurzem mit den Bamberger Bahnen eine gute Alternative zum anstrengenden Aufstieg gibt. Die Busse im Straßenbahngewand halten an verschiedenen Punkten in der Stadt und eben auch an der Altenburg. Die wurde 1109 erstmals urkundlich erwähnt, als Bischof Otto I. die Anlage dem Stift St. Jakob schenkte. Später avancierte die Altenburg zur Zweitresidenz der Bamberger Fürstbischöfe, die sie im 15. Jahrhundert bis zur heutigen Größe ausbauten.

Der Konflikt mit Markgraf Alcibiades von Brandenburg-Kulmbach brachte 1553 umfangreiche Zerstörungen, 200 Jahre später ließ ein Erdrutsch Teile der Ostmauer einstürzen. 1801 verkaufte das Hochstift Bamberg schließlich die Reste an den Bamberger Arzt Adalbert Friedrich Marcus, der sich das noch stehende Torhaus als Wohnung einrichtete. Der mit Marcus befreundete Künstler E.T.A. Hoffmann verbrachte in dieser Zeit auch viele Nächte auf der Altenburg und versah die Innenwände der Klause mit Karikaturen von Bamberger Personen. Nach dem Tod des berühmten Arztes gründeten engagierte Bürger 1818 mit dem »Verein zur Erhaltung der Altenburg« den ersten Denkmalschutzverein in Bayern. Dem Engagement der Mitglieder ist es zu verdanken, dass sich das Wahrzeichen Bambergs heute wieder in stattlichem Gewand präsentiert.

Besucher können in der Regel den 33 Meter hohen Bergfried besteigen und die Innenräume der Burg – nach Voranmeldung unter Tel. 09 51/5 33 87 – besichtigen. Um den Feuerkorb an der Spitze des Bergfrieds ranken sich einige Mythen. Die meisten Bamberger werden versuchen, Ihnen weiszumachen, dass man hier bei Gefahr ein Feuer entzündete, das die

Besatzung auf der 20 Kilometer entfernten Giechburg bei Scheßlitz alarmieren sollte. Über einen Tunnel sollten selbst Berittene in der Lage gewesen sein, zwischen den beiden Anlagen hin und her zu pendeln. Doch der Korb stammt vermutlich von den Renovierungsarbeiten um 1900 und war wohl eher in der damals weit verbreiteten Mittelalterromantik begründet.

Nach einem Rundgang um die Burg können Sie im *Restaurant Altenburg* einkehren. Falls Sie länger in Bamberg sind, lohnt sich die Vorbestellung eines romantischen Candle-Light-Dinners. Anschließend empfehlen wir einen gemütlichen Rundgang nach rechts auf dem Rinnersteig. Nach ca. 200 Metern gelangen Sie zu einer der schönsten Waldlichtungen Bambergs, wo sich auch manch verliebtes Pärchen zum Stelldichein trifft. Vielleicht auch für Sie ein guter Platz für Decke und Picknickkorb.

Wer lieber etwas länger spazieren möchte, kann auch über Rinnersteig und Altenburger Weg zu dem Bamberger Stadtteil Wildensorg laufen, wo mit dem *Landgasthof Heerlein* einer der Bamberger Ausflugsklassiker auf Sie wartet. Im Sommer finden hier regelmäßig Jazz-Frühschoppen statt, auf der Weinkarte überrascht der Juniorchef und Sommelier mit edlen Tropfen. Wenn Sie stattdessen auf dem Rinnersteig bleiben, überqueren Sie

Auch im Winter lohnt sich ein Besuch der Burganlage.

die Wildensorger Straße und gelangen über die St.-Getreu-Straße auf die Rotleite. Von dort ist es nicht weit zu zwei anderen Bamberger Institutionen. Das *Café Bergschlösschen* bietet durch seine Vollglasfassade einen der schönsten Blicke auf die Stadt. Dazu gibt es feine Torten und andere Köstlichkeiten. Nur wenige Meter weiter bergabwärts liegt die *Villa Remeis*. Der Jurist und Amateurastronom Karl Remeis hinterließ Ende des 19. Jahrhunderts der Stadt Bamberg nicht nur 400.000 Mark, sondern auch seine neoklassizistische Villa mit den Worten: »Ich wünsche, dass dieser herrliche Flecken Erde Allen stets zugänglich sein solle, auf dass recht Viele und recht oft sich der so schönen Aussicht auf dem Punkte erfreuen mögen, wo ich so glückliche Tage verbrachte. Und da ich meine guten Bamberger kenne, so möge auch für materielle Genüsse gesorgt werden; die Villa selbst soll unter thunlichster Beibehaltung ihrer dermaligen Einrichtung und Möblirung stets allen Besuchern offen stehen und als Kaffeehaus dienen.« Heute bewirtschaftet der Sozialdienst Katholischer Frauen die Villa unter Einbeziehung behinderter Menschen – ein vorbildliches Integrationsprojekt, das noch dazu den schönsten Freiluftblick auf die Stadt bietet.

TIPPS

Restaurant Altenburg, Altenburg 1, 96049 Bamberg, Tel. 09 51/5 68 28, www.restaurant-altenburg.de, Di–So 12.00–14.00 und 18.00–21.00, Mo Ruhetag.
Bamberger Bahnen, Tel. 09 51/3 10 17 62, www.bambergerbahnen.de
Café Bergschlösschen, Am Bundleshof 2, 96049 Bamberg, Tel. 09 51/20 85 88 90, www.hotelbergschloesschen.de, Di–So 8.00–18.00, Mo Ruhetag.
Café Villa Remeis, St.-Getreu-Straße 13, 96049 Bamberg, Tel. 09 51/5 79 12, www.cafe-villa-remeis.de, Di–So 12.00–18.00, Mo Ruhetag.
Landgasthof-Café Heerlein, Wildensorger Hauptstraße 57, 96049 Bamberg, Tel. 09 51/5 31 37, www.heerlein.de, Sa–Do ab 11.00, Fr Ruhetag.

Das katholische Leben gehört nach wie vor zum Alltag
in der erzbischöflichen Residenzstadt.

Von Mühlen, einer pfiffigen Idee und plastischen Malereien 22

Im Schatten des Alten Rathauses

Einer der schönsten Plätze in Bamberg ist eine ganz einfache Parkbank. Sie steht vor dem Eingang zum Schloss Geyerswörth unter einem großen Baum und bietet einen wunderschönen Blick auf das Alte Rathaus und die Regnitz. Bis heute ist sie einer der Lieblingsplätze für frisch Verliebte, um sich zu treffen und Arm in Arm dem Rauschen des Wassers zu lauschen. Stunden vergehen wie im Flug, während das touristische Leben auf dem Geyerswörthsteg unvermindert anhält. Seit 2009 ist die Romantik allerdings etwas getrübt. Denn im September sprang ein übermütiger Trauzeuge, unterwegs zu einem Junggesellenabschied, von der fast vier Meter hohen Brücke in die Regnitz. Da die Wassertiefe nur einen knappen Meter beträgt, endete dieses Vorhaben tödlich, und noch heute legen die Freunde und Verwandten regelmäßig Blumen am Geländer gegenüber der Parkbank ab.

An dieser Stelle befinden Sie sich übrigens mitten im historischen Mühlenviertel der Stadt, das 973 erstmals in Urkunden erwähnt wurde. Die Wasserkraft war eine stets verfügbare Energiequelle, die die Müller nicht nur zum Mahlen von Mehl nutzten. Sie stellten auch Pflanzenöle her, die vor allem in den Fastenzeiten verwendet werden mussten, in denen tierische Fette verboten waren. Später kamen Schneid-, Schleif-, Hammer- und Walkmühlen dazu. Die wohl wichtigste Mühle, die Brudermühle der Georgsbrüder des Domkapitels, dient heute als edles Hotel und Restaurant, deren Terrassen auf der anderen Seite des Geyerswörthsteges liegen. Gönnen Sie sich hier zum Beispiel ein gutes Glas Wein und eine Forelle zum Sonnenuntergang auf der Terrasse der Mehlwaage. Ein Stückchen flussabwärts liegt die *Bischofsmühle,* heute Weinschänke mit hochwertiger Auswahl an Spitzenweinen – schließlich gehört sie zum Feinschmecker-Imperium der Familie Müller. Das Gebäude stammt im Wesentlichen aus dem 12. Jahrhundert, und ist alleine wegen seiner dicken Holzbalken immer einen Besuch wert. Bevor die Mühle im 16. Jahrhundert in den Besitz der Bischöfe überging, diente sie den Tuchmachern als Walkmühle.

Noch ein Stück flussabwärts gelangen Sie schließlich zu einer weiteren ehemaligen Mühle, der Eckertschen Kunstmühle, in der sich heute das Restaurant *Eckerts* befindet. Hier bietet einer der bekanntesten Köche der

Stadt, Alexander Grüner, hochwertige fränkische Küche und besondere Biersorten aus dem Umland an. Neben dem urigen Zoiglbier der *Brauerei Gänstaller* aus Straßgiech sollten Sie auch das Hausbier probieren – ein dunkler Genuss aus der *Brauerei Drei Kronen* in Memmelsdorf. Grüner betreut übrigens auch die Serien-Deutschen-Meister der Bamberger Basketballer kulinarisch und veranstaltet auch Kochkurse zu den unterschiedlichsten Themen.

Doch zurück zum Alten Rathaus. Von unserer Parkbank aus sehen Sie vor allem den Fachwerkanbau, Rottmeisterhäuschen genannt. Hier waren die Rottenführer der Polizei untergebracht. Der Kern des Gebäudes ist allerdings ein Brückenturm, der in mehreren Stufen zum Rathaus ausgebaut wurde. Das Alte Rathaus ist das einzige Rathaus in Deutschland, das in der Mitte eines Flusses steht. Der Legende nach wollten die Bamberger im 15. Jahrhundert auch ein Rathaus haben, so wie es die Bürger anderer Städte der Umgebung schon besaßen. Der Bischof stimmte grundsätzlich zu, aber untersagte ihnen, das Gebäude auf seinem Grund und Boden zu errichten. Allerdings gehörte ihm alles – bis auf die Flüsse. Und die schlauen Bamberger bauten ihr Rathaus in die Regnitz. Der gotische Bau aus den Jahren 1461 bis 1467 wurde 1744 bis 1756 im Stil von Barock und Rokoko umgestaltet und vor allem mit den heute noch gut zu sehenden Fassadenmalereien ausgestattet. Die Fresken zeigen auf der Seite zur Bergstadt die vier Elemente und auf der anderen Seite die vier Jahreszeiten, alles aber in Allegorien. Weiterhin werden gute und schlechte Eigenschaften des Men-

Hinter Bambergs romantischster Parkbank steht ein Miniaturabguss der Altstadt.

Das Alte Rathaus von der Brudermühle aus gesehen

schen dargestellt, und man kann hier zu der Ansicht gelangen, dass der Maler Johann Anwander Bischof, Geistlichkeit und Bürgern jeweils einen Spiegel vorhalten wollte. Die Malerei geht teilweise ins Plastische über, so steht ein Engelsbein hervor, ein Fenster ist teilweise mit einem Vorhang verhüllt und kleine Engel schweben an der Seite.

Das Alte Rathaus steht komplett auf Eichenpfählen, die beim Bau in den Schwemmsand der Regnitz gerammt wurden. Durch den Luftabschluss härtete das Holz im Laufe der Jahrhunderte aus und ertrug sogar die Bamberger Straßenbahn, die von 1897 bis 1922 durch den Torbogen führte, genauso wie den Straßenverkehr, der noch länger auch Lastkraftwagen und Omnibussen die Durchfahrt erlaubte.

Im Erdgeschoss finden Sie mit der Sammlung Ludwig die größte Porzellansammlung Europas. Irene und Peter Ludwig (Schokoladen-Millionär und Kunstmäzen) gaben sie der Stadt Bamberg als Dauerleihgabe, die seit 1995 im Alten Rathaus zu sehen ist. Von antiken und präkolumbianischen Stücken reicht das Spektrum bis zu den verschiedenen Epochen der europäischen Kunstgeschichte. Dazu gehören auch viele Werke aus der Meißener Manufaktur und Straßburger Fayence.

TIPPS

Restaurant Brudermühle, Schranne 1, 96049 Bamberg, Tel. 09 51/95 52 20, www.brudermuehle.de, tägl. ab 7.00.
Weinschänke Bischofsmühle, Geyerswörthstraße 4, 96049 Bamberg, Tel. 09 51/2 75 70, www.bischofsmuehle-mueller.de, tägl. ab 17.00.
Das Eckerts, Obere Mühlbrücke 9, 96049 Bamberg, Tel. 09 51/9 84 25 00, www.das-eckerts.de, tägl. 7.00–1.00.
Sammlung Ludwig, Obere Brücke 1, Tel. 09 51/87 18 71, www.museum.bamberg.de/sammlung-ludwig-bamberg, Di–So 9.30–16.30.

Die Sternwarte beherbergt viele historische Exponate.

Von Bamberg zu den Sternen

Das Vermächtnis des Hobbyastronomen Remeis

Nach dem Tod des Juristen und Hobbyastronomen Dr. Karl Remeis am 28. Mai 1882 hatte die Stadt Bamberg eine große Aufgabe vor sich. Der vermögende Junggeselle vermachte sein gesamtes Vermögen wie auch seine Villa (siehe Seite 95) seiner Heimatstadt. 400.000 Mark aus dem Nachlass widmete er explizit der Errichtung einer Sternwarte. Der Rest war »für die Versorgung unverheirateter Frauenpersonen« gedacht, ging aber zu großen Teilen in den Wirren der Inflation am Ende des Ersten Weltkriegs verloren. Fast ein bisschen perfide war die Verfügung, dass Sternwarte und Villa von der Stadt Bamberg stets erhalten werden müssen, sonst würde alles umgehend an die Stadt Würzburg fallen.

Remeis entstammte einer wohlhabenden Rotgerber-Familie, der Vater war städtischer Baudirektor. Nach Gymnasium und Lyzeum in Bamberg verschlug es ihn auf Wunsch seiner Mutter zum Jurastudium nach Würzburg und Heidelberg. Nach einem hervorragenden Staatsexamen erhielt er eine gut dotierte Stelle am Münchner Justizministerium. Der Bamberger erledigte seine Arbeit zwar gut und war allseits beliebt, aber sein Herz hing an den Naturwissenschaften. Nach dem Tod seiner Mutter gab Remeis den Staatsdienst umgehend auf und widmete sich nur noch seinen Hobbys. So wurde der 38-Jährige Mitglied der »Naturforschenden Gesellschaft Bamberg«, begann mit dem Ankauf astronomischer Instrumente und reiste über Italien bis in den Orient. Zeit seines Lebens leicht kränklich gewesen, verlor er zunehmend seine Sprache und verstarb im Alter von 45 Jahren.

So zogen die Bamberger Stadträte also aus und besichtigten die damals modernste Sternwarte der Welt in Straßburg. Am Stephansberg war schnell ein passendes Grundstück gefunden, und nach zwei Jahren Bauzeit konnte am 24. Oktober 1889 die Bamberger Sternwarte eingeweiht werden. Heute sieht man das imposante Gebäude mit seinen zwei Kuppeln vor allem vom *Spezial-Keller* aus, weswegen die Sternwarte fast jedem Bamberger ein Begriff ist, selbst wenn man sie nur sehr selten – und dann nur im Rahmen von Führungen der Volkshochschule – besichtigen kann. Erster Chef im Hause war Prof. Dr. Ernst Hartwig, der gemäß der testamentarischen Verfügung von Remeis von der Münchner Sternwarte abgeworben wurde und bereits am 1. Januar 1886 seinen Dienst antrat, um die Bauplanung sowie die Fertigstellung der neuen Sternwarte zu überwachen. Neben dem

Zum Inventar gehören auch hochwertige Uhren aller Art.

Verwaltungs- und Wohnbau befinden sich das Beobachtungsgebäude mit einem Meridiansaal und die beiden sechs Meter durchmessenden Kuppeln in Ost-West-Richtung. Im Meridiansaal können die Astronomen ihre Instrumente entlang des Meridians aufstellen und durch eine entsprechende Öffnung das Geschehen am Himmel vom Südpunkt über den Zenit bis zum Nordpunkt beobachten.

Wichtigstes Instrument für Hartwig und sein Team war der in Hamburg gekaufte Refraktor aus der Werkstatt des Instrumentenbauers Dr. Hugo Schröder. Hier konnten die Bamberger ein Schnäppchen machen, denn Schröder hatte Konkurs angemeldet, und so war das siebenlinsige Fernrohr für 8.000 statt 50.000 Mark zu haben. Es fand seinen Platz in der Westkuppel, während für die Ostkuppel das damals größte Heliometer der Nordhalbkugel angeschafft wurde. Obwohl es eigentlich für die Sonnenbeobachtung gedacht war, verwendeten es die Bamberger Astronomen meistens für die Mondbeobachtung. Für die exakte Zeitmessung sorgten drei hochwertige Pendeluhren, von denen zwei unter einer Vakuumglocke ihren Dienst versahen. Mit neuen Weitwinkelkameras startete Hartwig zudem im Jahr 1921 ein Projekt der systematisch fotografischen Himmelsüberwachung, das er bis zu seinem Tod im Jahr 1926 fortführte. Nachfolger wurde sein ehemaliger Assistent Prof. Dr. Ernst Zinner, der viele bedeutende Werke zur Geschichte der Astronomie verfasste.

Dieser ließ 1946 in die Ostkuppel ein 60-Zentimeter-Spiegelteleskop einbauen, das aus den Überresten eines militärischen Forschungsauftrages stammte und der Sternwarte geschenkt wurde. Unter Zinners Nachfolger Prof. Dr. Wolfgang Strohmeier gelang die Eingliederung der Remeis-Sternwarte in die Universität Erlangen-Nürnberg. Allerdings verschlechterten die Abgase sowie die sogenannte Lichtverschmutzung der wachsenden Stadt die Observationsbedingungen, und man verlagerte die Beobachtung von 1963 bis 1974 in eine Außenstelle am Boyden-Observatorium der Stadt Bloemfontein in Südafrika. Heute dient der Betrieb hauptsächlich der Ausbildung der jährlich etwa 80 Studenten, die in Bamberg ihr Astronomiepraktikum absolvieren. Zu den Highlights in jüngster Zeit gehörte sicherlich die »International Halley Watch«, an der 1986, bei der Wiederkehr des Halleyschen Kometen, 1.000 Astronomen und 900 Amateure aus mehr als 50 Ländern der Erde beteiligt waren. Die europäischen und asiatischen Beobachtungen wurden dabei von Bamberg aus koordiniert.

Übrigens, die Sterne sind uns jeden Tag vier Minuten voraus, denn die Sternzeit ist gegenüber der Sonnenzeit kürzer. Für die Astronomen geht die Uhr also immer etwas nach, auf dem Bierkeller sind sie allerdings meistens pünktlich.

TIPP

Dr. Karl Remeis-Sternwarte Bamberg, Sternwartstraße 7, 96049 Bamberg, Anmeldung über VHS-Bamberg (Tel. 09 51/95 22 20), www.sternwarte.uni-erlangen.de, Führungsanfragen für Gruppen telefonisch möglich.

Sophia nimmt statt der Geige auch gerne mal ihre Katze Ashanti in den Arm.

Von Prag nach Bamberg

24

Bei Symphonikern zu Hause

Die Bamberger Symphoniker – Bayerische Staatsphilharmonie gehören zu den bekanntesten Botschaftern der Domstadt und zu den besten Orchestern der Welt. Ihr Ursprung liegt in den Tagen nach dem Ende des Zweiten Weltkrieges, als sich viele deutschsprachige Orchestermusiker aus den östlich gelegenen Gebieten in Bamberg wiederfanden. Den Kern des neuen Orchesters bildete das Deutsche Philharmonische Orchester Prag, das noch am 1. Mai 1945 sein letztes Konzert in der Goldenen Stadt gab. Es sollte bis 1991 dauern, bis die Nachfolger dieser Musiker wieder an der Moldau spielten. Der Hintergrund von Flucht und Vertreibung machte es den 1946 neu gegründeten Bamberger Symphonikern überhaupt erst möglich, im Ausland zu gastieren. Die Ressentiments gegenüber anderen etablierten deutschen Orchestern waren lange Zeit noch groß. Neben den Auftritten in allen großen Konzertsälen der Welt spielen die Musiker auch regelmäßig in Bamberg, das ihnen 1993 mit der Konzerthalle eine eigene Heimstatt mit großartiger Akustik und größtmöglicher Nähe zwischen Künstlern und Publikum schenkte. Eine umfangreiche Renovierung 2009 brachte ein zusätzliches Foyer und eine nochmals verbesserte Akustik unter der Federführung des japanischen Akustik-Designers Yasuhisa Toyota, der auch die Suntory Hall in Tokyo und die neue Elbphilharmonie in Hamburg plante. Klassikinteressierte sollten sich bei ihrem Bamberg-Besuch schnellstmöglich um ein Ticket bemühen, denn die Konzerte sind in der Regel früh ausverkauft.

An dieser Stelle möchten wir Ihnen einen kleinen Einblick in die Familie des Bamberger Konzertmeisters Harald Strauss-Orlovsky geben, den wir zu Hause besucht haben:

»Wir sammeln gerne Pilze«, erzählt Susanne Strauss, als ich nach den Hobbys frage. Die ausgebildete Konzertpianistin zieht es überhaupt gerne in die Natur. »Ich habe kein Auto, ich habe einen Araber«, gemeint ist natürlich ein Pferd, das beim Bauern um die Ecke steht, »mit dem bin ich ein paar Mal in der Woche im Wald, das macht mich glücklich!« Dabei strahlen die Augen der 40-Jährigen und erzählen die Geschichte von so manchem Ausritt in den Michelsberger Wald rund um Bischberg und Weipelsdorf.

Gegenüber sitzt Ehemann Harald Strauss-Orlovsky und schmunzelt. »Durch meine Familie bin auch ich hier heimisch geworden.« Das fiel dem gebürtigen Bremer nicht so leicht. Der heute 57-Jährige studierte in Berlin, spielte unter Dirigenten wie Karajan, Muti und Mehta und beim renommierten Chamber Orchestra of Europe. 1988 ereilte ihn der Ruf ans erste Pult bei den Bamberger Symphonikern – und der Weltbürger war in der Provinz angekommen. Die vielen Reisen des Orchesters sowie das hohe musikalische Niveau machten dem leidenschaftlichen Geiger die Entscheidung leicht, und so schlug er sein Domizil an der Regnitz auf. 1998 suchte er für ein Konzert im Kaisersaal der Bamberger Residenz nach einer Mozartsolistin – und fand Susanne Strauss. Die war zwar nach dem Abitur am E.T.A.-Hoffmann-Gymnasium über das Nürnberger Meistersinger-Konservatorium bis zur Pianisten-Meisterklasse in Detmold gekommen, aber doch außerhalb der dortigen Präsenzzeiten im Frankenland geblieben. Schließlich war ihre Familie in den Achtzigerjahren aus Berlin nach Gundelsheim gezogen, wo ihr Vater 1985 ein weltweit führendes High-Tech-Unternehmen für Messtechnik aufbaute.

Zwei Jahre gemeinsame Musik legten den Grundstein für ein gemeinsames Leben, das Harald Orlovsky und Susanne Strauss seit der Jahrtausendwende führen. »Die Kinder gehen in die Schule, um kurz vor acht Uhr ist das Haus leer, dann habe ich Zeit zum Üben«, schildert die zweifache Mutter den Tagesablauf, »Harald kommt immer mittags heim, das ist toll für die Familie.« Dergleichen ist nicht nur in einem Nichtmusiker-Alltag eine Besonderheit geworden, auch bei den meisten Profi-Orchestern gibt es einen durchgehenden Arbeitstag mit Mini-Mittagspause. Nur bei den Symphonikern hat sich der alte Tagesplan erhalten, nach dem von 9.30 bis 12.00 Uhr und dann wieder von 15.00 bis 17.30 Uhr geprobt wird. »In Bamberg sind die Wege kurz, da können alle heim zu ihren Familien zum Mittagessen«, berichtet der Konzertmeister, »als Symphoniker kann man Kinder aufziehen. Selbst als sie noch Babys waren, sind sie an meinen Füßen herumgekrabbelt, während ich geübt habe.« Mittlerweile haben sich auch innerhalb des Orchesters so manche Paare gefunden, die inzwischen ihre eigenen kleinen Musikerfamilien gegründet haben. »Wir Symphoniker haben generell den Ruf, ein geselliges Orchester zu sein. Die Zeiten sind zwar vorbei, wo wir in der Konzertpause im Dominikanerbau schnell auf einen Schnitt (ein kleines Bier) ins *Schlenkerla* rüber sind, aber man trifft sich immer noch gerne auf ein Bierchen oder hilft sich gegenseitig beim Umzug.« Nicht selbstverständlich, denn der Konkurrenzkampf unter den Spitzenmusikern ist groß.

Ihr Geheimnis ist vielleicht, dass die Strauss-Orlovskys in den letzten Jahren eigene Konzertreihen ins Leben gerufen haben, bei denen sie zur

Die Symphoniker-Familie beim Hauskonzert

Besetzung gerne auf ihre Kollegen zurückgreifen. Neben dem bekannten Weihnachtskonzert in der Konzerthalle stehen die Sommerkonzerte in Seehof, unter dem Namen »Deutsche Mozartsolisten«, und die Bischberger Schlosskonzerte auf dem Programm.

Wir sind bei den letzten Fragen angelangt, da kommt Tochter Sophia mit ihrem Hausaufgabenheft an den Tisch. Fein säuberlich stehen die Buchstaben nebeneinander, die das Mädchen in der ersten Klasse gerade lernt. »Wir wollen keine Wunderkinder«, so Susanne Strauss, »natürlich gehört gerade bei uns Musik zur Allgemeinbildung, und beide Kinder spielen Geige und Klavier. Aber wir machen da keinerlei Druck. Sonst würde auch die Lust verloren gehen. Ich komme selbst nicht aus einer Symphonikerfamilie und habe mich von ganz allein in die Musik verliebt. Das soll meinen Kindern auch offenbleiben.« Musik ist in der Tat nicht alles im Haushalt der Strauss-Orlovskys, denn gerade kommt Sohn Lucius mit dem Turnbeutel herein. Die Familie muss nun los, zum Karateunterricht …

TIPPS

Bamberger Symphoniker, Konzerthalle, Mußstraße 1, 96047 Bamberg,
Tel. 09 51/9 64 71 00, Abendkasse Tel. 09 51/9 64 71 45,
www.bamberger-symphoniker.de
Bamberger Veranstaltungsdienst, Lange Straße 22, 96047 Bamberg,
Tel. 09 51/9 80 82 20, www.bvd-ticket.de, Mo–Fr 9.00–18.00, Sa 9.00–13.00.

Die Statue vor dem Eingang zum E.T.A.-Hoffmann Theater erinnert an den großen Schriftsteller und Musiker.

Großes Theater und kleine Bühnen

Ein Streifzug durch Bambergs Theaterlandschaft

Nicht nur die Symphoniker machen die Stadt Bamberg zu einer kleinen Kulturmetropole, auch bei der darstellenden Kunst hat die Domstadt viel zu bieten. An die zehn Bühnen, dazu verschiedene Kleinkunstgruppen und natürlich das große E.T.A.-Hoffmann-Theater buhlen um die Gunst der Zuschauer. Und so haben auch Sie als Bamberg-Besucher die Wahl zwischen einem bunten Strauß an Aufführungen, von der Puppenbühne bis zum Schattentheater.

Die Geschichte des Theaters in Bamberg beginnt im Jahr 1802. Damals ließ Reichsgraf Julius von Soden, Gutsbesitzer und preußischer Gesandter, die Gebäude am Schillerplatz, wo auch heute das E.T.A.-Hoffmann-Theater zu finden ist, zum Theater umbauen. Von Soden richtete zudem ein eigenes festes Ensemble ein – eine Besonderheit heute wie in der damaligen Zeit. Sechs Jahre später wurde E.T.A. Hoffmann musikalischer Leiter (siehe Seite 44) und blieb auch nach seiner baldigen Ablösung der Stadt und dem Theater bis 1813 eng verbunden. Neben Stücken von Pedro Calderón de la Barca kamen Werke von Goethe, Schiller, Kleist, Shakespeare und Goldoni zur Aufführung. Die Bühne konnte sich in den folgenden Jahrzehnten unter verschiedenen privaten Trägern halten, wurde aber schließlich von den Nationalsozialisten 1937 geschlossen.

Nach dem Zweiten Weltkrieg waren im Großen Haus Flüchtlinge untergebracht, ein kleines Theaterensemble spielte an den verschiedensten Ausweichorten in der ganzen Stadt – der bekannteste dürfte der Saal der *Mälzerei Weyermann* sein. 1959 feierten die Bamberger die Wiedereröffnung am Schillerplatz und gaben dem Haus 1970 den Namen E.T.A.-Hoffmann-Theater. Die überfälligen Renovierungsarbeiten gegen Ende des 20. Jahrhunderts wurden von einem Gebäudebrand unterbrochen, der die Möglichkeit zu noch umfangreicheren Umbauen eröffnete. Seit 2003 verfügt das Bamberger Theater nun neben der Hauptbühne über eine Studiobühne, ein bespielbares Gewölbe und den »Treff«, in dem ebenfalls kleine Stücke zur Aufführung kommen können. Des Weiteren spielt das Ensemble jedes Jahr bei den Calderón-Spielen in der Alten Hofhaltung und auch immer wieder an anderen Orten wie zum Beispiel dem Sandkerwa-Festzelt oder der Zehntscheune der *Klosterbräu*. Regelmäßige Gastspiele, beispielsweise des Hofer oder Münchner Theaters, aber auch aus dem Ausland, ergänzen das vielfältige Programm.

Im Marionettentheater stehen alle Figuren stets bereit.

Das wohl gegensätzlichste Theater dazu in Bamberg ist das Bamberger Marionettentheater. In dem kleinen Saal in der Unteren Sandstraße finden gerade einmal 31 Zuschauer Platz. Der Gründer und erste »Prinzipal«, Klaus Loose, stieß eher durch Zufall auf ein historisches Miniaturtheater aus dem Jahre 1821, das er mitsamt dem kompletten Fundus erwerben konnte. Im Unterschied zur modernen Bühne ist hier das Theater in seiner ursprünglichen Form aus dem 19. Jahrhundert konserviert. Der Zuschauer vergisst schnell, dass er »nur« Holzfiguren vor sich hat, die entweder an Fäden als Marionetten bewegt oder an Holzstäben hin und her geschoben werden.

Eine wieder komplett andere Theaterform bietet das Theater am Michelsberg. Ursprünglich Anfang des Jahrtausends von einem Verein als Galli-Theater gegründet, beschlossen die Bamberger 2007, eigene Wege zu gehen. Die bunte Truppe rund um das umtriebige und extrem wandlungsfähige Ehepaar Wagner-Zangl realisiert dabei neben Märchenklassikern, die auch schon in der Galli-Ära auf dem Programm standen, allerlei lustige und nachdenkliche Stücke rund um die Zwischenmenschlichkeit. Mal geht es um Geschlechtergegensätze und -kämpfe, dann um den irrwitzigen Alltag im Job und dann wieder um Gesellschaftskritik und aktuelle Themen von Hartz IV bis zur Lebensplanung. Hier sind Sie auf jeden Fall richtig, wenn Sie einen amüsanten Abend erleben und sich von der Frische und Lebendigkeit der Akteure anstecken lassen wollen.

Die Puppenbühne Herrnleben gehört zu den traditionsreichsten Puppenbühnen des Landes. Der Bamberger Volksschauspieler Hans Herrnleben gründete kurz nach dem Zweiten Weltkrieg 1945 die Bühne zunächst als Marionettentheater, entschied sich aber schon drei Jahre später, auf Handpuppen umzusteigen. Mit Florian Herrnleben, der 1988 schon mit fünf Jahren der jüngste Puppenspieler Deutschlands war, steht bereits die vierte Generation hinter dem Vorhang. Selbst verfasste Stücke, oft rund um die von den Herrnlebens geschaffene Kultfigur des »Bamberger Kasperl«, kommen überall in der Stadt zur Aufführung, es gibt allerdings auch

Hörspiele und immer wieder eine feste Bühne in der Stadt. Zielgruppe sind natürlich eher die Kinder, aber auch viele Erwachsene können sich dem Zauber des Puppenspieles nicht entziehen.

Ein weiteres außergewöhnliches Theaterhighlight bietet das Theater der Schatten. Scheinbar unmögliche Lichteffekte, dreidimensionale Figuren, eine verschwimmende Grenze zwischen Zuschauerraum und Bühne – das gelingt Norbert Götz in faszinierender Art und Weise dadurch, dass er die traditionellen Elemente des Schattentheaters mit der modernen Technik von Laser und LED kombiniert. Dabei agiert der Künstler vor allem VOR der Bühne und trägt die verschiedenen Lichtquellen bei sich. Gespielt wird in der mittelalterlichen Katharinenkapelle am Domplatz (Eingang Alte Hofhaltung) und im Neuen Palais in der Luitpoldstraße. Wer möchte, kann in verschiedenen Workshops auch selbst die faszinierende Kunst des modernen Schattentheaters erlernen.

Selbst damit nicht genug, Bamberg hat noch viele weitere Bühnen zu bieten. Ans Herz legen möchten wir Ihnen noch das Brentano-Theater des Schauspielers Martin Neubauer. Er hat in seinem privaten Traumtheater Platz für 32 Gäste, und die dürfen ihren Eintrittspreis am Ende der Vorstellung selbst bestimmen. Während im Brentano-Theater eher die leisen Töne angeschlagen werden, befasst sich Arnd Rühlmann in seinem nana theater überwiegend mit den lauten, um anspruchsvolle Theater- und Musikprogramme auf die Bühne zu bringen.

TIPPS

E.T.A.-Hoffmann-Theater, E.T.A.-Hoffmann-Platz 1, 96049 Bamberg, Tel. 09 51/87 30 30, www.theater-bamberg.de, Theaterkasse Di–Sa 10.00–13.00, Mi 16.00–18.00.

Bamberger Marionettentheater, Untere Sandstraße 30, Tel. 09 51/6 76 00, www.bamberger-marionettentheater.de

Theater am Michelsberg, Michaelsberg 10f, Tel. 09 51/30 29 09 88 bzw. 01 70/2 97 10 50, www.tam.ag

Puppenbühne Herrnleben, Luisenstraße 14, Tel. 09 51/2 49 59, www.bamberger-kasperl.de

Theater der Schatten, Katharinenkapelle am Domplatz, Tickets über die Tourist-Info, Tel. 09 51/2 97 62 00, sonst Tel. 09 51/50 03 91, www.theater-der-schatten.de

Brentano-Theater, Gartenstraße 7, 96049 Bamberg, Tel. 09 51/5 45 28, Aufführungsdaten unter www.kultur.bamberg.de

nana theater e. V. im Club Kaulberg, Unterer Kaulberg 36, 96049 Bamberg, Tel. 09 51/51 95 33 30 bzw. 01 79/6 77 75 54, www.nana-theater.de

Lüpertz’ Apoll gehört zu den umstrittensten Kunstwerken in der Domstadt.

Moderne Kunst erlaufen

26

Unterwegs auf dem Bamberger Skulpturenweg

Die Einrichtung des Internationalen Künstlerhauses (siehe Kapitel 19) brachte Bamberg eine zusätzliche Attraktion. Denn der erste Direktor, Prof. Dr. Bernd Goldmann, engagierte sich nicht nur für seine Stipendiatinnen und Stipendiaten, zu denen beispielsweise auch schon die spätere Literaturnobelpreisträgerin Hertha Müller zählte, sondern bereits 1998 sorgte er für die erste Ausstellung mit Großplastiken in der Domstadt. 15 pralle Leiber des spanischen Künstlers Fernando Botero standen plötzlich überall in Bamberg herum. So sahen es zumindest die Bürger, die sich mit den Kolossen erst mal anfreunden mussten. Am Ende hatten sie die Monstren sogar so sehr ins Herz geschlossen, dass eine bleiben durfte, die »Liegende mit Frucht«, heute am Heumarkt. Mit Joannis Avramidis stand im nächsten Jahr bereits die Folgeausstellung auf dem Programm. Dessen abstrakte Figuren passten erstaunlicherweise besser in die Bamberger Seele – oder man hatte sich mittlerweile an die moderne Kunst gewöhnt. Öffentlicher Protest blieb völlig aus, seine »Große Figur 1982« steht seitdem am Pfahlplätzchen. Damit war der »Bamberger Skulpturenweg« geboren, auf dessen Stationen wir Sie nun begleiten.

Für das neue Jahrtausend hatte sich Goldmann wieder wesentlich spektakulärere Werke ausgesucht. Der polnische Künstler Igor Mitoraj stellte seine monumentalen Köpfe, Torsi und Figuren in der Domstadt aus. Die der antiken Mythologie entlehnten Plastiken wiesen gezielte Beschädigungen auf und wirkten so, als hätte jemand den Inhalt einer überdimensionalen Schale mit den Resten griechischen Tempelschmucks über der Stadt ausgekippt. Wiederum waren die Bamberger begeistert und kauften – erneut in Eigeninitiative – den »Centurione I«, der nun an der Unteren Brücke auf der Seite des Kranen steht und besonders nachts einen eindrucksvollen Kontrast zur dahinterliegenden Ansicht von Dom und Michelsberg gibt.

Wesentlich weniger Aufsehen erregten 2002 die Skulpturen von Erwin Wortelkamp. Der deutsche Bildhauer und Maler stellte an die 40 Holz- und Bronzeskulpturen in der Stadt auf, wobei die Grenze zwischen Holz und Bronze nicht einfach zu erkennen war. So ist es auch bei seinem Werk »Ohne Titel«, das vor der Bamberger Konzerthalle liegt. Für viele Bamberger wirkt es wie ein Baumstamm, bei dem man allerdings schon beim ersten Klopfen merkt, dass er aus Metall gegossen ist.

Der nächste Künstler in der Reihe war 2004 der Schweizer Schrott-Künstler Bernhard Luginbühl, der mit 15 Werken nach Bamberg kam und ebenfalls in der Nähe der Konzerthalle seine »Ankerfigur 2002« zurückließ. So richtig hoch kochten die Wogen in der Weltkulturerbestadt im Jahr 2006, als mit Markus Lüpertz ein Neoexpressionist in Bamberg ausstellte, dessen Werke und Person stark polarisieren. Ein erster negativer Höhepunkt war, dass Unbekannte am 14. Juni 2006 eines seiner zwölf Werke, den »Kopf Chillada«, von seinem Sockel stießen und irreparabel zerstörten. Dies spornte die unter Generalverdacht geratenen Bamberger wiederum zum Geldsammeln an, und 2009 konnte Alt-Bundeskanzler Gerhard Schröder am 4. Mai den »Apoll« an der Elisabethenkirche enthüllen. Auch diese Figur zog schnell Kritik auf sich, doch Lüpertz' mahnende Worte bei der Enthüllung haben bis heute Bestand: »Man kann sich an der Skulptur reiben oder sie abscheulich finden. Aber bitte lassen Sie die Finger davon!« Es gibt allerdings eine Ausnahme: Zur Sandkerwa machen sich die Standbetreiber immer einen Spaß daraus, den Apoll mit Kochschürze oder einen schicken Hütchen zu verzieren.

Einer von Jaume Plensas acht Poeten ist in Bamberg geblieben. Er steht vor dem *Eckerts*.

Der vorerst letzte Streich des mittlerweile emeritierten Goldmann war die Ausstellung der »Eight Poets« von Jaume Plensa. Der Spanier verzierte Bamberg im Landesgartenschaujahr 2012 mit acht Poeten, die auf hohen Säulen stehend vor allem nachts ein eindrucksvolles Spektakel boten. Wechselnde Lichtstimmungen ließen die sitzenden Riesenmänner in allen Regenbogenfarben leuchten. Auch von ihnen ist einer geblieben. Er steht vor dem *Eckerts* im Mühlenviertel. Aber auch aktuell sammeln die Bamberger Bürger wieder Geld, um ihren Skulpturenweg um ein Werk des chinesischen Künstlers Wang Shuang erweitern zu können.

Doch es gibt noch weitere moderne Kunstwerke in der Stadt, die Sie bei einem Rundgang nicht verpassen sollten. 2011 stiftete der Bund Naturschutz zum 25. Jahrestag der Tschernobyl-Katastrophe eine auf dem Rücken liegende Schildkröte des Südkoreaners Jin Mo Kang. Auf dem Bauchpanzer des Tieres symbolisiert eine Weltkarte die Hilflosigkeit der Menschheit gegen die Auswirkungen der Strahlung. Die Enthüllung nur sechs Wochen nach der Katastrophe von Fukushima zeigte die besondere Brisanz und Tragweite der Beschäftigung mit dem Ausstieg aus der Atomenergie, militärisch wie zivil.

Des Weiteren sollten Sie auch die »Wandlung« des japanischen Künstlers Kazuo Katase besuchen. In einem Projekt der Villa Concordia zur 1.000-Jahr-Feier des Bistums Bamberg schuf er einen Trockenbrunnen aus Beton mit einer Granitschale und eingelassenen Rebstöcken, der am Michelsberger Weinberg steht. Zum selben Anlass gestaltete der Lichtkünstler Mischa Kuball seine Installation »Tood – Taboo – Trance«, die im Diözesanmuseum auf dem Domberg zu sehen ist. Dabei werden die drei Worte in unterschiedlichen Farben auf sich drehende Kugeln projiziert und spiegeln sich im gesamten Raum – faszinierend!

TIPPS

Standorte der Kunstwerke:

Fernando Botero (1998): »Liegende mit Frucht« – Heumarkt
Joannis Avramidis (1999): »Große Figur 1982« – Pfahlplätzchen
Igor Mitoraj (2002): »Centurione I« – Untere Brücke
Erwin Wortelkamp (2002): »Ohne Titel« – Mußstraße
Bernhard Luginbühl (2004): »Ankerfigur 2002« – Schiffbauplatz
Markus Lüpertz (2009): »Apoll« – Elisabethenplatz
Jaume Plensa (2012): »Eight Poets« – Obere Mühlbrücke
Wang Shuang (2013): »Meeting« – Schönleinsplatz
Jin Mo Kang (2011): »Denkmal für Tschernobyl« – Am Weidenufer
Kazuo Katase (2007): »Wandlung« – Benediktinerweg
Mischa Kuball (2007): »Tood – Taboo – Trance« – Domplatz

Der »Dukatenscheißer« im *Restaurant Weierich*

Wenn's ums Bier geht …

Der Bamberger Bierkrieg

Der Bamberger an sich ist ein eher gemütlicher Mensch, selten aus der Ruhe zu bringen, und emotional auch nicht gerade ein personifiziertes Feuerwerk. Doch wenn es um sein Lieblingsgetränk geht, versteht der Domstädter keinen Spaß! Und so trug sich in den beschaulichen Tagen zu Beginn des 20. Jahrhunderts eine kleine Wutbürgergeschichte zu, die als »Bamberger Bierkrieg« in die Geschichtsbücher eingehen sollte.

Was war geschehen? Nach vielen Jahrzehnten unveränderten Bierpreises steckten die Bamberger Brauer ihre Köpfe zusammen und taten das, was sie selbst heute selten tun: Sie einigten sich. Doch bei dem Ansinnen nimmt das nicht Wunder, denn sie planten eine Bierpreiserhöhung. Im Sommer 1907 war der Absatz gut, die Konjunktur stabil, und man dachte, dass sich pro halbem Liter Gerstensaft ein Pfennig mehr erlösen lassen sollte. Das Seidla sollte ab Oktober elf statt zehn Pfennige kosten. Doch sie hatten die Rechnung ohne die Bürger gemacht. Kaum kursierten die ersten Gerüchte, war die geplante Verteuerung das Thema an jedem Stammtisch und bei den Zusammenkünften der zahlreichen Vereine. Nach vielen endlosen Diskussionen unter den Bürgern kristallisierte sich ein Plan heraus: Streik.

Die Bamberger riefen einander auf, die Braugaststätten zu boykottieren. Statt im *Schlenkerla*, *Polarbär* oder *Einhorn* traf man sich nun in den einzigen beiden verbliebenen Gasthäusern, die nicht dem neuen Preisdiktat unterworfen waren. Die ehemaligen Brauereien *Mondschein* – in der Sandstraße – und *Weierich* – an der Ecke Lugbank/Schranne – bezogen ihr Bier seit geraumer Zeit aus dem nahegelegenen Forchheim von der *Kronenbräu*. Die Wirte Anton Mohr und Georg Weierich verkauften ihr Bier weiterhin für zehn Pfennig die Halbe. Gemeinsam mit dem Buchhalter der Firma Kaliko, Karl Panzer, bildeten sie ein Triumvirat und führten die Trinkstreikenden an. Panzer erwarb sich dabei den inoffiziellen Titel »Feldmarschall«.

Die Aktion begann mit der »Kriegserklärung an die Bamberger Brauer« am 1. Oktober 1907. Tag um Tag versammelten sich die leidgeplagten Männer und leerten Krug um Krug vom billigen Forchheimer Bier. Die Bamberger Brauer trauten ihren Augen kaum. Stammgäste liefen an ihren Schänken vorbei und reihten sich in die Schlangen vor *Weierich* und *Mondschein* ein. Der Absatz ging rapide zurück, und sie sahen, dass ihre

Zu den Klassikern im *Weierich* gehören Schäuferla und Haxe.

ehemaligen Kunden es ernst meinten. Noch dazu dröhnten die Stammtischparolen durch die ganze Stadt – es gab kein anderes Gesprächsthema mehr. Fuhrwerk um Fuhrwerk rollte mit frischem Forchheimer Bier durchs Alte Rathaus zu den beiden Streikgasthäusern.

Schnell wurde hinter den Kulissen verhandelt. Schließlich kannte man sich gut und war in zahlreichen Vereinen miteinander verbunden. Und so kam es, dass die »Kartellbrüder« nachgaben und beim Friedensschluss am 7. Oktober 1907 ihre Preiserhöhung zurücknahmen. Auch das Bamberger Bier kostete nun wieder zehn Pfennig das Seidla. Grund genug, in den nächsten Wochen das ein oder andere mehr zu trinken. Der Erste Weltkrieg, die anschließende Wirtschaftskrise und die Katastrophe des Zweiten Weltkrieges sorgten jedoch dafür, dass erst in jüngerer Vergangenheit wieder heftig um den Bierpreis gestritten wurde. Die Zeiten von Bier-Kartellen und Trinkstreiks dürften allerdings vorbei sein. Kurz nach dem Zweiten Weltkrieg gab es übrigens noch ein Kuriosum: Bis 1958 galt eine Bierpreisbindung, der halbe Liter kostete rund 50 Pfennig.

Wer sich in die Zeit des Bierkrieges zurückversetzen und noch dazu eine der besten Küchen Bambergs genießen möchte, sollte an den Ort des Geschehens pilgern. Das *Restaurant Weierich* verfügt nämlich noch über den original erhaltenen Bürgersaal aus dem Beginn des 20. Jahrhunderts. Die »altdeutsche Bierstube« verzaubert mit einem Tonnengewölbe, bunten Butzenscheiben und einer Vielzahl von faszinierenden Holzarbeiten. Jeder Stuhl ist ein Einzelstück, an der Decke sitzen sechs Mönchsbüsten: Kellner mit Brot, Flaschenträger, Kartenspieler, Biertrinker, Tabakschnupfer und Weintrinker. Gelächter unter den Gästen verursacht das »Säufermännla«, die Nachbildung einer Skulptur vom Chortreppenturm der Oberen Pfarre. Dort setzt das Männchen allerdings keine Flasche, sondern ein Horn an. Der zweite Lacher gilt in der Regel dem »Dukatenscheißer«, bevor die Besucher bewundernd die Bronzenachbildung des Bamberger Reiters betrachten.

Bestens umsorgt werden Sie hier übrigens von dem Zwickauer René Sackwitz, der nach seiner Kochlehre eine Odyssee hinter sich brachte: Er konnte in einer Nacht-und-Nebel-Aktion noch vor der Wende aus der DDR nach Hamburg fliehen. Aus seiner langen Zeit an der Nordsee brachte er nicht nur die Liebe zu Fischgerichten, sondern auch hervorragende Rezepte mit, weswegen Sie hier neben Haxe und Schäuferla ebenso Pannfisch und Krabben essen können. Weitere Spezialitäten sind die Steaks des Hauses und die saisonalen Gerichte, zum Beispiel zur Grünkohlzeit oder in den wenigen Wochen, in denen es den norwegischen Winterkabeljau »Skrei« gibt.

TIPP

Restaurant Weierich, Lugbank 5, 96047 Bamberg, Tel. 09 51/2 99 93 90, www.restaurant-weierich.de, Apr–Sep tägl. ab 11.00, Okt–März Mo–Fr ab 17.00, Sa, Fei ab 11.00, So 11.00–15.00.

Im *Schlenkerla* wird noch »bayerisch« angestochen – aus dem Holzfass.

Die Bierhauptstadt

Ein Streifzug durch Bambergs Brauereien

Es gibt Städte, die sich Bierstadt oder sogar »heimliche Hauptstadt des Bieres« nennen, doch die Einzige, die diesen Titel verdient, ist Bamberg. Schließlich beheimatet die Stadt zehn Brauereien, ihr Landkreis nochmals gut 80, und ganz Oberfranken knapp 300. Und jede Braustätte stellt ihre eigene Gerstensaft-Palette her. Was denken Sie, wie lange man beschäftigt ist, wenn man jeden Tag ein anderes Bier aus Oberfranken trinkt? Fast fünf Jahre! Nachdem die beiden Rauchbierbrauereien eigens vorgestellt werden (siehe Kapitel 29), geben wir Ihnen im Folgenden einen Überblick zu den anderen acht Braustätten:

Ambräusianum

Bambergs jüngste Brauerei ist zugleich eine der schönsten, zumindest für Touristen. Denn in der Gasthausbrauerei von Ambros Michael Mahr und seiner Frau Heike Görmann begegnen dem Besucher schon gleich beim Eintritt die zwei großen Kupferkessel, in denen drei klassische und drei saisonial gebraute Sorten Ambräusianum entstehen. Die Familie steht schon seit Generationen für die Bamberger Braukunst, und hat 2004 mit dem *Ambräusianum* nun wieder zurück zu ihrer Bestimmung gefunden. Auf der Speisekarte finden sich spannende Biergerichte und Flammkuchenvariationen.

Dominikanerstraße 10, Tel. 09 51/5 09 02 62, www.ambraeusianum.de,
Jan–März Di–Fr 17.00–23.00, Sa 11.00–23.00, So 11.00–21.00,
Apr–Dez Di–Sa 11.00–23.00, So 11.00–21.00.

Brauerei Fässla

Seit 1649 entsteht in dem kleinen Eckhaus in der Königstraße das beliebte Fässla-Bier. Senior Sebastian und sein Sohn Roland haben es in den letzten Jahren clever verstanden, viele Gastronomien in der Domstadt als Ausschankstätten zu gewinnen, aber auch die Brauereigaststätte selbst als lebendiges Zentrum der Bierkultur zu erhalten. So findet man hier noch jeden Tag die typischen Stammtischgäste, die sich während diverser Seidla Bier durch die Lokalpolitik diskutieren. Das Wasser fürs Bier kommt noch aus einem eigenen Tiefbrunnen und ist auch Hauptbestandteil von Bambergs stärkstem Bier, dem Bambergator, der zur Bockbierzeit ab Oktober erhältlich ist (21% Stammwürze und 8,5% Alkoholgehalt).

Obere Königstraße 19–21, Tel. 09 51/2 65 16, www.faessla.de,
Mo–Sa 8.30–23.00, So 8.30–13.00.

Brauerei Greifenklau

In einer der kleinsten Bamberger Braustätten hat sich in den letzten Jahren ebenfalls viel getan. Papa Sigmund übergab die Brauerei an Sohnemann Sigmund, der als Biersommelier auch gleich eine ganze Palette neuer Spezialbiere aufgelegt hat. Überhaupt gehört das Brauerei-Kleinod auf dem Kaulberg (noch) zu den Geheimtipps in Bamberg, nicht zuletzt wegen des Biergartens mit dem schönsten Altenburgblick der Stadt. So richtig viel los ist zur Laurenzikerwa um den zweiten Sonntag im August.

Laurenziplatz 20, Tel. 09 51/5 32 19, www.greifenklau.de, Di–Sa 10.30–23.30, So 10.00–14.00, Mo Ruhetag.

Brauerei Kaiserdom

Die mit Abstand größte Braustätte der Stadt stellt mehr Bier her als alle anderen zusammen, aber verkauft weniger davon als jede der anderen – zumindest in Bamberg. Denn irgendwie hat sich das Kaiserdom-Bier aus dem 1972 gegen den Willen von 91% der Bevölkerung eingemeindeten Ortsteil Gaustadt immer noch nicht in Bamberg durchsetzen können. Eine klassische Brauereigaststätte im eigentlichen Sinn haben die Gaustadter auch nicht, Sie können das Kaiserdom-Bier aber in der *Rathausschänke* probieren.

Obere Brücke 3, Tel. 09 51/2 08 08 90, www.rathausschaenke-bamberg.com, tägl. ab 11.00.

Brauerei Keesmann

In der urigen Brauerei im Stadtteil Wunderburg entsteht seit 1867 unter anderem das bekannteste Pils der Stadt. Bamberger Herren Pils zeichnet sich durch aromatische, deutliche Hopfennoten aus und ist dadurch ein ganz besonderes fränkisches Pils. Natürlich polarisiert dieses Bier in einer Bierstadt, doch die eingefleischten Fans sind dafür fast täglich hier anzutreffen. Im Sommer verwandelt sich der klassische Brauereihof in einen zünftigen Biergarten, in dem man aber auch die Speisekarte aus der Brauereigaststätte genießen kann. Hier wird noch mit original Bamberger Hausrezepten gekocht.

Wunderburg 5, Tel. 09 51/9 81 98 10, www.keesmann-braeu.de, Mo–Fr ab 10.00, Sa 9.00–15.00, So Ruhetag.

Ambros Michael Mahr beim Anstrich des Sandkerwa-Festbieres.

Klosterbräu

Bambergs älteste Braustätte kokettiert zwar gerne mit ihrem Namen, aber auch wenn hier seit 1333 Bier entsteht, gehörte die Brauerei nie zu einem Kloster. Immerhin übernahmen 1533 die Fürstbischöfe das Regiment und ließen ihren Gerstensaft bis 1790 hier brauen, bis nach einigen wechselnden Inhabern die Familie Braun 1851 die Brauerei übernahm. Sie machten auch die »*Klosterbräu*« aus dem Betrieb und sind Namensgeber für den Klassiker namens Braunbier. Größtes Highlight ist der Bockbieranstich im Oktober, denn dann ist die historische Zehntscheune geöffnet, ein über 500 Jahre altes Fachwerkhaus, das zur Brauerei gehört.

Obere Mühlbrücke 1–3, Tel. 09 51/5 22 65, www.klosterbraeu.de, Mo–Fr 10.30–23.00, Sa, Fei 10.00–23.00, So 10.00–22.00, Biergärtla bei schönem Wetter ab 16.00, warme Küche Mo–Fr 11.00–14.00 und 17.00–21.45, Sa, Fei 11.00–14.30 und 17.00–21.45, So 11.00–14.30 und 17.00–21.00.

Mälzerei Weyermann

Bambergs Brauerei mit dem geringsten Ausstoß kann dafür wohl mit der größten Palette an Spezialbieren aufwarten. Denn in der Brauerei der *Mälzerei Weyermann* werden neben dem Klassiker Schlotfegerla nur Spezialbiere gebraut, die auch nicht immer nach dem bayerischen Reinheitsgebot hergestellt werden. Schließlich ist man Weltmarktführer in Sachen

Spezialmalz und erfindet Rezepte für die Kunden aus aller Welt. Neben dem Weyermann Fan Shop bietet das Bamberger *Café Abseits* eine Auswahl aus den faszinierenden Bieren – am besten schauen Sie bei beiden vorbei. Für Gruppen gibt es auch Mälzereiführungen.

Fan Shop, Brennerstraße 17–19, Tel. 09 51/93 22 00, www.weyermann.de, Mo–Do 10.00–12.00 und 13.00–16.00, Fr 10.00–12.00 und 13.00–15.00.

Café Abseits, Pödeldorfer Str. 39, Tel. 09 51/30 34 22, www.abseits-bamberg.de, Mo–Fr 9.00–1.00, So 9.00–23.30.

Mahr's Bräu

Die 1602 gegründete Wunderburger Brauerei steht für das Bamberger Bier mit dem kürzesten Namen: U. Beim Brauen des Ungespundeten, kurz U, wird ein Großteil des entstehenden CO2 durch den Spundapparat abgelassen. Zudem wird das Bier nicht filtriert, weswegen es dem ursprünglichen Bamberger Kellerbier wohl am nächsten kommt. Die Fans genießen es am liebsten im Sommer in dem traumhaften Biergarten der Brauerei, aber auch im Winter lohnt sich der Besuch der urigen Gaststätte immer. Hier wird wie im *Schlenkerla* noch »bayerisch« ausgeschenkt – aus Holzfässern.

Wunderburg 10, Tel. 09 51/91 51 70, www.mahrs.de, Ausschank tägl. 9.00–23.00, Küche 11.30–14.00 und 17.30–21.30.

Brauer-Silvester in der *Mahr's Bräu*

Dichtes Gedränge vor dem *Schlenkerla*, Bambergs wohl ältester Brauerei

Brauereimuseum

Das Fränkische Brauereimuseum bietet seit bald 30 Jahren in den Räumlichkeiten der ehemaligen Klosterbrauerei am Michelsberg eine eindrucksvolle Schau zur Bier- und Braugeschichte. Viele historische Ausstellungsstücke und der original erhaltene Eiskeller machen den Besuch zu einer kleinen Zeitreise, die so kein anderes Brauereimuseum bieten kann.

Michaelsberg 10f, Tel. 09 51/5 30 16, www.brauereimuseum.de, Apr–Okt Mi–Fr 13.00–17.00, Sa, So und Fei 11.00–17.00.

Zum Schluss noch zwei Tipps: Es ist lieb gewordene Tradition, dass die Gäste als letztes Bier noch einen »Schnitt« bestellen. Das ist dann ein nicht mehr ganz gefüllter Krug zum Sonderpreis, den es aber nur einmal gibt, eben als Absacker zum Schluss. Wenn Sie noch mehr zum Thema Bier und Bamberg lernen möchten, empfehlen wir Ihnen die Bierakademie (siehe Kapitel 30), die Ihnen viele Kurse und Veranstaltungen rund um das Lieblingsgetränk der Franken bietet.

Karten und Infos über www.bierakademie.net oder die Tourist-Info in der Geyerswörthstraße.

Im *Schlenkerla* und, wie auf diesem Bild, im *Spezial* wird das Rauchmalz noch selbst hergestellt – wie, das ist natürlich Betriebsgeheimnis.

Eine Begegnung der bierigen Art

Das Bamberger Rauchbier

Wenn man im Winter durch Bambergs verschneite Straßen läuft, sind es nicht nur die weiß betupften Barockfassaden und die süß duftenden Glühweinbuden, die immer wieder durchs Blickfeld huschen, auch die Domstädter selbst sind gerne unterwegs. Schließlich sind dann gerade die im Sommer sehr belebten Plätze an Dom und Regnitz plötzlich still und von einer eigenen Romantik beseelt. Christian Merz, seines Zeichens Besitzer der *Brauerei Spezial* in der Königstraße, überfällt zu dieser Jahreszeit immer der Drang zum Wintersport: Gemeinsam mit seiner Ehefrau Manuela schnallt er sich die Langlaufskier an, und sie laufen entweder direkt hinter der Brauerei am Kanalufer oder fahren mit dem Rad in den Luisenhain, die Skier an den Rucksack geschnallt. Der Brauer auf Skiern mit Wollpulli und Zipfelmütze – das ist auch für eingefleischte Bamberger ein ungewohnter, aber sympathischer Anblick.

Die beiden Söhne der Merzens, Florian und Sebastian, waren früher auch oft dabei, sind allerdings mittlerweile erwachsen und ebenfalls Brauer, sodass die Zukunft des Bamberger Traditionsbetriebes gesichert ist. Das »*Spezi*«, wie Brauerei und Bier im Volksmund liebevoll genannt werden, steht gemeinsam mit dem wohl bekannteren *Schlenkerla* für die Rauchbiertradition der Weltkulturerbestadt. Schließlich hat sich diese spezielle Biersorte nur in und um Bamberg erhalten, und nur die Brauereien *Schlenkerla* und *Spezial* stellen ihr Rauchmalz noch selbst her.

Was macht ein Bier zum Rauchbier? Hier wird gerne und viel spekuliert und so manchem Touristen ein Bär aufgebunden. So erfährt der eine, dass man ganze Schwarzwälder Schinken in die Bierfässer steckt, der andere, dass man die Abluft der Gaststätte durch die Biertanks geleitet hat – als man noch im Gasthaus rauchen durfte. Die Wahrheit ist relativ einfach: Um die Stärke aus dem Getreidekorn für die alkoholische Gärung verwenden zu können, müssen bestimmte Enzyme vorhanden sein. Und die bildet die Pflanze beim Keimen. Deswegen lassen seit dem Beginn der Braugeschichte die Mälzer das Getreide ankeimen, um anschließend sofort mittels Hitze die Keimung zu stoppen, damit die Stärke nicht im Wachstumsprozess verloren geht. Brauchten die Sumerer und Ägypter das feuchte, angekeimte Getreide zum schnellen Trocknen nur in die heiße Sonne zu legen, musste man in unseren Breiten ein Feuer darunter entzünden, mit dem Ergebnis, dass der Rauch aus dem Feuer durch das Malz zog und somit geschmacklich in jedem mittelalterlichen Bier vorhanden war.

Das bedeutet, dass früher nahezu jedes Bier in gewisser Weise ein Rauchbier war, zumindest, bis man Methoden erfand, den Rauch abzuleiten oder die Hitze anderweitig zu erzeugen. Die Brauereien *Schlenkerla* und *Spezial* jedenfalls haben die alte Tradition bis heute bewahrt und trocknen ihr Malz nach wie vor über brennenden Buchenholzscheiten, die dem Bier das einzigartige Aroma verleihen.

Machen Sie sich doch einfach selbst ein Bild von dieser Bamberger Spezialität und treten Sie die Reise zum Rauchbier an: Für den Start empfehlen wir die Brauerei von Christian Merz, den *Brauereigasthof Spezial* in der Königstraße 10. Das hier ausgeschenkte Spezial Lagerbier hat einen Rauchmalzanteil von ca. 80% und ist damit etwas milder als der zweite Bamberger Vertreter. Dazu bestellen sich die Bamberger gerne die Spezialität des Hauses, Knöchla mit Erbsenpüree, und setzen sich im Sommer in den urig-romantischen Brauereihof, einen der schönsten Plätze in dieser Ecke der Stadt. Nicht minder bekannt für das Spezial Rauchbier ist der *Spezial-Keller* auf dem Stephansberg, der neben dem Bier auch noch den wohl schönsten Blick über Bamberg zu bieten hat (mehr zu den Bierkellern siehe Kapitel 33). An dieser Stelle noch ein Tipp: In unregelmäßigen Abständen schenkt Christian Merz auch sein ohne Rauchmalz hergestelltes »Ungespundetes« aus (Erklärung siehe Seite 124). Dieses Bier hat sein Vater vor über 30 Jahren erfunden, weil er als leidenschaftlicher Pilstrinker auch einmal selbst ein eher hopfiges Bier brauen wollte. Das schmeckte aber nicht nur ihm, sondern auch den Stammgästen, weswegen es oft schneller ausgetrunken, als ihm lieb gewesen war. Ein echter Geheimtipp für Bierfreunde, der niemals auf der Karte steht. Fragen Sie also einfach, ob es gerade zu haben ist …

Die nächste Intensitätsstufe der Rauchbierleiter stellt dann das *Schlenkerla* in der Dominikanerstraße 6 dar; es grenzte direkt an den alten Marktplatz der Stadt, in dem sich heute der Biergarten der Brauerei befindet. Das »Aecht Schlenkerla Rauchbier«, zu 100% aus Rauchmalz hergestellt, gehört zum touristischen Pflichtprogramm, doch viele gehen die Sache falsch an. Denn hier geht es sich nicht darum, sich den halben Liter möglichst schnell hinter die Binde zu gießen, sondern um den Genuss einer Spezialität. Dazu gehen Sie am besten zur Mittags- oder Abendzeit in das urige Gasthaus und bestellen sich zum Rauchbier eine Bamberger Zwiebel in Rauchbiersauce. Diese Kombination gehört zu dem besten, was man einem Liebhaber der deftigen fränkischen Küche servieren kann – genießen Sie es! Die schönste Zeit für einen Besuch bei Matthias Trum, dem

Im Winter oft auf Skiern in Bamberg anzutreffen: Spezial-Brauer Christian Merz

heutigen Inhaber des *Schlenkerla*, ist sonntags ab 10.00 Uhr. Denn dann sitzen die einen Bamberger schon da, weil sie den Gottesdienst im Dom geschwänzt und lieber ihr Bier getrunken haben, die anderen kommen nach der Kirche zum Frühschoppen bzw. Mittagessen. Wenn Sie ein schönes Fotomotiv suchen, dann fragen Sie doch den Zapfer höflich, ob Sie ein Bild von ihm und seinem Arbeitsplatz machen können – hier wird das Bier nämlich noch bayerisch angestochen, das heißt, frisch vom Holzfass gezapft, ohne Leitung und Zapfanlage. Wenn das Fass leer ist, muss der Knecht ein neues holen, auch das ist immer wieder ein Erlebnis!

TIPPS

Brauereigasthof Spezial, Obere Königstraße 10, 96052 Bamberg, Tel. 09 51/2 43 04, www.brauerei-spezial.de, So–Fr ab 9.00, Sa 9.00–14.00, kein Ruhetag.

Brauereigasthof Schlenkerla, Dominikanerstraße 6, 96049 Bamberg, Tel. 09 51/5 60 50, www.schlenkerla.de, tägl. ab 9.30, kein Ruhetag.

Spezial-Keller, Sternwartstraße 8, 96049 Bamberg. Tel. 09 51/5 48 87, www.spezialkeller.de, Di–Fr ab 15.00, So, Fei ab 11.30, Mo Ruhetag, ganzjährig geöffnet (Betriebsurlaub Ende Sep/Anfang Okt).

Die Deutsche Bierakademie hat ihren Sitz in Bamberg.

Die Magie des Bieres

30

Das Bierdiplom an der Bamberger Bierakademie

Wussten Sie, dass Bier im Vergleich zu Wein mehr als doppelt so viele unterschiedliche Aromen enthält? Oder dass Bier die Fracht des »Adlers«, der ersten deutschen Eisenbahn, bei der berühmten Fahrt von Nürnberg nach Fürth war? Und übrigens: Bis 1958 galt in Bayern die Bierpreisbindung – der halbe Liter kostete rund 50 Pfennig. Auf dem Oktoberfest schlägt die Maß mittlerweile mit etwa zehn Euro zu Buche …

Dies und viele weitere interessante Fakten rund ums Bier erzählt der Bamberger Biersommelier und Bierordensträger Markus Raupach den Teilnehmern seiner Bierseminare. Doch dabei geht es nicht nur theoretisch zu: Auf dem Programm stehen auch die Besichtigung einer Bamberger Brauerei und vor allem die Verkostung der wichtigsten lokalen Biersorten, quasi der Einstieg in eine Zukunft als echte Bierkenner.

Vielleicht ist das Ihre erste Begegnung mit dem Wort »Biersommelier«. Der Sommelier war eigentlich der mittelalterliche Mundschenk, der für die Herrscher ein sehr wichtiges Amt bekleidete. Denn es ging nicht nur darum, die passenden und dem Fürsten wohlschmeckenden Getränke zu wählen und servieren zu lassen, der Mundschenk war auch dafür verantwortlich, dass die gereichten Weine und Biere bekömmlich und unversehrt waren. Damit war der Sommelier am Hofe, genau wie der Vorkoster in der Antike, für die Gesundheit des Herrschers zuständig.

Die hohe Vertrautheit zwischen Fürst und Mundschenk führte dazu, dass das Amt im Heiligen Römischen Reich Deutscher Nation zu einem der vier Erzämter wurde, welches der König von Böhmen übernahm, der damit zugleich auch Kurfürst und somit zur Kaiserwahl berechtigt war. Später etablierte sich der Begriff Sommelier für besonders kenntnisreiche Weinkellner und Weinhändler, die ihre Gäste und Kunden beraten. So geht es im Restaurant um die richtige Kombination und Präsentation eines Weines, im Handel um die Lagerung der edlen Flaschen und die Verwaltung des Weinkellers.

In Deutschland dauerte es hingegen relativ lange, bis man erkannte, dass es neben der »Weinwelt« – in der der Frankenwein übrigens lange Zeit sehr stiefmütterlich behandelt wurde – auch eine »Bierwelt« gibt.

Neben den Klassikern wie Pils oder Weizen brauen kreative Köpfe – vor allem im Ausland – eine große Vielfalt an Bieren mit unterschiedlichsten Geschmacks- und Geruchsnoten. Der Trend kommt nach und nach auch in Deutschland an. So finden Sie zum Beispiel bei der Bayreuther *Maisel Brauerei* Sorten wie »Bavarian Ale«, »Indian Ale« oder »Chocolate Bock« – übrigens alles nach dem Bayerischen Reinheitsgebot hergestellt.

Um diesen neuen Trend zu erfassen und auch ein bisschen zu befeuern, entwickelte die renommierte Brauerakademie *Doemens* aus Gräfelfing bei München die Ausbildung zum Diplom-Biersommelier, der seine Gäste und Kunden ähnlich wie ein Weinsommelier beraten kann. In Bamberg finden Sie die weltweit größte Dichte an Biersommeliers, und bei der Bierakademie können Sie auch entsprechende Fortbildungskurse besuchen. Mit etwas Glück lassen Sie die Bamberger Sommeliers auch mal einen Blick in ihre jeweiligen Bierkeller werfen. So lagern beispielsweise bei Gerhard Schoolmann im *Café Abseits* ganz besonders edle Flaschen, vor allem aus Belgien. Das Ehepaar Weyermann hat sich sogar einen eigenen Bierkeller gebaut, in dem wohl die beste Auswahl der Region liegen dürfte, schließlich haben die beiden durch ihre Mälzerei Verbindungen zu fast allen wichtigen Brauereien der Welt und bringen so manche Trophäe von ihren Reisen mit.

Wer nun aber denkt, bei den Bamberger Bierseminaren ginge es nur ums Biertrinken, der liegt falsch. Denn der Gerstensaft wird bei »Verkostungstemperatur« (15–20 Grad) probiert und von Farbe, Geruch und Geschmack her beurteilt und unterschieden. Es geht also um das Erlernen der Sensorik und nicht ums Austesten der Leber. Auf der »Biermenükarte« des Seminars stehen die Grundsorten Pils, Export, Dunkles und Weizen, sowie das Bamberger Rauchbier. Als Schmankerl verkosten die beiden Seminarleiter anschließend mit ihren Teilnehmern besondere Spezialbiere – seltene und limitierte Flaschen von hochdekorierten Braumeistern, deren Geschmack von starken Hopfennoten bis zu Whisky- und Sherry-Noten variieren kann.

Dazu gibt es jeweils auch passende Häppchen (»Bier-Tapas«), die perfekt mit der jeweiligen Biersorte harmonieren und den Geschmack des Gerstensaftes intensivieren. So lernen die Teilnehmer nicht nur etwas über Bier, sondern auch darüber, womit man es am besten kombiniert. Am Ende absolvieren alle die Bierdiplomprüfung und erhalten, wenn sie bestanden haben, ihr persönliches Bierkennerdiplom. Für das Bierseminar und die thematisch verwandte Bierkennertour gibt es regelmäßige Termine. Infos und Tickets erhalten Sie in der Bamberger Tourist-Info oder direkt bei der Bierakademie.

Mit etwas Glück sind Sie vielleicht sogar dann in Bamberg, wenn die Bierakademie einen ihrer Braukurse anbietet. Dann können Sie für einen Tag in die Brauermontur schlüpfen und selbst Hand an ein eigenes Bier legen. Doch aufgepasst, so ein Arbeitstag ist nicht ohne: Malz schroten, Einmaischen, Austrebern, Hopfen geben, Schlauchen. Am Ende jedoch können Sie stolz sein: Sie haben Ihren eigenen Gerstensaft gebraut! Solche Erlebnisse gehören zu einem Bamberg-Besuch einfach dazu, denn nicht ohne Stolz und völlig zu Recht bezeichnet sich die Stadt als Bierhauptstadt der Welt.

TIPPS

Bierkennertour:
Lassen Sie sich von der Bierakademie durch Bambergs spannendste Ecken und in die schönsten Brauereigasthäuser führen. Dort verkosten Sie die besten Bamberger Biere und erfahren vieles zur Herstellung und Historie des jeweiligen Gerstensaftes. Am Ende lockt eine urige Brauer-Brotzeit an der Stätte des Bamberger Bierkrieges. Unterwegs erfahren Sie viel über die (Bier-)Geschichte der Weltkulturerbestadt und spannende Geschichten rund um den Biernabel der Welt.

Bierseminar:
Bier ist nicht gleich Bier – im Bierseminar der Bierakademie lernen Sie das Fränkische Grundnahrungsmittel in allen seinen Facetten kennen. Sie besichtigen die historische Brauerei im Brauereimuseum und verkosten acht Bierspezialitäten, darunter auch echte Raritäten. Dazu gibt es für jedes Bier passende Bier-Tapas – auch Hobbyköche können hier viel lernen! Am Ende des unterhaltsamen Seminars absolvieren Sie das Bierdiplom und werden zum Bierprüfer ernannt.

Tickets für Bierkennertour und Bierseminar: Tourist-Info, Geyerswörthstraße 5, 96047 Bamberg, Tel. 09 51/2 97 62 00, www.bamberg.info, Mo–Fr 9.30–18.00, Sa 9.30–16.00, So, Fei 9.30–14.30.

DBA, Deutsche Bierakademie GmbH, Grüner Markt 15, 96047 Bamberg, Tel. 09 51/30 28 25 77 bzw. 01 79/1 32 73 77, www.bierakademie.net

Der Bamberger Christian Klemenz verkauft sein
St. Erhard Bier in Indien und China.

Von einem Oberfranken, der in die Welt zieht, um Bamberger Bier zu verkaufen

Das Erfolgsrezept von »St. Erhard«

Christian Klemenz (27) wirkt bei der ersten Begegnung wie der sympathische, aber unscheinbare Verwaltungsangestellte von nebenan. Doch am klaren Blick und dem selbstsicheren Lächeln merkt man schnell, dass hier mehr dahintersteckt. Und das stimmt. Der Jungunternehmer hat in den letzten zwei Jahren ein international agierendes Unternehmen aufgebaut, das ein ganz besonderes Ziel verfolgt, nämlich fränkisches Bier in Indien und China zu verkaufen.

Das mag erst mal recht einfach klingen, doch dann kommen einem schnell die möglichen Hindernisse in den Sinn: Wie bringt man ein flüssiges Produkt heil über 12.500 Kilometer Seeweg? Wie kommt es dann an die Leute? Und vor allem: Wie funktioniert so etwas wirtschaftlich? Kein leichtes Unterfangen, insbesondere, wenn man gerade erst Anfang 20 ist und nicht viel mehr als eine gute Idee vorzuweisen hat.

Doch diese Idee kam nicht aus heiterem Himmel. Schließlich konnte der gebürtige Kulmbacher Klemenz schon 2008 bei einem BWL-Auslandssemester in China die dortige Olympia-Luft schnuppern und zwei Jahre später, im Rahmen seines Masterstudiums, auch Indien für mehrere Monate kennenlernen. Dabei fielen ihm vor allem zwei Dinge auf: Erstens herrscht in einigen Bundesstaaten noch Prohibition. Das bedeutet, dass Einheimische den Alkohol nur in wenigen, offiziellen Verkaufsstellen erstehen können, während Ausländer Ausnahmegenehmigungen erhalten, und nur wenige Hotels schenken Bier an der Theke aus. Trotzdem steigt der Bierkonsum auf dem Subkontinent allgemein an. Zweitens ist deutsches Bier zwar bekannt, nicht aber bestimmte Marken. Zudem genießen deutsche Produkte generell ein sehr hohes Ansehen im Land.

So saß Christian Klemenz Ende 2010 mit einem indischen Kommilitonen zusammen und überlegte, wie man ein deutsches Bier für Indien gestalten müsste. Schnell war klar: Der Name sollte einprägsam und gut auszusprechen sein, auch im für die Zukunft geplanten zweiten Markt China. So gingen die beiden die Markenregister durch und suchten vor allem nach ungenutzten Vornamen. Auf diesem Wege stießen sie auf »Erhard«, nicht zuletzt wegen des ehemaligen Wirtschaftsministers und Bundeskanzlers Ludwig Erhard, der als Vater des deutschen Wirtschaftswunders gilt. Ein

Blick in die Kirchenbücher offenbarte zudem, dass der Heilige Erhard unter anderem als Wanderbischof und Missionar in Regensburg tätig war. So lag es nahe, beides zu verbinden und unter dem Namen »St. Erhard« die Marke zu kreieren, mit der man den indischen Biermarkt »missionieren« wollte. Nun blieb noch die Frage nach dem Bier selbst. Von der Farbe her – da waren sich die Inder schnell einig – musste es anders sein als das bekannte helle Bier, also eher dunkel. Der Geschmack sollte eher malzig und mit wenig Hopfen und Kohlensäure sein. Das klang für den Oberfranken Klemenz sehr vertraut. Er orderte bei seiner Mutter zu einem horrend hohen Preis per Luftfracht flugs einige Flaschen fränkischen Kellerbieres und begeisterte so die zukünftigen Kunden!

Zurück in Deutschland gab es für Klemenz nur eins: schnell fertig studieren und sich dann sofort an die Umsetzung seines Plans machen. Am 1. Juni 2011 gründete er mit drei Partnern die Firma – in Bamberg. Schließlich sollte es eine urige, neue Marke, verbunden mit seiner Heimat, werden.

Nun hatten die Jungunternehmer also eine Marke und die Definition des Produktes. Allerdings ist keiner von ihnen Brauer. Eine Brauerei in Indien aufzuziehen kam nicht in Frage, denn nur wirklich importiertes Bier gilt als genießbar. Also musste eine hiesige Brauerei gefunden werden. Nach vielen Gesprächen mit verschiedenen Brauern wurden sich die vier mit Georg Rittmayer aus Hallerndorf einig. Der findige und erfahrene Braumeister, der gerade erst eine topmoderne Brauerei in Betrieb genommen hatte, tüftelte an seinem Rezept – weniger Hopfen, eine leichtere Mischung aus Wiener, Pilsener und Münchner Malz – und schon war der erste Testsud gebraut. Auf den Punkt, könnte man sagen, denn Klemenz und seine Partner waren sofort zu 100% zufrieden. Für die Flaschen suchten die vier nach einem exklusiven Design und vor allem einer durchsichtigen Flasche, damit die Kunden das Bier auch sehen können, was in Indien sehr wichtig ist. Statt eines Etiketts einigte man sich auf ein hochwertiges Druckverfahren. Schließlich stellen die Inder so eine Flasche gerne mal direkt zum Kühlen ins Eis, wo das Etikett durch die Feuchtigkeit schnell verloren gehen kann. Um trotz des klaren Glases einen UV-Schutz zu haben, werden alle Flaschen nach dem Druck in einem zweiten Vorgang zusätzlich mit einem Spezial-Schutzlack beschichtet.

Und so war es ein denkwürdiger Tag, als im März 2012 die erste Ladung St. Erhard von Hallerndorf die Reise über Bamberg und dann im Container nach Hamburg auf einen Frachter antrat, um einmal um die halbe Welt zu fahren und schlussendlich, nach einer kurzen Zugfahrt in Delhi,

Anstoßen mit Bamberger Bier – in Mumbai

ausgeladen zu werden. Doch auch ein St. Erhard verkauft sich nicht von selbst. Klassisches Klinkenputzen in Läden und vor allem Hotels und Restaurants mit Alkohollizenz war angesagt. Zum Auftakt organisierten die vier ein »Launch Event« im bekanntesten Bierlokal von Delhi. Mit dieser Veranstaltung war der Durchbruch geschafft, die erste Charge schnell ausverkauft, und einige Events der deutschen Botschaft und deutscher Unternehmen schmückten sich mit dem neuen Stern am indischen Bierhimmel. Als Ziel für die nächsten Jahre haben sich die vier gesetzt, jeweils 1.000 Hektoliter zu exportieren, in etwa so viel, wie die Bamberger *Brauerei Greifenklau* pro Jahr herstellt. In fünf bis zehn Jahren soll St. Erhard schließlich die bekannteste deutsche Biermarke in Asien werden.

TIPP

St. Erhard, www.st-erhard.com bzw. bei Youtube unter dem Stichwort »St. ERHARD«.

Eines der beliebtesten Bamberger Cafés:
das *Café Müller* in der Austraße

Der gute Start in den Tag

Hier frühstückt es sich am besten!

Machen wir eine kleine Zeitreise, ca. 30 Jahre in die Vergangenheit. Damals war Bamberg tagsüber noch eher verschlafen, nachts pulsierte das Leben in den Tanzlokalen der Sandstraße und in den Irish Pubs, wo sich die US-Soldaten mit den German Girls trafen. Ansonsten passierte nicht viel, vielleicht hin und wieder ein kleiner Mini-Skandal auf der Sandkerwa, wenn Maßkrüge flogen oder wild gepinkelt wurde. Die Studenten waren noch geprägt von den wilden Siebzigerjahren und zweigeteilt. Die radfahrenden Alternativen und Kreativen aus der Innenstadt, meist mit einer deutlich zweistelligen Semesterzahl auf dem Buckel, schimpften auf die anzugtragenden Schnösel, die mit ihrem von Papa gesponserten Benz an der Universität Feldkirchenstraße zum BWL-Studium vorfuhren. Letztere schlugen zurück und veranstalteten Partys mit Chauffeur und Champagner-Flatrate.

Aus dieser wilden Zeit sind einige Gastro-Dinos erhalten geblieben, und es hat sich mittlerweile eine für die Größe der Stadt in Deutschland einzigartige Dichte an Kneipen, Bars und Cafés entwickelt. Der Bamberger hat das Frühstücken für sich entdeckt, ebenso wie er Gefallen daran gefunden hat, draußen zu sitzen, sobald es die Temperaturen nur halbwegs zulassen. Wenn Sie heute an einem Sommermorgen durch Bamberg gehen, hat das Bild nichts mehr mit dem eben skizzierten zu tun. Austraße und Sandstraße sind nahezu komplett bestuhlt, ab zehn Uhr morgens finden Sie kaum mehr einen freien Platz, und die Domstädter wandern mit der Sonne von einer Lokalität zur anderen.

Bambergs ältestes Studentenlokal liegt nicht in der Altstadt, sondern etwas außerhalb, weshalb Inhaber Gerhard Schoolmann es auch *Café Abseits* genannt hat. Heute zeigt sich der Laden mit zwei Gesichtern: Morgens ein Magnet für alle, die Frühstücksklassiker mit eher alternativem Touch mögen, zieht er abends vor allem Bierfreunde an. Denn hier gibt es eine einzigartige Auswahl an Bieren aus Bamberg und dem Umland, vieles exklusiv, und dazu eine spannende Palette an belgischen Bieren, die eine immer größere Fangemeinde finden. In den letzten Jahren kam ein kleiner Biergarten dazu – eine echte Bereicherung.

Nur wenig jünger ist der Dino der Innenstadt, das *Hofcafé*. Sein Ursprung liegt aber um die Ecke von *Café Abseits*, wo Harald Kurz-Brauner und Uwe Gruber 1984 das *Strandcafé* eröffneten. Strandkörbe und Sand haben sie zwar zurückgelassen, die ausgeglichene, gemütliche Atmosphäre zählt dafür heute noch zu den großen Pluspunkten im neuen *Hofcafé* in der Austraße. In dem Vierteljahrhundert ging das *Hofcafé* immer wieder ein bisschen mit der Zeit. So kamen Terrasse, Wintergarten, Außenfläche auf der Austraße und ein weiterer Raum mit guter Aussicht hinzu. In der Innenstadt ist man die Nummer eins beim Thema Frühstück, bietet aber auch Mittag- und Abendessen sowie gute Cocktails.

Mit echtem Kaffeehausflair kommt das schräg gegenüberliegende *Café Müller* daher. Große Spiegel und stilvolle Holzvertäfelung prägen den Raum. Im Sommer findet vor den Türen das Bamberger Sehen und Gesehenwerden statt. In alten Zeiten konnte man das Ende des Raumes vor lauter Zigarettendunst kaum erkennen, mittlerweile kommen auch junge Familien mit Kinderwagen gerne hier herein. Einzigartig dürfte der integrierte Zeitungskiosk sein, der bei längerem Verweilen auch für den passenden Lesestoff sorgt.

Der letzte große Café-Klassiker ist das *Riffelmacher*, das schon seit 1831 für feine Backwaren steht. Seit einer Generalrenovierung steckt der Dino zwar in einem modernen Design-Gewand, aber am Kern der Sache hat sich nichts geändert. Besonders beliebt ist neben den Kuchen und Torten die breite Palette an selbst hergestelltem Eis. Sorten wie Honig-Müsli, Curry, Himbeer-Joghurt, Waldmeister und Rhabarber stehen bei jedem Bamberger Gourmet auf dem sommerlichen Pflichtprogramm.

In den letzten Jahren kamen noch einige weitere Alternativen für schönes Kaffeetrinken hinzu bzw. haben sich dazu entwickelt, die wir Ihnen nicht vorenthalten möchten:

Das *Kaffeehaus Beckstein* besteht auch schon seit bald hundert Jahren, bis zur Jahrtausendwende verkehrte hier aber eher das gesetzte Publikum, ebenso wie im benachbarten *Café Graupner*. Durch die neuen Außenplätze an der Langen Straße hat sich hier nun ebenfalls eine Meile des Sehens und Gesehenwerdens entwickelt, wo man sich zwar – rein akustisch – nicht immer versteht, aber jedem Autofahrer zuwinken kann.

Der Kunstname *Cador* steht für »*Café an der Oberen Rathausbrücke*«. Dieser Ableger des *Hofcafés* bietet neben einer guten Frühstückspalette auch selbst gebackene Kuchen und Cocktails. Auf den Außenplätzen hat man noch lange Sonnenschein, wenn in der Austraße bereits alles beschattet ist. Und im Winter finden Sie hier Mini-Feuerzangenbowle – eine tolle Sache, für die man manchmal etwas Schlange stehen muss.

Ebenfalls einen Kunstnamen trägt das *DaCaBo*, was für »*Das Café Botero*« steht. Namensgebend ist die barocke Dame aus der Werkstatt des spanischen Künstlers, die seit 1998 mit einer kurzen Unterbrechung (ein unfreiwilliges Bad in der Regnitz 2005) am Heumarkt steht. Etwas abseits vom großen Austraßen-Trubel kann man den Tag hier eher gemütlich anfangen und/oder ausklingen lassen. Für Verliebte empfehlen wir das Schokoladenfondue für zwei!

Als Letztes legen wir Ihnen noch einen Besuch in der *Kunstpause* ans Herz. Floriana Foti behauptet nicht nur, den besten Käsekuchen der Stadt zu backen, es stimmt sogar! Auf zwei Etagen finden Sie bei ihr immer eine Oase der Ruhe für einen gemütlichen Shopping-Zwischenstopp, der aber auch mal länger dauern kann – lassen Sie einfach die Seele baumeln!

TIPPS

Café Abseits, Pödeldorfer Straße 39, 96052 Bamberg. Tel. 09 51/30 34 22, www.abseits-bamberg.de, Mo–Sa 9.00–1.00, So 9.00–23.30.
Hofcafé, Austraße 14, 96047 Bamberg, Tel. 09 51/2 54 47, www.hofcafe-bamberg.de, Mo–Mi 8.00–1.00, Do–Fr 8.00–2.00, Sa 9.00–2.00, So 9.00–1.00.
Café Müller, Austraße 23, 96047 Bamberg, Tel. 09 51/20 29 43, www.austrasse.com, tägl. ab 9.00.
Café Riffelmacher, Obere Brücke 12, 96047 Bamberg, Tel. 09 51/2 58 15, www.cafe-riffelmacher.de, Mai–Sep Mo–Sa 9.00–24.00, So, Fei 10.00–24.00, Sep–Apr Mo–Sa 9.00–19.00, So, Fei 10.00–19.00.
Kaffeehaus Beckstein, Lange Straße 9, 96047 Bamberg, Tel. 09 51/2 54 35, www.kaffeehaus-beckstein.de, Mo–Sa 8.00–18.00, So Ruhetag.
Cador, Obstmarkt 4, 96047 Bamberg, Tel. 09 51/2 08 60 28, www.cador-bamberg.de, tägl. ab 9.00.
DaCaBo, Heumarkt 7, 96047 Bamberg, Tel. 09 51/2 97 18 68, www.dacabo-bamberg.de, Mo–So ab 9.00.
Kunstpause, Hauptwachstraße 10, 96047 Bamberg, Tel. 09 51/5 09 07 92, www.cafekunstpause.de, Mo–Sa 9.30–18.30.
Café Graupner, Lange Straße 5, 96047 Bamberg, Tel. 09 51/98 04 00, www.hotel-graupner.de, Mo–Sa 7.00–19.00, So 8.00–18.00.

Der Bamberger Kurzurlaub: Besuch auf dem *Wilde-Rose-Keller*

Ein Bamberger geht AUF den Keller

Das Bamberger Keller-Einmaleins

Hier sind wir bei der Lieblingsbeschäftigung Nummer eins der Bamberger angelangt. Sobald im Frühling die ersten wärmenden Sonnenstrahlen das Antlitz des Domstädters erreichen, erwacht in ihm eine ganz besondere Lust. Sehnsüchtig verfolgen die Bürger die Ankündigungen in der Presse, bis die erlösenden vier Worte zu vernehmen sind: »Die Bierkellersaison ist eröffnet.« Und schon machen sich Karawanen auf, bewaffnet mit Picknickkörben, Decken und Bierkrügen, und pilgern auf den Stephansberg. Andere packen in etwa dieselben Sachen, schwingen sich auf den Drahtesel und folgen einem der vielen Fahrradwege »raus aufs Land«. Und wer es ganz gemütlich haben möchte, nimmt das Automobil. Das Ziel ist jedenfalls immer dasselbe: der jeweilige Lieblingsbierkeller.

Dort angekommen richten Oma und Mama das Deckchen und drapieren die Köstlichkeiten aus dem Picknickkorb auf dem gesamten Tisch, während Papa und Opa sich am Ausschank anstellen, um ihre mitgebrachten Krüge mit dem frischen Gerstensaft füllen zu lassen. So zumindest schaut die Idealform eines Bierkellerbesuches aus. Die meisten Lokalitäten bieten mittlerweile auch ein eigenes gastronomisches Angebot und Pfandkrüge, aus denen das Bier mindestens genauso gut schmeckt wie aus den eigenen. So ein Bierkeller liegt in der Regel auf einem Berg oder Hügel, die in Franken häufig aus weichem Sandstein bestehen. In diesen schlugen die Brauer lange, tiefe, oft weit verzweigte Stollen, in denen das frische Bier gelagert wurde. Meist schlugen sie im Winter auf den Seen und Flüssen zusätzlich noch Eis, das dann ebenfalls in die Stollen verbracht wurde, um die Kühlzeit zu verlängern. Bei durchschnittlich um die vier bis acht Grad konnte das unbehandelte Bier schon seit dem 15. Jahrhundert einige Wochen lang gut gelagert werden.

Über den Kellerhügeln pflanzte man große, schattenspendende Bäume, meistens die flachwurzelnden Kastanien, um das Gestein vor der direkten Sonneneinstrahlung zu schützen und nicht durch die Wurzeln zu gefährden. Irgendwann kam ein findiger Brauer auf die Idee, einen Zusatznutzen aus seinem Bierkeller zu ziehen. Schließlich gibt es für den wahren Franken nichts Schöneres, als an einem warmen Tag unter dem Schatten großer Bäume zu sitzen und ein kühles, frisch aus dem Lagerfass geholtes Bier zu genießen. Schnell entstanden überall auf den Kellern kleine Wirtschaften,

Der *Spezial-Keller* verwöhnt mit gutem Essen und einem der schönsten Blicke über die Weltkulturerbestadt.

und es entwickelten sich Pilgerströme, die an Sonnentagen dorthin zogen. Die neidischen Gastronomen aus den Ortschaften selbst beschwerten sich bei ihren Herrschern, weil ihnen viel Geschäft verloren ging. Der salomonische Spruch der Biergartenverordnung von König Maximilian I. Joseph vom 4. Januar 1819 lautete: »Den hiesigen Bierbrauern gestattet seyn solle, auf ihren eigenen Märzenkellern in den Monaten Juni, Juli, August und September selbst gebrautes Märzenbier in Minuto zu verschleißen, und ihre Gäste dortselbst mit Bier u. Brod zu bedienen. Das Abreichen von Speisen und anderen Getränken bleibt ihnen aber ausdrücklich verboten.«

Auf den Bierkellern durfte also nur Bier ausgeschenkt werden, die feste Nahrung musste sich der Gast jedoch selbst mitbringen. Aus dem »muss« ist heute ein »darf« geworden, zumindest auf allen echten Bierkellern, die nicht von ihrer Gastronomie leben müssen. Im Zuge der Münchner Biergartenrevolution von 1995 erließ die Bayerische Staatsregierung eine neue Bayerische Biergartenverordnung, in deren aktueller Fassung von 1999 auch weiterhin festgelegt ist, dass ein traditioneller Biergarten den Gästen das Mitbringen von Speisen erlauben muss.

Die beiden Keller-Klassiker auf dem Stephansberg sind der *Wilde-Rose-Keller* und der *Spezial-Keller*. Während auf der *Wilden Rose* eher Familien zu finden sind – er ist abgeschlossener und verfügt über einen großen Kinderspielplatz –, treffen sich auf dem *Spezial-Keller* eher das jüngere Publikum und natürlich auch viele Touristen. Von hier hat man einen der schönsten Blicke über die Stadt. Sehenswert ist sicher auch die historische Konzertmuschel des *Wilde-Rose-Kellers*, in der sowohl regelmäßige Open-Air-Konzerte, als auch Spontanauftritte vieler kleinerer und größerer Ensembles stattfinden. An der Essensausgabe ist man fränkisch-ruppig, was aber irgendwie schon Kultcharakter hat. Das Bier wird nach einem alten Hausrezept extra für den Bierkeller gebraut. Im Bamberger Umland begeistern der *Schrauder-Keller* bei Pettstadt, *Schuhmann's Keller* in Bischberg, der *Diller-Keller* in Dörfleins sowie der *Hannla-* und der *Kraft-Keller* in Oberhaid.

TIPPS

Spezial-Keller, Sternwartstraße 8, 96049 Bamberg, Tel. 09 51/5 48 87, www.spezialkeller.de, Di–Sa ab 15.00, So, Fei ab 10.00, Mo Ruhetag, ganzjährig geöffnet, aber Betriebsurlaub Ende Sep/Anfang Okt.
Wilde-Rose-Keller, Oberer Stephansberg 49, 96049 Bamberg, Tel. 09 51/5 76 91, www.wilde-rose-keller.de, tägl. bei schönem Wetter ab 16.00, Sa, So und Fei ab 15.00.
Schrauder-Keller, an der ersten Kreuzung nach dem Bamberger Stadtteil Bug, 96175 Pettstadt, Tel. 01 78/4 12 16 58, tägl. ab 15.00, So, Fei ab 10.00, bei schlechtem Wetter geschlossen.
Schuhmann's Keller, Rothofweg, 96120 Bischberg, Tel. 01 60/91 94 39 61, www.schuhmanns-keller.de.tl, Mo–Sa ab 14.30, So, Fei ab 11.00.
Diller-Keller, Am Kreuzberg 1, 96103 Hallstadt-Dörfleins Tel. 01 75/5 28 00 71, tägl. ab 15.00, Sa, So und Fei ab 14.00.
Hannla-Keller, Bamberger Straße 2, 96173 Oberhaid, Tel. 0 95 03/2 29 bzw. 0 95 03/87 58, Mo–Sa ab 14.00, So ab 12.00, bei schlechtem Wetter geschlossen.
Kraft-Keller, Richtung Johannishof, 96173 Oberhaid, Tel. 0 95 03/54 54 bzw. 01 51/12 33 61 53, tägl. ab 15.00, So und Fei ab 13.00.

Brauerei-Idyll im Bamberger Land: die Feinschmecker-brauerei *Drei Kronen* in Memmelsdorf

Dreimal Drei Kronen

Leckeres Essen und gutes Bier, von den Schweden geprüft

Wenn Sie schon öfter durch Süddeutschland gereist sind, ist Ihnen sicherlich etwas aufgefallen: Zahlreiche Gasthäuser tragen den Namen »Drei Kronen«. Was viele nicht wissen: Diese Namensbezeichnung stammt aus der Zeit des Dreißigjährigen Krieges. Denn überall, wo die schwedischen Truppen ihr Quartier aufschlugen, requirierten sie das jeweils beste Gasthaus im Ort und hängten als Zeichen ihrer Anwesenheit die schwedische Fahne aus dem Fenster. Auf der Fahne waren stets die »Tre Kronor« zu sehen. So bürgerte sich vielerorts der Name »Drei Kronen« für das beste Haus am Platz ein.

Auch im Bamberger Raum gibt es einige Vertreter, von denen wir Ihnen drei besonders ans Herz legen möchten, und die man sogar mit einer schönen Wanderung durch die »Fränkische Toskana« verbinden kann. Den Ausgangspunkt bildet die Feinschmeckerbrauerei der Familie Straub in Memmelsdorf. Unweit von Schloss Seehof (siehe Kapitel 48) stehen Hans-Ludwig und Lilo Straub gemeinsam mit ihren drei Kindern für beste fränkische Küche. In ihren *Drei Kronen* spricht man »Kulinarisch«. Eine besondere Versuchung stellt zudem das Bier des Hauses dar, denn dafür zeichnet mittlerweile, neben ihrem Vater, auch die Tochter Isabella Straub verantwortlich, die mit eigenen Rezepten und Kreativität viel Schwung in die Bierkarte des (Traditions-)Hauses gebracht hat. Sie ist es auch, die gemeinsam mit drei anderen Brauerinnen das inzwischen deutschlandweit bekannte »HolladieBierfee« entwickelt hat und in regelmäßigen Abständen braut. Zu dem Nachwuchsbrauerinnenteam gehören neben Isabella Straub auch Yvonne Wernlein von der *Brauerei Haberstumpf* in Trebgast (ca. 40 Minuten von Bamberg entfernt und definitiv einen Besuch wert!) und die Schwestern Monika und Gisela Meinel-Hansen von der *Meinel-Bräu* in Hof. Bei Straubs sollten Sie auf keinen Fall die Brauereiführung verpassen und vielleicht auch anschließend noch ein »Bierkulinarium« genießen. Bierfans können zudem im nebenan gelegenen Gasthof der *Brauerei Höhn* eine weitere Brauerei in ihrer Liste abhaken. Bevor Sie Memmelsdorf verlassen, sollten Sie noch die Dorfkirche mit dem auffälligen Kirchturm und die Friedhofsmauer mit Heiligenfiguren von Ferdinand Tietz besichtigen. Der Künstler hat hier auch seine letzte Ruhestätte. In der Kirche befindet sich außerdem ein sehenswerter Kreuzweg mit 14 Stationen von Johann Anwander, der auch den Apostelaltar gestaltete.

Etwa fünf Kilometer weiter, immer am Leitenbach entlang, liegt die Ortschaft Straßgiech. Die hiesige *Brauerei Drei Kronen*, gegründet 1308, gehört zu den ältesten Braustätten der Welt. Sie war eine der Erbschänken des Bistums Bamberg, zu denen auch die *Brauerei Hartmann* in Würgau und die *Brauerei Grasser* in Huppendorf zählen. Damit waren sie direkt dem Bischof unterstellt, und er wachte über Preis und Qualität des Bieres.

Knappe vier Kilometer weiter, wieder dem Leitenbach folgend, gelangen Sie nach Scheßlitz. Die kleine Stadt am Eingang zur Fränkischen Schweiz besitzt schon seit 1230 das Stadtrecht. 1390 kaufte das Hochstift Bamberg den Ort. Fürstbischof Lamprecht von Brunn stiftete fünf Jahre später ein Spital und sprach der Stadt Markt- und Fischereirechte am Main zu. Der Dreißigjährige Krieg brachte auch hier umfangreiche Zerstörungen. Die Schweden quartierten sich – wie sollte es anders sein – in der heutigen *Brauerei Drei Kronen* ein. Der »Kronawirt« Josef Lindner ist der Mensch gewordene Brauer schlechthin. In der sechsten Generation steht er an der Sudpfanne und kreiert vor allem obergärige Spitzenbiere. Der mehrfach prämierte »Weizenbock« und das »Roggn« haben eine riesige Fangemeinde, zu der auch viele Bamberger gehören. In der Gastwirtschaft laden sechs urige Tische zur typisch fränkischen Brauwirtshausgemütlichkeit ein. Die dicken, dunklen Holzbalken haben schon viel erlebt, von dem der sympathische Chef auch jede Menge erzählen kann. Beispielsweise,

Ein Klassiker bei Familie Straub: gebackener Karpfen

Die Wirtsfamilie unter sich

dass er als Kind noch die traditionellen Säumärkte und vor allem die anschließenden ausführlichen Wirtshausbesuche der Bauern bei »Saura Fleck und Kronabier« erlebt hat – oder aber, wie der Zuchtbulle des Ortes durch das Wirtshaus in den Hof gebracht werden musste.

Bringen Sie also etwas Zeit mit, wenn Sie die Reise zu den jeweiligen *Drei Kronen* unternehmen und lassen Sie sich auf die Menschen ein. Wenn Sie die Franken hier nicht lieben lernen, dann wohl nirgends sonst ...

TIPPS

Brauerei und Gasthof Drei Kronen (Memmelsdorf), Hauptstraße 19, 96117 Memmelsdorf, Tel. 09 51/94 43 30, www.drei-kronen.de, Di–Sa 7.00–23.00, So 7.00–15.00, Mo 17.00–23.00, warme Küche 12.00–14.00 und 17.30 bis 21.30.

Brauerei-Gasthof Drei Kronen (Scheßlitz), Hauptstraße 39, 96110 Scheßlitz, Tel. 0 95 42/15 64, www.kronabier.de, Do–Di 9.30–13.00 und ab 17.00, Mi Ruhetag.

Brauerei-Gasthof Drei Kronen (Straßgiech), Drosendorfer Straße 24, 96110 Straßgiech, Tel. 0 95 42/7 74 12 55, Mi–Sa 16.00–24.00, So, Fei 11.00–22.00.

Brauerei-Gasthof Höhn, Memmelsdorfer Hauptstraße 11, 96117 Memmelsdorf, Tel. 09 51/40 61 40, www.gasthof-hoehn.de, Mi–Mo 10.00–24.00, Di Ruhetag, warme Küche Mo, Mi, Do–Sa 11.30–14.00 und 17.30–21.30, So 11.30–14.00 und 17.00–21.00.

Brauschänke Haberstumpf, Bergstraße 31, 95367 Trebgast, Tel. 0 92 27/90 98 35, www.die-bräuschänke.de, Mo–Fr 16.00–22.00, So 15.00–22.00, Sa Ruhetag.

Brauerei-Gasthof Hartmann, Fränkische-Schweiz-Straße 26, 96110 Würgau, Tel. 0 95 42/92 03 00, www.brauerei-hartmann.de, Mi–Mo 8.00–24.00, Di Ruhetag.

Brauerei Gasthof Grasser, Huppendorf 25, 96167 Königsfeld, Tel. 0 92 07/2 70, www.huppendorfer-bier.de, Mi–Mo ab 9.00, Di Ruhetag.

Bamberger Hörnla –
eine beliebte Kartoffelsorte

Vom Hörnla übers Schäuferla bis hin zum Zwetschgenbames

Echte Bamberger Spezialitäten

Ein Bamberg-Besuch ohne kulinarische Highlights ist eigentlich undenkbar, selbst dem Dalai Lama hat es 2008 hier geschmeckt. Allerdings bedarf es eines gewissen Erklärungsbedarfs, um sich im Dschungel der Bamberger-Fränkischen Küche zurechtzufinden:

Im Restaurant: Einiges werden Sie vielleicht schon kennen, wenn Sie Franken schon mal besucht haben, zum Beispiel den Klassiker schlechthin, das Schäuferla, in anderen Landesteilen auch Schäuferle oder Schäufele genannt. Es bezeichnet ein Stück Schweineschulter um das schaufelförmige Schulterblatt. Außerhalb von Süddeutschland gilt dieser Teil eher als minderwertiger Abfall, in hiesigen Landen jedoch als Delikatesse. Ein gutes Schäuferla wird serviert mit Bamberger Klößen, Sauerkraut oder Wirsing und einer dunklen (Bier-)Sauce. Die Schwarte muss richtig knusprig sein und ist den meisten Fans das liebste Stück auf dem gesamten Teller. Nicht zu verwechseln ist das Schäuferla übrigens mit dem badischen Schäufele oder Schweizer Schüfeli. Beides ist gepökelt, geräuchert und gegart – und hat somit rein gar nichts mit dem fränkischen Namensvetter zu tun. Ein weiterer Klassiker ist die Bamberger Zwiebel, abgeleitet vom Spitznamen der Domstädter: »Zwiebeltreter«. Der Koch füllt hier eine große, birnenförmige, ausgehöhlte Bamberger Gemüsezwiebel mit Hackfleisch oder Bratwurstbrät. Meist serviert man dazu eine deftige (Rauch-)Biersauce, Kartoffelpüree und Sauerkraut. Weitere Empfehlungen bekannterer Gerichte sind Bierhaxe, Bamberger Bratwürste und Süßwasserfische wie Forelle oder Karpfen – der Aischgrund ist nicht weit! Den Karpfen gibt es übrigens auch blau (im Essig-Zwiebelsud gekocht) – eine Seltenheit! Ebenso wie Bratwürste, die dann Blaue Zipfel genannt werden. Nicht verpassen sollten Sie auch das Krenfleisch, gekochte Ochsenbrust in einer feinen Meerrettichsauce und mit zwei Klößen serviert.

In der Bäckerei: Auch hier könnte Ihnen Unbekanntes begegnen. Das wohl wichtigste Gebäck ist das Bamberger Hörnchen, auch Bamberger Hörnla oder kurz Bamberger genannt. Äußerlich ähnelt es einem Croissant, basiert aber auf einem leichten, mit Milch hergestellten Hefeteig, in den mehrere Schichten Butter eingearbeitet sind. Es gibt sogar ein Gerichtsurteil, das beim Fettanteil explizit die Verwendung von Butter vorschreibt. Sehr feine

Bamberger Hörnchen und die aus demselben Teig hergestellten Seelenspitzen finden Sie in der *Bäckerei Seel* in der Lugbank. Dort können Sie eine weitere Besonderheit entdecken: das Bamberger Rauchbierbrot. Hier ist der komplette Wasseranteil durch Schlenkerla Rauchbier ersetzt, dazu kommt frischer Biertreber; auf Gewürze wird weitestgehend verzichtet. Ein echter »Lecker-Bissen« im wahrsten Sinn des Wortes. Ebenfalls für ihr gutes Brot bekannt ist die *Bäckerei Schüller* im Haingebiet. Es gibt auch einen Stand mit dem Schüller-Brot auf dem Markt. Das extrem flache und besonders knusprig gebackene Brot schmeckt am besten frisch mit Butter. Zur Osterzeit sollten Sie in der *Bäckerei Beckstein* in der Langen Straße vorbeischauen und sich ein Osterbrot gönnen – ein luftiger Traum aus Rosinen und Gewürzen.

In der Metzgerei und auf dem Bierkeller: Wenn man alphabetisch hinten anfängt, sticht einem sofort der Zwetschgenbames ins Auge. Hauchdünn geschnittene, sehr langsam geräucherte und gut abgehangene Rinderlende wird fächerförmig auf dem Teller angerichtet. Dazu reicht man Brot, Butter und Essiggurken. Das Fleisch erhält durch die lange Lagerung die Färbung von Zwetschgenholz, woher es auch den Namen hat. In Bamberg steht unter anderem die *Metzgerei Lessner* in der Keßlerstraße für hervorragenden Zwetschgenbames. Auch für Vegetarier geeignet ist Ziebeleskäs. Entrahmte, gestockte Rohmilch wird in einem Tuch aufgehängt, damit die Molke abläuft. Aus dem übrig gebliebenen Käsbruch stellten die Bamberger Gärtnersfrauen mit Zwiebeln, Pfeffer und Salz den ursprünglichen Ziebeleskäs her. Heutzutage ist die Verwendung von Rohmilch stark reglementiert, man erhält aber auf den meisten Bierkellern einen geschmacklich fast identischen Käse aus Quark, Schicht- und Hüttenkäse. Das Käsegegenstück zum Ziebeleskäs bildet der Gerupfte, eine fränkische Variante des Obatzten, der neben Camembert auch Limburger enthält und dadurch deutlich würziger als die bayerische Version ist.

Auf dem Markt: Im Gegensatz zu vielen anderen Städten hat sich in Bamberg die Tradition des täglichen Marktes erhalten. Zwischen Maxplatz und Grünem Markt stehen zahlreiche Marktstände und bieten Obst, Gemüse und weitere Genüsse aus dem Bamberger Land an. Nicht zu verwechseln mit ihrem Namensvetter aus der Bäckerei sind die Bamberger Hörnla. Dabei handelt es sich um eine alte Kartoffelsorte, die in den letzten Jahren eine Renaissance in den Küchen der Domstadt erlebt hat. Die kleinen, festkochenden länglich-krummen Knollen haben ein hellgelbes Fleisch und ein intensives, nussiges Aroma. Sie eignen sich perfekt für Bratkartoffeln, machen beim Schälen aber eine Menge Arbeit und sind deshalb außerhalb Oberfrankens eher selten anzutreffen. Im Frühjahr lockt Bärlauch, auch Waldknoblauch genannt. Die großen grünen Blätter ernten die Franken so lange, bis die Pflanze blüht. Die Marktleute verkaufen Bärlauchpesto und diverse Brotaufstriche, manche Restaurants bieten feine Bärlauchsuppe. Erst seit wenigen Jahren haben die Bamberger das Süßholz wieder für sich entdeckt. Früher Zentrum des ältesten Anbaugebietes dieser Wurzel vergaß das Bamberger Land nach dem Ersten Weltkrieg das Gewächs und verlegte sich auf den Zuckerrübenanbau. Heute jedoch gibt es wieder »Lakritzgärten«, und man versucht sich an allerlei Süßholzrezepten.

TIPPS

Restaurants:

Restaurant Weierich (z. B. Schäuferla, Krenfleisch, Blaue Zipfel, Bierhaxe, saisonal Bärlauchsuppe), Lugbank 5, 96049 Bamberg, Tel. 09 51/2 99 93 90, www.restaurant-weierich.de, Apr–Sep tägl. ab 11.00, Okt–März Mo–Fr ab 17.00, Sa, Fei ab 11.00, So 11.00–15.00.

Brauereigaststätte Schlenkerla (Bamberger Zwiebel), Dominikanerstraße 6, 96049 Bamberg, Tel. 09 51/75 60 60, www.schlenkerla.de, tägl. 9.30–23.30, warme Küche durchgehend 12.00–22.00.

Brauereigasthof Greifenklau (Ziebeleskäs), Laurenziplatz 20, 96049 Bamberg, Tel. 09 51/5 32 19, www.greifenklau.de, Di–Sa 10.30–23.30, So 10.00–14.00, Mo Ruhetag, durchgehend warme Küche 11.30–21.45.

Brauereigaststätte Keesmann (Gerupfter, Innereiengerichte), Wunderburg 5, 96050 Bamberg, Tel. 09 51/9 81 98 10, www.keesmann-braeu.de, Mo–Fr ab 10.00, Sa 9.00–15.00, So Ruhetag.

Bäckereien:

Bäckerei Seel, Lugbank 8, 96049 Bamberg,Tel. 09 51/5 79 85, www.baeckerei-seel.de, Mo–Fr 5.45–18.00, Sa 5.45–13.00.

Bäckerei Schüller, Ottostraße 12, 96047 Bamberg, Tel. 09 51/2 37 56, www.baeckerei.de/schueller, Di–Fr 7.00–18.00, Sa 7.00–12.30, Mo und So Ruhetag, Markttage (Hauptwachstraße Bamberg), Do 8.30–16.00, Fr 8.30–17.00, Sa 8.30–13.30.

Bäckerei Beckstein, Lange Straße 9, 96047 Bamberg, Tel. 09 51/2 54 35, www.kaffeehaus-beckstein.de, Mo–Sa 8.00–18.00, So Ruhetag.

Metzgereien:

Metzgerei Lessner, Keßlerstraße 18, 96047 Bamberg, Tel. 09 51/2 20 62, www.metzger-lessner.de, Mo–Fr 7.30–18.00, Sa 7.00–13.30, So Ruhetag.

Metzgerei Alt, Erlichstraße 52, 96050 Bamberg, Tel. 09 51/1 76 23, www.metzgerei-alt.de, Mo, Mi–Fr 7.00–12.30 und 14.30–18.00, Di, Sa 7.00–12.30, So Ruhetag.

Metzgerei Kalb, Theuerstadt 5, 96050 Bamberg, Tel. 09 51/2 37 64, www.metzgerei-kalb.de, Mo–Fr 7.30-–13.15 und 14.30–18.00, Sa 7.30–13.00, So Ruhetag.

Bootstour auf dem Alten Kanal

Baden gehen in Bamberg … 36

… nicht nur was für »dicke Frauen«

Mit dem Wasser haben es die Bamberger nicht so. Zwar bildet die Regnitz schon seit über 1.000 Jahren die Lebensader der Stadt, die neben frischem Wasser auch jede Menge Energie mit sich bringt, ansonsten aber behandelten die Domstädter das Thema Wasser und vor allem Wassersport bisher eher stiefmütterlich. Ihr ganz eigenes Waterloo erlebten sie im Jahr 2005, als die örtlichen Antiquitätenhändler auf die Idee kamen, während der Antiquitätenwochen, die alljährlich parallel zu den Wagner-Festspielen stattfinden, die Skulptur »Liegende mit Frucht« von Fernando Botero in der Regnitz aufzustellen. Am 22. Juli hievten bei Sonnenaufgang große Kräne das 870 Kilo schwere Ungetüm auf einen Schwimmkörper zwischen Obere Brücke und Geyerswörthsteg. Bis zur Dämmerung sah auch alles gut aus, aber gegen 22 Uhr neigten sich Kunstwerk und Podest, und die Bamberger Venus versank. Am nächsten Morgen holten dieselben Bauarbeiter, die sie tags zuvor in den Fluss gebracht hatten, die Figur wieder zurück auf den Heumarkt. Fazit: 30.000 Euro Umzugskosten und eine Schramme am Arm der Bronze-Dame, die aber glücklicherweise gut versichert war.

Wenn Sie nun gerne einmal selbst ins kühle Nass eintauchen möchten, gibt es mehrere Möglichkeiten. Der naturverbundene Bamberger steht auf den »Baggersee«. Die sind beim Sand- und Kiesabbau rund um die Stadt entstanden und haben sich teilweise zu regelrechten Badeparadiesen weiterentwickelt. Teilweise sind die Seen auch mit dem Fahrrad gut zu erreichen. Die Einheimischen können Ihnen jeweils sicher gut den Weg erklären. Bekannte Orte sind Baunach, Breitengüßbach, Ebing, Frensdorf, Heiligenstadt, Hirschaid, Kemmern und Lisberg. Der Geheimtipp davon ist sicherlich der Kemmerner Baggersee (am Baunacher Weg), denn hier gibt es lauter kleine Buchten, in denen man es sich auch mal gut zu zweit gemütlich machen kann, und eine Insel, auf die viele am Morgen mit Sack und Pack übersetzen, um dann den ganzen Tag dort zu verbringen. Nur wenige hundert Meter entfernt warten zusätzlich noch zwei schöne Bierkeller, die eine gute Alternative zu Grill und Picknickkorb darstellen.

In der Stadt selbst ist das Flussbad an der Hainbadestelle (siehe Seite 167) ein echtes Highlight, wo man mit Forelle, Saibling & Co. um die Wette schwimmen kann. Von den Freibädern können wir vor allem das

Hallstadter Freibad empfehlen, das auch noch in Stadtbusreichweite liegt und mit seinen großen Liegeflächen gerade für Familien ein perfekter Ort für einen Ganztagesbadeausflug ist. Wer es eher professionell und wetterunabhängig angehen möchte, ist im 2011 eröffneten Spaß- und Erholungsbad »Bambados« bestens aufgehoben. Europas erstes Passivhaus-Hallenbad bietet Badespaß und Entspannung pur: Im Freizeitbecken mit Wasserfallgrotte, Strudelkanal, Massageliegen und zwei Rutschen, im Kinderbecken mit einem Piratenschiff, auf der Dachterrasse mit einem großen Warmwasserpool und im 50-Meter-Sportbecken mit seinem Dreimeter-Sprungturm kommt keine Langeweile auf. Der Saunabereich mit sechs Saunen, Infrarotkabinen, Eisnebelgrotte und Garten mit Naturbadeteich lädt zum Relaxen ein. Hungrige finden zwei Strandbars im Freizeit- und Saunabereich, nur wenige Schritte entfernt bietet die *Volksparkgaststätte* mit Biergarten fränkische Küche und sogar Übernachtungsmöglichkeiten.

Sauna- und Wellness-Freaks empfehlen wir allerdings eher den Kurztrip nach Bad Staffelstein. Die dortige Obermain Therme bietet ein wahres Rundum-sorglos-Paket. Natürlich trifft man auch auf Kurgäste, die zu stündlicher Aquafitness antreten, doch die Therme ist groß, und nahezu in jedem Eck verweilt man gerne. Saunafreunde sollten sich die Salz- und Eisaufgüsse vormerken, sie haben schon zur erfolgreichen Vollendung so manchen Buches aus unserer Redaktion beigetragen. Die Therme ist vom

Das neue Spaßbad »Bambados«, Europas erstes Passivhaushallenbad

Bamberger Bahnhof aus in einer guten Viertelstunde zu erreichen. Wellnessherz, was willst Du mehr?

Wer nicht so gerne ins Wasser geht, kann Bamberg dank Reimund Frank trotzdem vom Wasser aus erkunden. Dafür startet man mit dem Kanu im Stadtteil Bug und folgt der Regnitz am Wasserschloss Concordia vorbei durch die Schleuse 100 des Ludwig-Donau-Main-Kanals (mit Schleusung) (siehe Kapitel 1) bis zur zauberhaften Kulisse von Altem Rathaus, Kranen und Klein Venedig. Endstation ist zwei Stunden später die Konzerthalle an der Regnitz, wo man auch den perfekten Blick auf das Kloster Michelsberg hat. Vor und während der Tour wird man von Reimund und seinem Team bestens umsorgt, sowohl was die Sicherheit und das Verhalten auf dem Wasser angeht als auch mit Informationen zu den Sehenswürdigkeiten und der Rolle, die Fluss und Kanal für die Entwicklung der Stadt hatten. Nach der Fahrt sollte man das Erlebte bei einem guten Abendessen oder einer deftigen Brotzeit Revue passieren lassen. Dafür eignet sich beispielsweise der nahe gelegene *Griesgarten* (*»La Comida«*) mit seinem urigen Biergarten.

TIPPS

Bambados, Pödeldorfer Straße 174, 96050 Bamberg, Tel. 09 51/77 55 55, www.bambados.de, Mo–Fr 6.30–22.00, Sa, So 7.00–22.00, Sauna tägl. 10.00–22.00.
Obermain Therme, Am Kurpark 1, 96231 Bad Staffelstein, Tel. 0 95 73/9 61 90, www.obermaintherme.de, tägl. 8.00–21.00, Do, Fr, Sa bis 23.00, SaunaLand ab 9.00.
Kanutouren auf der Regnitz, Reimund Frank, Raiffeisen-Platz 11, 96135 Stegaurach, Tel. 09 51/2 97 14 79, Handy 01 74/7 27 36 53, www.kanutouren-bamberg.de
La Comida im Griesgarten, Untere Sandstraße 19, 96049 Bamberg, Tel. 09 51/30 12 28 66, www.griesgarten.de, Mi–Mo ab 17.00, Di Ruhetag.
Freibad Hallstadt, Michelinstraße 65, 96103 Hallstadt, Tel. 09 51/7 53 45, www.hallstadt.de, Mai–Aug tägl. 9.00–20.00, Sep tägl. 9.00–19.00.
Gaststätte Volkspark, Pödeldorfer Straße 180, 96050 Bamberg, Tel. 09 51/77 35 35, www.volkspark.de, Mi–Sa 17.00–22.00, So 11.00–16.00, Mo, Di Ruhetag.
Leicht's Keller, Im Kessel, 96164 Kemmern, Tel. 01 52/09 89 57 54, tägl. ab 14.00, So, Fei ab 10.00, Do Ruhetag.
Wagner-Bräu Keller, Mainstraße 7, 96164 Kemmern, Tel. 01 70/9 13 60 03, www.brauerei-wagner.de, Sommer Di, Do, Fr ab 15.30, Mi ab 14.00 (auch in den Wintermonaten), Sa ab 13.00, So, Fei ab 9.30 Mittagstisch.

Frisches Bier gehört in Franken
einfach immer dazu.

Baggern nach Herzenslust

Im Monsterpark Rattelsdorf

Es war ein langer Kampf, den Gerhard Seibold mit Nachbarn und Gerichten ausfocht, bis er seinen »Monsterpark« in Betrieb nehmen bzw. weiter betreiben konnte. Doch mittlerweile gehört er einfach dazu, der Freizeitpark für echte Männer und solche, die es werden wollen. Angefangen hat alles im Jahr 2005. Damals fragte ein zufällig vorbeikommender Geschäftsreisender, ob er mit einer der großen Baumaschinen auf dem Hof der Firma Erdbau Seibold einmal eine Runde baggern dürfe – natürlich gegen Bezahlung. Im Kopf des cleveren Franken machte es Klick, und eine Idee war geboren. Den Anfang bildete ein Baumaschinenmuseum, dann kamen ein Selber-Bagger-Paradies für Kinder und eines für Erwachsene hinzu, die jedes Jahr um neue Attraktionen erweitert wurden.

Heute präsentiert sich der »Monsterpark« mit über 30.000 Quadratmetern Fläche, mehr als 150 verschiedenen Baumaschinen und über 30 Baggern, bei denen der Besucher selbst Hand anlegen kann. Klar, dass hier alle wahren Männerherzen höher schlagen, aber auch die Frauen haben etwas davon. Schließlich kann frau den Gatten hier einfach für eine beliebig lange Zeit abliefern und derweil mit seiner Kreditkarte im Einkaufsparadies Bamberg in Ruhe shoppen gehen.

Schluss mit den Klischees, natürlich dürfen auch Frauen und Kinder mit ins Baggervergnügen und finden ebenfalls jede Menge Attraktionen, die viele Stunden Spaß garantieren. Wie wär's mit Wettbaggern oder einem Familienrennen auf der Quadbahn? Langsamer, dafür aber schwergewichtiger ist das Traktor-Wettrennen, sicherlich noch zeitaufwendiger sind die Suche nach dem Goldschatz oder die verschiedenen Übungen im Geschicklichkeitsparcours.

Bei den großen Kalibern wird es dann aber doch so richtig ernst. Manch einer mag noch lachen, wenn er einen Zehntonner der »Miniklasse« besteigt, die »Mittelklasse« bietet dann schon Maschinen mit mehr als 30 Tonnen Gewicht. Nach Kettenbagger und Radlader lockt schließlich die »Monsterklasse« mit Monsterbaggern und -trucks mit über 100 Tonnen. Die Vibrationen gehen durch und durch, das Adrenalin steigt, wenn man mit einem Hebelruck ein halbes Einfamilienhaus bewegt. Beliebt sind auch die anschließenden Familienbilder vor einem der Reifen der Monsterbagger. So ein Gummiring ist über vier Meter hoch, eineinhalb Meter breit und wiegt mehr als sieben Tonnen. Übrigens: Eine Reifenpanne wird hier richtig teuer. So ein gutes Stück kostet an die 70.000 Euro.

Nach dem Baggervergnügen empfehlen wir Ihnen noch eine kleine Wanderung zur kleinsten Ortschaft im Landkreis Bamberg mit Brauerei: Der Rattelsdorfer Ortsteil Freudeneck liegt etwa vier Kilometer vom Monsterbaggerpark entfernt. Sie überqueren die Bundesstraße am Ortseingang von Rattelsdorf und laufen dann über die Ebinger Straße und die Schulstraße zum Marktplatz. Die historischen Fachwerkhäuser bilden ein Ensemble-Baudenkmal. An der Kirche vorbei gelangen Sie zur Itz und laufen dann in Richtung des Ortsteils Höfen. 50 Meter nach dem Ortsausgang zweigt rechts ein Feldweg ab, der zurück zur Itz und entlang dem Flussufer nach Freudeneck führt.

Zu den etwa 40 Einwohnern gehört auch Braumeister Jürgen Fischer, der zusammen mit seiner Familie die kleine Brauerei mit dem Spitznamen »*Hahnerla*« betreibt. Nicht nur die Stammtischler der Gaststätte, auch Laufgäste und die regelmäßig wiederkehrenden Fans fühlen sich hier immer pudelwohl. Bestens umsorgt von Zapfhahn und Küche merkt man oft gar nicht, wie schnell die Zeit vergeht. Natürlich wird auch gerne gekartelt oder im Sommer im Biergarten gesessen. Von dort kann man den Brauern direkt bei ihrer Arbeit zuschauen, was selten ohne witzige Kommentare vonstattengeht. Das Bier gibt's auch im praktischen Fünf-Liter-Fass – ein super Mitbringsel, zumindest, wenn man mit dem Auto da ist.

Wanderer-Einkehr bei Bier und Brotzeit

Die *Brauerei Fischer* in Freudeneck gehört zu den absoluten Geheimtipps in der Region.

Echte Bierfans sollten dann auf dem Rückweg (oder bereits auf dem Hinweg) nach Höfen abzweigen. Denn auch dort befindet sich mit der Brauerei *Zum Goldenen Adler* ein echtes Highlight. Hier gibt es nur eine Biersorte, ein ungespundetes Fränkisches Kellerbier, doch Kenner brauchen nicht mehr. Das malzige, bernsteinfarbene, würzige Bier passt perfekt zu einem lauen Sommerabend.

TIPPS

Monsterpark Rattelsdorf, Im Stock 11, 96179 Rattelsdorf. Tel. 0 95 47/3 04, Handy 01 51/14 00 26 10, www.monsterpark.de, Apr–Okt Sa 10.00–18.00, So, Fei 11.00–18.00, unter der Woche auf Anfrage, Museum tägl. 10.00–18.00.
Brauerei-Gasthof Fischer, Freudeneck 2, 96179 Rattelsdorf. Tel. 0 95 47/4 88, www.hahnerla.de, Mi–So ab 11.00, Di ab 15.00, Mo Ruhetag.
Brauerei-Gasthof Zum Goldenen Adler, Höfen 21, 96179 Rattelsdorf, Tel. 0 95 47/2 64, Mo, Mi–Fr ab 15.00, So ab 11.00, Di, Sa Ruhetag.

Regelmäßig verfällt Bamberg dem Basketballfieber,
wie hier vor dem Pokal-Endspiel 2012 in Bonn.

Double-Triple plus 1

38

Basketball in »Freak City«

Bamberg ist eine Basketballstadt – und das schon seit vielen Jahrzehnten. Allerdings waren die Korbjäger der Domstadt früher nicht ganz so erfolgreich wie in den letzten Jahren. Mittlerweile pilgern an die 7.000 Fans ein- bis zweimal in der Woche mit ihren roten Schals, allerlei Anfeuergerät und immer guten Mutes zur brose ARENA, wo die Brose Baskets gegen die besten Teams Deutschlands und Europas antreten. 2010, 2011 und 2012 gelang das Kunststück, Pokal und Meisterschaft an die Regnitz zu holen – damit hatte Bamberg als bislang einziger Basketballverein ein Double-Triple. Dieser Rekord wird wohl lange Zeit Bestand haben.

Begonnen hat alles im Jahr 1955. Damals fingen Damen und Herren des 1. FC 01 Bamberg mit den ersten Korbwürfen an. 1970 stiegen die Herren erstmals in die Basketball-Bundesliga auf. Nach einigen Jahren als »Fahrstuhlmannschaft« und dem Gewinn eines Namenssponsors konnten die Recken als TTL Basketball Bamberg 1992 mit dem Pokal ihren ersten Titel einfahren – und verwandelten Bamberg zum ersten Mal in »Freak City«. Spieler-Ikonen wie Jens-Uwe »Air« Gordon, Kai Nürnberger oder Mike Jackel, der erfolgreichste Basketball-Bundesliga-Spieler aller Zeiten, sind den Bambergern heute noch im Gedächtnis. Gespielt wurde damals in der Turnhalle der Graf-Stauffenberg-Schule, die immerhin 2.000 Zuschauern Platz bot. Besonders bei Lokalderbys gegen Würzburg oder Bayreuth war jedes Eckchen ausverkauft.

Waren es in den Neunzigerjahren noch die Leverkusener, die die Liga dominierten, standen ab 1997 für sechs Jahre die Spieler von ALBA Berlin auf dem Treppchen. Immer wieder waren es enge Spiele in den Playoffs oder im Pokal, die die Bamberger letzten Endes abgeben mussten. Besonders in der Saison 2002/2003 befand sich ganz Bamberg im Basketball-Fieber. Die Mannschaft hatte sich als Fünfter für die Playoffs qualifiziert und konnte sich dann im Viertelfinale spektakulär gegen Leverkusen durchsetzen. Das Halbfinale gegen Bonn entschieden die Jungs sogar relativ souverän für sich, und so ging das Team um Kapitän Derrick Taylor als Geheimfavorit ins Rennen. Die Stadt kannte nur noch ein Thema: »Wir fahren nach Berlin.« Doch der Basketball-Gott meinte es (noch) nicht gut mit der Mannschaft von Trainer Dirk Bauermann. Drei knappe Niederlagen in Folge, und Bamberg war Vizemeister.

Mit neuem Sponsor und denselben Ambitionen wollten die Bamberger es in der nächsten Saison wissen. Wieder wurde man Fünfter in der Liga, und die Fieberkurve vor den Playoffs stieg. Den ersten Gegner, Oldenburg, hatte man im Griff, drei Siege, das Halbfinale war erreicht. Doch nun sollte es gegen Berlin gehen – DIE Gelegenheit zur Revanche. Und es gelang: Nach fünf wiederum sehr knappen Spielen setzte sich GHP Bamberg gegen die Hauptstädter durch; in der Domstadt wurde die Nacht zum Tag, man feierte, als ob die Mannschaft Meister geworden wäre. Der Titel allerdings war der Mannschaft wieder nicht vergönnt. Der Gegner Frankfurt steckte nicht auf, nach zwei Siegen für jedes Team kam es in der Ballsporthalle zum Showdown, der alles bot: extreme Schiedsrichterentscheidungen, Rangeleien auf dem Platz, simulierte oder echte Knock-outs (das ist bis heute nicht geklärt). Am Ende setzten sich die Hessen durch, und Bamberg war wieder Zweiter – und der »Meister der Herzen«.

Doch damit sollte im darauffolgenden Jahr Schluss sein. Schon während der Ligaspiele zeigte Bamberg seine hohe Qualität und wurde, nach Berlin, Zweiter. Nach souveränen Vorstellungen gegen Oldenburg im Viertel- und Gießen im Halbfinale kam es auch in diesem Jahr wieder zu einer Revanche: Frankfurt war der Finalgegner. Erneut eine »enge Kiste«, aber diesmal hatten die Bamberger den Heimvorteil. Nach jeweils zwei Siegen für beide Mannschaften standen sie sich in der heutigen brose ARENA gegenüber, die spätestens in diesem Spiel ihren Ruf als »Frankenhölle« begründete. Schon nach der Halbzeit hielt es kaum jemand auf den Sitzen, die Temperatur lag sicher deutlich über 30 Grad, Zittern und Bangen in den Schlusssekunden. Dann war es geschafft. Diese Nacht werden die Domstädter nie vergessen. Die gesamte Fußgängerzone vom Gabelmann bis zum Maxplatz war ein einziges Fahnenmeer, und der Vereinspräsident verkündete: »Ihr seid die besten Fans der Liga – ich gebe euch allen morgen frei!« So mancher Bamberger nahm das wörtlich, doch die meisten Firmenchefs hatten selbst bis in den Morgen gefeiert, und so erwachte die neue Basketballhauptstadt etwas verspätet und mit einem ordentlichen Kater.

Das erste Mal ist immer am schönsten, und so war die nächste Meisterschaft 2007 (2006 schied Bamberg im Halbfinale gegen Köln aus) zwar erneut ein rauschendes Fest, aber die Begeisterung von 2005 sollte einmalig bleiben. Seit diesem Jahr hieß der Sponsor Brose, und Bamberg etablierte sich endgültig unter den Spitzenteams der Liga. Erfolgs-Coach Dirk Bauermann blieb noch ein weiteres Jahr, erklärte aber nach dem Ausscheiden im Viertelfinale seinen Rücktritt. Der Amerikaner Chris Fleming übernahm. Nach einem weiteren Ausscheiden, diesmal im Halbfinale gegen

Die brose ARENA ist der lauteste Spielort der Basketball Bundesliga und wird deshalb von Freund und Feind »Franken-Hölle« genannt.

den späteren Meister Oldenburg, sollte eine bisher unerreichte Siegesserie beginnen. 2010, 2011 und 2012 holten die Domstädter jeweils Meisterschaft und Pokal an die Regnitz, und das Double-Triple war geschafft. Wieder wurden die großen Gegner der letzten Jahre, Frankfurt und Berlin deutlich geschlagen, auch 2013 wurde Bamberg wieder Meister.

Der einzige Wermutstropfen ist das bisher miserable Abschneiden der Bamberger Basketballer in den europäischen Wettbewerben. Hier konnte sich noch keine deutsche Mannschaft ernsthaft durchsetzen, selbst Bamberg nicht, vor dessen »Frankenhölle« mit teils über 120 Dezibel Lautstärke in der Halle auch die Spieler aus Madrid und Athen deutlichen Respekt haben.

Sie sollten bei Ihrem Bamberg-Besuch jedenfalls die Gelegenheit nicht verpassen, eines der Spiele des Serienmeisters zu besuchen. Einfach ist es allerdings nicht, denn bei ca. 5.000 Dauerkarten und dem Kontingent für den Gegner bleibt nicht viel für den freien Verkauf übrig. Mit dem Fanclub »Faszination Basketball Bamberg« stellt die Domstadt übrigens auch den größten Fanclub der Liga.

TIPP

Brose Baskets, www.brosebaskets.de, www.freak-city.de
brose ARENA, Forchheimerstr. 15, 96050 Bamberg,
Tickethotline 09 51/2 38 37, www.brose-arena.de

Herbstlicher Bamberger Hain

Bambergs grüne Lunge

Unterwegs im Hain und auf der Erba-Insel

Eine Stadt am Fluss hat prinzipiell immer einen besonderen Charme. Wenn sie zudem noch liebevoll gestaltete Parks und Grünflächen besitzt, kommen auch Naturfreunde beim Besuch auf ihre Kosten. In der Domstadt dachte man schon zu Beginn des 19. Jahrhunderts daran, blühende Naherholungsflächen zu erschaffen, und so entstand 1803 auf Wunsch des bayerischen Königs Maximilian I. Joseph ein Landschaftspark nach dem Vorbild des Englischen Gartens der Landeshauptstadt. Pavillons, kleine Tempel und Denkmäler sind über den gesamten Hain verstreut, ein wahres Kleinod ist der Botanische Garten, der seit 2001 als Europäisches Schutzgebiet ausgewiesen ist.

Der Hain teilt sich in den Theresienhain, von der Schleuse 100 gegenüber dem Wasserschloss Concordia bis zum Holzpavillon am 2012 neu angelegten Fischpass, und den Luisenhain, der das große Areal vom Theresienhain bis zur Buger Spitze umfasst. Der Theresienhain bietet neben dem König-Ludwig-Denkmal von 1910 vor allem für Biergartenfreunde ein echtes Highlight. Im 1914 angelegten *Bootshaus* und seinem Kastaniengarten sitzt es sich bei Biergartenwetter traumhaft schön. Direkt am Fluss kann man perfekt die Seele baumeln lassen und ein kühles Bamberger Bier genießen. Wer die Erfrischung lieber von außen haben möchte, kann nebenan in der Hainbadestelle, dem ehemaligen Hainbad von 1835, direkt den Sprung in die Regnitz wagen. Nach einigen Streitereien um die rechtliche Situation im Flussbad benannte man das Hainbad 2010 in Hainbadestelle um und erlaubte auch das Baden einige Hundert Meter flussabwärts. So konnte das »Paradies mitten in der Stadt« gerettet werden, und ist auch weiterhin als eines der schönsten Flussbäder Frankens öffentlich zugänglich. Ein tolles Erlebnis sind die Open Air Kinoveranstaltungen, die hier jedes Jahr im Sommer stattfinden, aber oft schon lange vor Vorstellungstermin ausverkauft sind – Sie sollten sich also beeilen!

Der Luisenhain, der ab 1825 ausgebaut wurde, ist wesentlich größer und bietet viele schöne Spazierwege. Gleich zu Beginn kommt man zur Schillerwiese, die neben dem E.T.A.-Hoffmann-Denkmal von 1968 vor allem viele historische Bäume aufweisen kann. 1980 legte die Stadt einen Eichengürtel um die Wiese an, die wegen der in der Mitte stehenden Eiche den Namen »Schillerwiese« trägt. Dieser Baum wurde 1859 zum

100. Geburtstag des Dichters gesetzt. Drumherum stehen über 100 verschiedene Arten und Sorten der Gattung Eiche und bilden eine spektakuläre lebendige Pflanzenausstellung. An der Wiese steht auch eine Infotafel, auf der die einzelnen Bäume benannt und erklärt sind. Wussten Sie, dass es solche Bäume gibt: Flaum-Eiche, Hahnenkamm-Eiche, spitzlappige Trauben-Eiche, Seidenraupen-Eiche oder japanische Kaiser-Eiche?

Im weiteren Verlauf finden Sie einen Musikpavillon mit einzigartiger Akustik (stellen Sie sich an das eine Ende der Halbkuppel und einen Begleiter ans andere – Sie können sich sogar flüsternd verständigen), dann den bereits erwähnten Botanischen Garten und den Hainweiher, der im Winter eine gute Schlittschuhbahn abgibt. Wer sich sportlich betätigen will, kann im Tennisclub vorbeischauen, der lange Jahre in der ersten Bundesliga gespielt hat, oder an der Buger Spitze ein Ruder- oder Tretboot mieten und die Regnitz vom Wasser aus erkunden.

Mit der Erba-Insel bescherte die Landesgartenschau 2012 der Stadt einen gänzlich neuen Park, der vor allem für viele Studenten zur neuen Heimat geworden ist. Denn im Zuge der Gartenschau konnte die ehemalige Industriebrache, das Gelände der Baumwollspinnerei Erlangen-Bamberg, kurz ERBA, die 1927 aus einer Fusion entstand, in ein prachtvolles Blumenmeer verwandelt werden. Über eine Million Besucher kamen nach Bamberg und staunten nicht schlecht über das, was die Domstädter aus den knapp 20 Hektar Gelände gemacht hatten, die seit 1992 brachlagen. Vieles von den Spielplätzen, Bächen, Aussichtsplattformen, 400 Bäumen, 5.500 Sträuchern, 50.000 Stauden, 60.000 Frühjahrsblumen und 255.000 Blumenzwiebeln ist auch jetzt nach der Gartenschau noch zu sehen bzw. wird weiterhin sorgsam gehegt und gepflegt. Mit der Inselspitze ist auch ein neuer Veranstaltungsort für das Weltkulturerbe hinzugekommen – Sie werden diese Ortsangabe öfter im Bamberger Veranstaltungskalender finden.

Und auch hier wollen wir Ihnen einen Tipp für gemütliche Abende nicht vorenthalten. Die komplett neu gestaltete Gastronomie des *Faltboot-Clubs* bietet nicht nur einen wunderschönen Biergarten, sondern auch viele Schmankerl aus der Kräuterküche.

Wer noch weiter aus der Stadt heraus möchte, dem legen wir den Bruderwald ans Herz. Dieses ausgedehnte Waldgebiet erstreckt sich vom Klinikum Bamberg und dem Stadtteil Bug bis zu den Ortschaften Waizendorf, Höfen und Stegaurach. In Sommer und Winter lädt diese wahrhaft grüne Lunge zu ausgedehnten Spaziergängen ein, die man auch gut mit einem kulinarischen Zwischenstopp verknüpfen kann. Eine schöne Route beispielsweise ergibt sich, wenn man in Bug am Bierkrugweg in den Wald hineingeht und geradeaus durch den Wald nach Höfen läuft. Das dortige *Gasthaus Melber* bietet eine willkommene Gelegenheit für eine Stärkung, bevor es wieder zurückgeht. Dieser Weg dauert jeweils etwa 60 bis 90 Minuten und ist auch für Kinderwagen geeignet. Ein dreistündiger Weg würde vom Klinikum bis zum *Schrauder-Keller* in Stegaurach führen, der übrigens immer einen Besuch wert ist. Wer eine kleinere Runde drehen möchte, kann auch im schon genannten Luisenhain spazieren und anschließend in Bug im Traditionshaus *Lieb* einkehren. Dort gibt es neben klassischen deutschen Gerichten auch original Thai-Gerichte. Inhaber Klaus Lieb hat nämlich in Thailand die Liebe seines Lebens gefunden und lässt die Bamberger kulinarisch daran teilhaben.

TIPPS

Bürgerparkverein, www.buergerparkverein.de
Open Air Kino, an der Hainbadestelle, www.fraenkischerkinosommer.de
Tennisclub Bamberg e. V., Mühlwörth 21, 96047 Bamberg, Tel. 09 51/2 87 57, www.tennis-club-bamberg.info
Das Faltboot, Weidendamm 150, 96047 Bamberg, Tel. 09 51/96 83 86 09, Okt–Feb Mo–Fr 15.00–23.00, Sa, So, Fei 10.00–23.00, www.dasfaltboot.de
Bootshaus im Hain, Mühlwörth 18a, 96047 Bamberg, Tel. 0 51/2 44 85, www.bootshaus-im-hain.de, Mai–Sep bei schönem Wetter ab 11.00, Okt–Apr Di–Sa ab 14.00, So, Fei 11.30–18.00.
Hainbadestelle, Tel. 09 51/77 51 60, www.verkehrsbetriebe.de/cms/Baeder/Hainbadestelle, während der Saison tägl. ab 9.00.
Gasthaus Melber, Höfener Hauptstraße 18, Stegaurach-Höfen, Tel. 09 51/2 91 27, Di–Fr ab 14.00 (bei schönem Wetter ab 12.00), Sa, So, Fei ab 10.00, Mo Ruhetag.
Schrauder-Keller, 96175 Pettstadt ,Tel. 01 78/4 12 16 58, tägl. bei schönem Wetter ab 15.00, So, Fei ab 10.00.
Hotel Café Lieb, Am Regnitzufer 23, 96049 Bamberg, Tel. 09 51/5 60 78, www.hotel-lieb.de, tägl. 11.30–14.00 und 17.30–21.00, Mo Ruhetag, So, Fei ab 18.00 geschlossen.

Bamberg ist berühmt für seine große Kneipenszene – hier das *Sound-n-Arts* in der Sandstraße

Das Fest der selbst gemachten Musik

40

»Schwof« von der Oberen bis zur Unteren Sandstraße

Obwohl es in der Weltkulturerbestadt schon jede Menge schöner Veranstaltungen gibt, haben sich die Bamberger 2012 getraut, eine internationale Idee aufzugreifen und ihre eigene Fête de la Musique zu veranstalten. Die Geschichte der Fête ist allerdings viel älter. Am 21. Juni 1982 begingen die Pariser als Erste diesen neuen Tag der selbstgemachten Musik mit jeder Menge Amateur- und Berufsmusikern in den Straßen und Gassen der Stadt der Liebe. Mittlerweile sind es über 340 Städte aus aller Welt, die jedes Jahr am 21. Juni ihre Fête de la Musique begehen.

Für die Teilnehmenden gibt es klare Regeln. So dürfen kein Eintritt und kein Honorar verlangt werden, die Konzerte müssen an ungewöhnlichen Orten, vorzugsweise unter freiem Himmel, stattfinden, und es können sowohl Profis als auch Amateure ihr Können beweisen. Und so staunten die Bamberger nicht schlecht, als sich am 21. Juni 2012, einem wunderschönen Sommertag, plötzlich die Straßen des Sandgebietes in eine riesengroße Bühne verwandelten. Aus allen Ecken tönte es, von Jazz über Blues bis hin zu Experimentalmusik war alles vorhanden. Besonderes Aufsehen erregte die Trachtentanzgruppe, die gemeinsam mit einer Blaskapelle an den Elisabethenplatz gekommen war, und einen munteren Reigen vor den Toren des Bamberger Gefängnisses entfaltete. Hier wie auch an vielen anderen Orten waren die vorbeikommenden Bürger und Touristen schnell mitgerissen und schwangen selbst das Tanzbein, von Klein bis Groß.

Gegen Abend stimmten dann auch die zahlreichen Kneipen rund um die Sandstraße in die Fête mit ein, die Hinterhöfe von *Pelikan*, *Stilbruch* und *Blauer Glocke* verwandelten sich in Konzertbühnen, und auch in traditionellen Musikkneipen fanden spannende Konzerte statt. Am nächsten Tag waren sich alle einig: Diese Veranstaltung muss bleiben. Und so dürfen auch Sie sich freuen, wenn Sie am 21. Juni in der Domstadt weilen, denn dann können Sie sich ebenfalls mal in das musikalische Getümmel stürzen.

Aber auch, wenn nicht gerade ein Fest in der Sandstraße steigt, kommen hier vor allem die Kneipen- und Musikfreunde auf ihre Kosten. Im *Live-Club* und den zugehörigen *Haas-Sälen*, einer ehemaligen Tanzschule mit tollem Riesenspiegel-Ambiente, treten fast täglich verschiedene Bands

Konzert im Rahmen der Fête im Innenhof der *Blauen Glocke*

aller Musikrichtungen auf, im Sommer lockt die wunderschöne Palmenterrasse mit geheimtippverdächtigem Domblick, Fußballfans können in der *Sportsbar* alle wichtigen Events und Spiele sehen.

Hier wollen wir Ihnen ein Wort der Bamberger Sprache beibringen: »Schwof«. Übersetzt ist das eine Mischung aus Disco-Abend mit Hits von den Siebzigern bis heute und einem Come Together von Leuten, die sich schon seit Ewigkeiten kennen und auch gerne über die alten Zeiten ratschen. Zu solchen Terminen sollten also die Tanzwütigen und die Singles gehen, es ist für alle was dabei. Der zweite Tanzclub in der Sandstraße ist das *Sound-n-Arts*, das sich in den letzten Jahren vor allem für die Freunde elektronischer Musik zu einer Alternative gemausert hat. Eine kleine Wundertüte bietet sich dort jeden Sonntagabend bei der Jam Session, wo sich allerlei Bamberger Künstler zum munter tönenden Stelldichein versammeln.

Wer eher einen Tresen mit passendem Ambiente sucht, ist je nach Fortschritt des Abends in den anderen Örtlichkeiten ringsum gut aufgehoben. Neben dem Klassiker *Stilbruch*, in dem sich Tatort-Fans jeden Sonntag zum Rudelgucken treffen, haben sich in den letzten Jahren mit *FruchtBar* und *Soda Bar* zwei Locations dazugesellt, die auch in Berlin oder Hamburg stehen könnten, mit Cocktails und eigenem DJ. Erwähnenswert ist hier auch noch die über hundert Jahre alte Weinstube *Pizzini*, die mit vielen Musikdevotionalien und einem von jedermann bespielbaren Klavier aufwarten kann. Weiter »hinten« in der Sandstraße finden sich wieder echte Urgesteine, wenn auch teils in veränderter Form. So ist aus der *Blauen Glocke*, ehedem Pizzeria, dank des Engagements zweier Damen ein Genusstempel mit hochwertigen Weinen und guter Küche geworden. Daneben hat auch die Kneipen-Ikone *Mondschein* in den letzten Jahren eine umfangreiche Renovierung bekommen, Bambergs längster Tresen wurde komplett umgestaltet. Die Dame am Zapfhahn – Charlie – ist allerdings noch die alte, und das ist auch gut so.

Als letzte Station in der Sandstraße lockt der *Pelikan*, geführt seit über 30 Jahren von Kneipen-Dino Heiner Sauer, mit hervorragender Wok-Küche im urig-fränkischen Ambiente. Hier planten und verwarfen viele Studentengenerationen so manche Revolution und kommen nun auch als gesetzte Gutmenschen in ihr großes Wohnzimmer, wo man sich eigentlich immer wohlfühlt. Bekannt ist der *Pelikan* auch für seine Veranstaltungen wie Bockbieranstich, Tanz in den Mai, Stärke Antrinken, Kickerturnier etc. Schauen Sie einfach mal rein – mal sehen, wann Sie wieder rauskommen …

TIPPS

Fête de la Musique, www.facebook.com/FETEbamberg, www.fete-bamberg.de

Live-Club/Haas-Säle, Obere Sandstraße 7, 96049 Bamberg, Tel. 09 51/5 33 04 bzw. 09 51/51 93 53 29, www.live-club.de, Öffnungszeiten siehe Veranstaltungskalender auf der Website.

Sound-n-Arts – Music Club, Obere Sandstraße 20, 96049 Bamberg, Tel. 09 51/18 30 83 76 67, www.sound-n-arts.com, Öffnungszeiten siehe Veranstaltungskalender auf der Website.

Stilbruch, Obere Sandstraße 18, 96049 Bamberg, Tel. 09 51/5 19 00 02, www.stilbruch-bamberg.de, So–Do 11.00–2.00, Fr–Sa, vor Fei 11.00–4.00, warme Küche 11.30–15.00 und 17.00–22.00, Fr, Sa bis 23.00.

FruchtBar, Obere Sandstraße 22, 96049 Bamberg, Tel. 09 51/9 93 72 81, www.fruchtbar-bamberg.de, Mo–Sa ab 20.00.

Soda Bar, Obere Sandstraße 9, 96049 Bamberg, Tel. 09 51/51 93 99 20, www.soda-bar.eu, tägl. ab 19.00.

Blaue Glocke, Untere Sandstraße 14, 96049 Bamberg, Tel. 09 51/91 79 77 50, www.gasthof-blaueglocke.de, Di–Fr ab 17.00, Sa, So ab 11.00.

Mondschein, Untere Sandstraße 16, 96049 Bamberg, Tel. 09 51/5 37 72, www.bamberg-mondschein.de, tägl. ab 20.00, Sa und So (Bundesliga) ab 14.30.

Pelikan, Untere Sandstraße 45, 96049 Bamberg, Tel. 09 51/60 34 10, www.pelikan-bamberg.de, Mo, Di, Do, Fr ab 17.00, Sa, So ab 15.00, warme Küche 17.30–23.30, Mi Ruhetag.

Weinstube Pizzini, Obere Sandstraße 17, 96049 Bamberg, Tel. 09 51/5 63 89, Mo–Sa 20.00–2.00, So Ruhetag.

Jedes Jahr ein spannungsgeladenes Wochenende:
Bamberg zaubert

Zauberhafte Tage in Bamberg

Hogwarts und New Orleans zu Besuch

Zu den schönsten Dingen in Bamberg gehören die vielen Freiluft-Veranstaltungen im Sommer, wenn das einzigartige Weltkulturerbe-Ambiente erfüllt ist vom prallen Leben. Neben den Kirchweihen stehen dabei vor allem die Festivals »Bamberg zaubert« und »Blues- & Jazzfestival« auf dem Programm. Verantwortlich zeichnet für beides der Stadtmarketing-Verein, der in unermüdlicher Arbeit das gesamte Jahr hindurch die beiden Großveranstaltungen plant und organisiert. Natürlich gibt es – wie in jeder Stadt – auch immer wieder Gegenwind von den Anwohnern, doch selbst die sturen Franken lernen allmählich die Wohltaten zu schätzen, die ein derartig reichhaltiges und vielfältiges Programm einer Stadt von der Größe Bambergs bringt. Nicht zuletzt gehören dazu auch über eine Viertelmillion Besucher, die aus den weitesten Ecken des Landes anreisen, um das Treiben in den Bamberger Straßen und Gässchen zu genießen.

»Wenn in Hogwarts Sommerferien sind, kommen die Zauberer nach Bamberg.« So beginnt seit über zehn Jahren jede offizielle Information zu »Bamberg zaubert«. Schließlich hat Joanne Kathleen Rowling mit ihrer Harry-Potter-Welt die Grundlage für eine riesige Zauberbegeisterung geschaffen, die schnell auch auf entsprechende Veranstaltungen überging. Das Bamberger Festival gab es allerdings schon vorher und kann mittlerweile mit über 500 Auftritten aufwarten. Die sind kostenlos und finden sich über die gesamte Stadt verteilt. 25 Bühnen von der Austraße bis zum Pfahlplätzchen erleben an den drei Tagen eine wahre Wallfahrtsbewegung, denn mit den verschiedenen Zauberern wandern auch die Zuschauer von einem Punkt zum anderen und erleben zum Beispiel Akrobatik am Gabelmann, Jonglage vor dem Alten Rathaus, Diabolo auf der Oberen Brücke oder nächtliche Feuerspucker vor der Martinskirche. Der Höhepunkt spielt sich an jedem der drei Abende des dritten Juli-Wochenendes auf der Hauptbühne am Maxplatz ab. Dann kommen alle Künstler zu einer stundenlangen Zaubergala zusammen, davor Tausende begeisterter Zuschauer, die sich auf den Bierbänken fühlen wie in einem imaginären Zauberbierkeller mitten in der Stadt. Die Magier stammen dabei aus aller Herren Länder. Der jährlich ausgelobte Publikumspreis landete beispielsweise schon in Kenia und Belgien. 2006 allerdings konnten sich die Bamberger über ein Eigengewächs freuen, das die begehrte Trophäe abräumen konnte:

Passing-by, echte Domstädter und damals Studenten. Fabian Rieger und Tobias Thiel begeistern mittlerweile in München auch internationales Publikum. Bei »Bamberg zaubert« im Jahr 2000 waren die beiden noch als Schüler schon Sieger im Nachwuchswettbewerb gewesen.

Mit dem »Tucher Blues- & Jazzfestival« steht der Monat nach »Bamberg zaubert« im Zeichen der Straßenmusik. Sieben Tage tönt es in der zweiten Augustwoche aus jeder Ecke in der Innenstadt. Über 40 Bands nutzen dabei sowohl die beiden Hauptbühnen als auch die verschiedenen Clubs und Kneipen der Stadt als Kulisse für eines der großen Highlights im Jahreskreis für die Fans von Blues und Jazz. Anfangs waren die Bamberger noch verwundert, als die für viele etwas fremden Klänge 2007 das erste Mal zu hören waren. Doch wenn sich für den Franken eine gute Gelegenheit zu gemütlichen Stunden ergibt, sagt er eigentlich niemals nein. So etablierte sich diese ebenfalls kostenfreie Veranstaltung schnell, sowohl in der Stadt wie auch in den Herzen des Publikums. Mit dem Bierkrug in der

Zu den größten Attraktionen gehören die zahlreichen Feuershows.

Hand wandern die Musikfreunde zwischen Gabelmann und Maxplatz hin und her, meistens im Takt der jeweiligen Klänge, aber immer mit einem Lächeln auf den Lippen.

Musikalischer Leiter des Festivals ist Volker Wrede, Bamberger Urgestein und eines der Beispiele für Bamberger Kneipen-Karrieren. Am Anfang stand die Unabhängigkeit von der Familie, die der Gymnasiast mit der Volljährigkeit sofort verwirklichte. Mit Brötchenausfahren, Malern, Verputzen und Hausmeistertätigkeiten, sogar im Schlachthof, verdiente sich der 18-Jährige den Lebensunterhalt. Nebenbei kam der Hobbymusiker mit drei Freunden auf die Idee, der damals grausigen Bamberger Diskothekenszene etwas entgegenzusetzen. Jeder brachte Teile seiner Stereoanlage mit, und eine Bamberger Institution war geboren: der »CHAOS-Schwof« im Jazzkeller. Jeden Donnerstag rockten die vier das Gewölbe und hatten schnell ein begeistertes Stammpublikum von Schülern und Studenten auf ihrer Seite. Kurz darauf, am 1. Dezember 1990, war Wrede Herr des *Live-Pubs*, der für die Bamberger Jugend quasi das Wohnzimmer in der Sandstraße darstellte. Fünf Mal die Woche Bands und zweimal »Schwof« – ein Erfolgsrezept, das auch Sprungbrett für bekannte Künstler und Bands wie Uwe Bossert von Reamon oder Wolfgang Buck war. Nebenbei vermietete Wrede Musikanlagen und arbeitete auf Großveranstaltungen als Techniker, bis 1995 mit dem Umzug in den heutigen *Live-Club* ein großer Schritt in die Zukunft gemacht war. Hinzu kamen die *Haas-Säle* und zwischenzeitlich die *Blues Bar*. Heute sitzt Volker Wrede im Bamberger Stadtrat und ist Kreisvorsitzender des Bamberger Hotel- und Gaststättenverbandes. Ein bisschen die fränkische Tellerwäscher-Millionär-Geschichte, wobei Wrede trotzdem immer seinem Motto aus alten Tagen treu geblieben ist: »Ich habe mir noch nie einen Kopf darum gemacht, was die anderen von mir denken. Das ist mir völlig hoch wie breit!« Sie finden den sympathischen Bamberger meistens hinter dem Mischpult unter einem Cowboyhut und mit einem Weizen oder Spezi in der Hand.

TIPPS

Bamberg zaubert, 3. Wochenende im Juli, www.bamberg-zaubert.de
Tucher Blues- & Jazzfestival, 2. Woche im August, www.blues-jazz-festival.mybamberg.de
Live-Club/Haas-Säle, Obere Sandstraße 7, 96049 Bamberg, Tel. 09 51/5 33 04 bzw. 09 51/51 93 53 29, www.live-club.de, Öffnungszeiten siehe Veranstaltungskalender auf der Website.

Zu jeder Sandkerwa gehört
ein großes Feuerwerk.

Die fünfte Jahreszeit

42

Kerwa »im Sand«: Zwischen Partystimmung, Fischerstechen und Feuerwerk

Entlang der romantischen Ufer des linken Regnitzarmes, wo die alten Fischerhäuser, »Klein Venedig« genannt, stehen, schlägt das Herz der Stadt. Hier liegen die Ursprünge der Besiedelung, hier hatten die Handwerker ihren Sitz, und hier war auch der alte Marktplatz, wo die »Humsera« (Bamberger Marktfrau) ihre Zwiebeln verkaufte. Auf dem ehemaligen Markt steht heute der Biergarten des *Schlenkerla* (siehe Kapitel 29), darum herum erstreckt sich das Sandgebiet. Die Gassen und Sträßchen zwischen Dominikanerstraße und Markusbrücke sind einmal im Jahr Schauplatz des größten Bamberger Festes, der Sandkerwa. Trotz Bockbierzeit und Fasching hat die Kirchweih der kleinen Elisabethenkirche den Kultstatus der fünften Jahreszeit fest für sich erobert, und allein die Erwähnung des Festes treibt jedem echten Bamberger Tränen in die Augen.

Schließlich befinden sich Stadt und Bürger an den fünf Tagen im Spätsommer in einem absoluten Ausnahmezustand. Schon Monate vorher verabredet man sich mit alten Freunden und Bekannten, um an einem der Kirchweihtage das jährliche Wiedersehen zu feiern. Und wenn es dann endlich losgeht, strömen insgesamt über eine halbe Million Menschen in die Bamberger Altstadt, um eines der größten Volksfeste Bayerns zu begehen. Los geht es mit dem Eröffnungsgottesdienst am Mittwoch in der Elisabethenkirche, nach dem sich die eingefleischten Sandkerwa-Freunde auf ein gemeinsames Abendessen treffen, gefolgt von einem eher gemütlichen Donnerstag, an dem die Bamberger in der Regel noch unter sich sind. Mit dem Fassanstich im Festzelt am Abend eröffnet schließlich der Oberbürgermeister die Kirchweih.

Im Unterschied zu vielen anderen bayerischen Volksfesten spielt das Festzelt übrigens bei der Sandkerwa keine oder zumindest nur eine untergeordnete Rolle. Das wahre Kirchweihleben spielt sich in den Straßen des Sandgebietes ab – und in den vielen Innenhöfen. Denn zur Kerwa dürfen die Bewohner fünf Tage lang zu Festwirten werden, und so verwandelt sich so mancher Garten und manches Wohnzimmer in eine kleine Kirchweihkneipe. Seien Sie aber vorsichtig! Die nach dem jeweiligen Hausrezept kredenzten Cocktails und Bowlen haben es in sich.

Für viele der Höhepunkt: das traditionelle Fischerstechen am Sonntagnachmittag

Am Freitag stellen Bürgerverein und Handwerkszünfte gemeinsam den Kirchweihbaum vor der Elisabethenkirche auf. Dies ist jedes Mal Millimeterarbeit, denn man versucht, einen maximal großen Baum in der Enge des Sandgebietes aufzustellen. Doch Schub um Schub schaffen es die wackeren Burschen immer wieder, die große Fichte am Ende sicher in ihr kleines Loch zu bringen. Böllerschützen beenden das Zeremoniell von der Brüstung des Rosengartens aus, anschließend feiern die Schützen ihren Abend im *Griesgarten* und ermitteln den Sandschützenkönig.

Samstag und Sonntag stehen im Zeichen des Fischerstechens. Erst die Jugend und dann die »Großen« fahren gegeneinander in Schelchen auf der Regnitz auf, um sich mit einer über zwei Meter langen Lanze gegenseitig ins Wasser zu befördern. Diese nasse Variante eines Ritterturniers gibt es schon seit Jahrhunderten. Aus dem Jahr 1498 ist zum Beispiel bekannt, dass die Zuschauermenge zu groß für das Geländer an der Unteren Brücke war. Es musste repariert werden, und dies ist im Rechnungsbuch der Stadt vermerkt. Zu den Fischer-Recken zählen neben den Mitgliedern der Schiffer- und Fischerzunft Bamberg in der Regel die »Pengertz-Ratz'n« aus Nürnberg und die »Schlierseer Buam«. Den Sieg quasi abonniert haben dabei allerdings die Mitglieder der Bamberger Fischerfamilie Kropf, die anscheinend seit Generationen ein bestimmtes Fischerstechergen in sich tragen. Wenn Sie dieses Spektakel erleben möchten, seien Sie mindestens eine Stunde vor dem Beginn an den Ufern vor dem Alten Rathaus. Wer dabei gemütlich Frühschoppen machen möchte, kann versuchen, sich einen der raren Fensterplätze im Festzelt zu sichern.

Während vor allem am Samstagabend ab 19.00 Uhr kaum mehr ein Durchkommen ist, wird die Kerwa am Sonntag wieder gemütlicher und klingt am Montag hauptsächlich mit den Einheimischen aus. Die treffen sich am Abend vor der Elisabethenkirche zum Hahnenschlag, bei dem der »Hahnenkönig« ermittelt wird. In früheren Zeiten war dies noch ein recht martialischer Brauch. Heute muss der Kandidat mit verbundenen Augen erst einen Walzer tanzen, um anschließend mit einem Dreschflegel bewaffnet auf einen Blumentopf loszugehen. Er hat nur einen Schlag, und die umstehende Menge versucht, mit lautem Schreien die Richtung zu bestimmen. Wer den Blumentopf zerschlägt, ist Hahnenkönig und darf anschließend bei einem kleinen Fest Hühnersuppe und Bier ausgeben. Der Hahn, der früher als Preis verliehen wurde, kommt heute nur noch zu Besuch und darf anschließend wieder ins heimische Gehege. Stattdessen erhält der König eine schöne Urkunde nebst Miniflegel.

Den krönenden Abschluss erleben die Bamberger überall in der Stadt, wo man einen guten Blick in Richtung Michelsberg hat. Das Hochfeuerwerk gehört zu den Höhepunkten im Jahr – und ebenfalls zu den Pflichtterminen für echte Domstädter. Denn nach der Sandkerwa ist der Sommer zu Ende, und die Bamberger fangen schon an, die Weihnachtsgeschenke zu besorgen.

Die Terminierung der Kerwa ist für viele Bamberger ein Rätsel, doch eigentlich ganz einfach: Der 24. August (St. Bartholomäus) muss mit in die Kirchweih eingebunden werden. Diese aber währt immer von Donnerstag bis Montag. Fällt der 24. also auf einen Dienstag oder Mittwoch, ergibt sich ein Problem. Doch die kreativen Bamberger nehmen die Sperrstunde einfach mit ins Boot, weswegen ein Bartholomäus-Dienstag zumindest eine Stunde in den letzten Sandkerwatag (Montag) integriert werden kann (dann ist vom 19.–23.8. Kerwa). Sollte der Tag auf einen Mittwoch fallen, muss die Sandkerwa danach beginnen (vom 25.8.–29.8.).

TIPPS

Sandkerwa-Termine, 21.8.–25.8.2014, 20.8.–24.8.2015, 25.8.–29.8.2016, www.sandkerwa.de

Das offizielle Sandkerwa-Bier braut die *Gasthausbrauerei Ambräusianum*, die aber auch sonst immer einen Besuch wert ist, Dominikanerstraße 10, 96049 Bamberg, Tel. 09 51/5 09 02 62, www.ambraeusianum.de, Jan–März Di–Fr 17.00–23.00, Sa 11.00–23.00, So 11.00–21.00, Apr–Dez Di–Sa 11.00–23.00, So 11.00–21.00.

Eines der kuriosesten Feste im Bamberger Land ist das Walberlafest.

»Wer hat Kerwa?«
Kirchweihzeit in und um Bamberg

Dieser traditionelle Aufruf steht am Beginn einer jeden Kirchweih im Bamberger Land. Die versammelte Menge antwortet mit »Mir ham Kerwa!«. Auf Hochdeutsch: »Wer hat Kirchweih?« »Wir haben Kirchweih!« Und dann geht es los, das bunte Treiben. Neben der Sandkerwa (siehe Kapitel 42) gibt es natürlich jede Menge weiterer Kirchweihen in der Stadt und im Umland. Schließlich hat jede Pfarrei ihre Schutzheiligen und jede Kirche ihre Weihetage. Zusätzlich werden auch Kirchweihen von gar nicht mehr existenten Gotteshäusern begangen, und in einigen Dörfern wurde sogar eine eigene Kirchweih erfunden, obwohl es nie eine Kirche dazu gab.

Sie sehen, wichtig ist dem Franken das Fest, der Anlass wird zur Not auch mal geschaffen. Dabei haben die Bamberger Glück, dass sie in einem (erz)katholischen Landstrich wohnen. Denn im römisch-katholischem Gebiet dauert so eine Kerwa immer von Donnerstag bis Montag, während in den protestantischen Landstrichen, beispielsweise um Kulmbach oder Bayreuth nur von Freitag bis Sonntag gefeiert wird. Sichtbares Zeichen ist der Kerwabaum, der sich meistens am Freitag nach einer längeren Prozedur in den Himmel reckt. Zu den kulinarischen Klassikern gehören im Bamberger Land die ausgezogenen Krapfen. Dabei wird Krapfenteig in Kugeln geformt und anschließend über den Handrücken gezogen, bis ein wulstiger Rand entsteht. Die Mitte ist am Ende hauchdünn, der Rand nicht allzu breit. Anschließend gibt der Bäcker die Krapfen in eine Krapfenpfanne, wo sie unter mehrmaligem Wenden ausgebacken werden. Mit Puderzucker bestreut eine echte Delikatesse!

Im Folgenden ein kleiner Überblick zu den wichtigsten Kirchweihen und ähnlichen Festen in Bamberg und Umgebung (die genauen Daten können Sie jeweils dem Bamberger Veranstaltungskalender entnehmen, der überall ausliegt):

Georgi-Ritt Effeltrich: Pferdewallfahrt am Ostermontag,
www.kirche-effeltrich.de, www.effeltrich.de

Georgi-Ritt auf den Senftenberg: mit dem Pferd IN die Kirche, Ende April, www.pferdefreunde-buttenheim.de

Walberlafest: Kirchweih auf dem zweiten Kultberg der Franken (neben dem Staffelberg), am ersten Wochenende im Mai, www.walberlafest.de

Heilig-Blut-Fest Burgwindheim: Wallfahrt mit Lichterprozession, nach Fronleichnam (zwischen 21. Mai und 24. Juni).

Fischkerwa Kemmern: auf den Maiwiesen mit viel frisch gegrilltem Fisch, Ende Juni/Anfang Juli.

Kirschenfest Pretzfeld: rauschendes Fest im größten Kirschenanbaugebiet Deutschlands, Mitte Juli, www.kirschenfest-pretzfeld.de

Wunderburger Kirchweih: rund um die Brauereien *Mahr* und *Keesmann*, am 3. Wochenende im Juli, www.wunderburg.de

Heinrichsfest: quasi das Fest der gesamten Erzdiözese, Mitte Juli, www.heinrichsfest.de

Canalissimo: romantisches Flussfest am Alten Kanal, Ende Juli, www.canalissimo.de

Annafest: das Fest auf dem Forchheimer Kellerberg (»Weltrekordberg«), um den 26. Juli (Namenstag der Hl. Anna), www.anna-fest.de

Gartenstädter Kerwa: zwischen Bambergs bester Eisdiele und der US-Kaserne, Anfang August.

Ausblick vom Walberla auf die Fränkische Schweiz

Beim Walberlafest wird die Bergspitze zum Volksfestplatz. Hier wurden auch schon viele Franken gezeugt.

Laurenzikerwa: Kult-Kerwa vor der Brauerei *Greifenklau*, 2. Sonntag im August.

Memmelsdorfer Kirchweih: ein guter Grund, um die Brauereien *Drei Kronen* und *Höhn* zu besuchen, Mitte August.

Limmersdorfer Lindenkirchweih: etwas weiter weg, dafür schon seit 1729, rund um die erhaltene Tanzlinde, Ende August, www.lindenkirchweih.de

Sandkerwa: Bambergs fünfte Jahreszeit, Ende August, www.sandkerwa.de

Heinrichskirchweih: Kirchweih vor der monumentalen Sichtbeton-Fassade der Heinrichskirche, Mitte September.

Tag der offenen Brennereien: die Edelbrenner zeigen ihre Kunst – rund ums Walberla, Oktober, www.schnaps-brennerei.com

Lichterfeste: Ganze Ortschaften verwandeln sich um Neujahr in ein Lichtermeer. Oberailsfeld (20. Dezember), Nankendorf (31. Dezember), Obertrubach (3. Januar), Pottenstein (6. Januar).

TIPP

Kirchweihkalender für Stadt und Landkreis Bamberg, www.kirchweihkalender-bamberg.de

Advent im Sand

Weihnachtsmärkte, Krippen und schwimmende Nikoläuse

44

Bamberg und die stade Zeit

Eine beliebte Shopping-Metropole wie Bamberg hat natürlich auch zur Weihnachtszeit viel zu bieten. Nicht nur, dass die ganze Stadt liebevoll dekoriert ist und der Glühweinduft durch die Straßen zieht, auch zahlreiche Weihnachts- und Adventsmärkte öffnen ihre Pforten. Allen voran natürlich der städtische Weihnachtsmarkt mit seiner bald 200-jährigen Tradition, der heute zwischen Altem Rathaus und Maxplatz mit unzähligen Buden die Fußgängerzone säumt. Sein Standort wechselte gelegentlich und war von 1911 bis 1970 an der Promenade, wo man dem neu gebauten Omnibusbahnhof weichen und auf den Maxplatz umziehen musste. Seit 1983 gehört auch eine Großkrippe dazu, die mit den vielen anderen Krippen der Stadt den Bamberger Krippenweg bildet. Auftakt ist jedes Jahr am Donnerstag vor dem ersten Advent, wenn das Bamberger Christkind und der Bürgermeister den Markt eröffnen. Anschließend gibt es an den Adventswochenenden weihnachtliche Musik von Bamberger Musikern und Chören, und auch der Nikolaus schaut regelmäßig zum Geschenkeverteilen vorbei.

Eines der Urgesteine auf dem Weihnachtsmarkt ist Oskar Erlwein aus Langensendelbach. Seit mehr als einem Jahrzehnt bietet er gemeinsam mit seiner Ehefrau Annemarie exklusiv den Bambergern feinste Beerenweine an – allerdings erhitzt, die beste Alternative zum Glühwein, wie die Stammkunden sagen. Kopfschmerzen und Sodbrennen ausgeschlossen. Neben den Dauerbrennern Zwetschge, Holunder, Schlehe und Quitte kamen auch immer wieder Neulinge wie Aronia und Haferschlehe hinzu. Letztere war ein Geschenk zum Ausstand, als Erlwein nach jahrzehntelanger Arbeit in der Notfallmedizin in Rente ging. Die Haferschlehe galt als ausgestorben, in Bamberg wurde jedoch noch ein letzter Strauch entdeckt und vermehrt. Von der ersten Zucht erhielt Erlwein fünf Stöcke, um die sich der passionierte Obstbauer liebevoll kümmerte. Vom Geschmack ist er begeistert, so wie von seinen anderen Weinen: »Ich mach ja nur, was mir selber schmeckt!« 2013 feierte Oskar Erlwein den 70. Geburtstag. Vielleicht sind die Beerenweine und -säfte ein Geheimnis für die Vitalität der beiden Frohnaturen, um die sich während der gesamten Öffnungszeit des Weihnachtsmarktes eine rege Traube von Fans aus allen Alters- und

Immer mit Herz und Seele bei der Arbeit: Das Ehepaar Erlwein an seinem beliebten Beerenweinstand.

Berufsgruppen schart. Zum heißen Beerenwein reicht Annemarie deftiges Schmalzbrot, eine perfekte Ergänzung des fruchtigen Genusses. Das Schmalz macht übrigens die über 90-jährige Mutter eines ehemaligen Kollegen – als Gegenleistung erhält sie seit vielen Jahren ihre tägliche Beerenweinration.

Ein weiterer zauberhafter Adventsmarkt findet seit 2005 am ersten Adventswochenende im Sandgebiet statt. Er steht im Zeichen des Handwerks und Kunsthandwerks. So findet man einzigartige Stücke aus den Töpfereien der Stadt, Holzgeschnitztes, Gemälde, Kostüme, aber auch Vorführungen von Schmieden und Büttnern. Das Herz bildet die kleine Elisabethenkirche, Ursprung der Sandkerwa (siehe Kapitel 42), in der an den Abenden auch stimmungsvolle Konzerte mit sphärischen Klängen ertönen. Natürlich darf auch hier der Heilige Nikolaus nicht fehlen, der sich liebevoll um die Kinder kümmert und sie mit kleinen Naschereien versorgt.

Apropos Nikolaus: Am Samstag vor oder nach dem 6. Dezember bietet sich hartgesottenen Besuchern noch ein besonderes Spektakel, das Bamberger Nikolausschwimmen. Nach Einbruch der Dunkelheit steigt der Heilige Nikolaus an der Marienbrücke in ein Boot der Wasserwacht und fährt, begleitet von über 60 Fackelschwimmern aus ganz Oberfranken, bis zur Löwenbrücke, wo er aussteigt und Geschenke an Kinder verteilt. An den beiden Flussufern stehen dann Hunderte von Zuschauern, oft mit Thermoskannen voller Glühwein bewaffnet, dazwischen Blaskapellen und andere Musikgruppen, die dem Geschehen auf dem Fluss den richtigen

Rahmen geben. Sollten Sie an diesem Tag in der Stadt sein, gehört das Nikolausschwimmen sicher zu den Pflichtterminen.

Seit bald einem halben Jahrtausend gehört der schon erwähnte Krippenweg zum Bamberger Stadtbild. So alt nämlich ist die Tradition, überall in der Stadt die Szenen aus der Bibel nachzustellen. Heutzutage sind es über 40 Stationen, an denen mehr als 400 Klein- und Großkrippen der unterschiedlichsten Bauart die Besucher erwarten. Zu den Highlights gehören die barocke Großkrippe im Alten Rathaus (Sammlung Ludwig), die historischen Krippen des Diözesanmuseums und die Krippen der Weltkirche im Missionsmuseum sowie die prächtige Krippe in der Oberen Pfarre. In der Tourist-Information der Stadt erhalten Sie eine kleine Übersichtsbroschüre mit allen Stationen und können auch eine thematisch auf den Krippenweg ausgerichtete Stadtführung buchen.

Als letzten Tipp möchten wir Ihnen noch die Kunsthandwerker-Weihnachtsmärkte am dritten Adventswochenende mit auf den Weg geben. Zum einen stellt Schloss Geyerswörth seinen idyllischen Innenhof für den interkulturellen Weihnachtsmarkt zur Verfügung. Neben hochwertigen Kunsthandwerk erfreut hier das internationale Rahmenprogramm, das unter Mitwirkung des Migranten- und Integrationsbeirats Bamberg Weihnachtsbräuche aus aller Welt lebendig nahebringt. Das gesamte St. Josefsheim am Jakobsplatz hingegen verwandelt sich in einen großen Basar mit hochwertigen Handwerksstücken aus ganz Franken, wobei jeweils die Künstler selbst vor Ort sind und ihre Fertigkeit demonstrieren. Dazu gehören auch eine lebende Krippe, der historische Holzbackofen und das große Zirkuszelt des Zirkus Giovanni. Der Erlös des Marktes kommt dem Don Bosco Jugendwerk zugute. Die Akteure des Zirkus Giovanni fördern junge Menschen mit Benachteiligungen und erarbeiten mit ihnen spannende Vorstellungen, die in unregelmäßigen Abständen auch öffentlich gegeben werden. Außerdem gehört ein Klettergarten zu dem Areal, der allerdings nur Gruppen offensteht.

TIPPS

Weihnachtsmarkt-Übersicht, www.stadt.bamberg.de
Bamberger Weihnachtsmarkt, www.weihnachtsmarkt-bamberg.de
Adventsmarkt im Sand, www.interessand.net
Interkultureller Kunsthandwerker-Weihnachtsmarkt, www.creativforum-bamberg.de
Weihnachtsmarkt im Don Bosco Jugendwerk, www.bamberg.donbosco.de
Bamberger Krippenweg, www.bamberg.info/krippen

Handarbeit am Jakobsberg. In der Töpferei
kann man sogar Kurse belegen.

»Deutschlands schönstes Kaufhaus«

Shoppen gehen in Bamberg

Viele – auch die Bamberger – denken, dass die Domstadt nur wegen ihres Weltkulturerbes in den letzten Jahren so sehr an Beliebtheit dazugewonnen hat. Doch in Wahrheit stehen zwei ganz andere Argumente in den Umfragen an der Spitze: Shopping und Gastronomie. Über Bier und gutes Essen haben wir ja bereits ausführlich gesprochen, nun sind die Geschäfte an der Reihe. Glücklicherweise haben sich in Bamberg viele kleine Einzelhändler gehalten, die noch jeden Tag ihren Laden selbst aufsperren und hinter der Theke stehen. Dazu gehören Klassiker wie Bürsten Nickles oder Hut Holland, die ihre Waren schon zu Kaisers Zeiten feilgeboten haben, aber auch viele innovative Läden wie das Mohren-Haus oder das Kaufhaus Schrill. Das Haus mit dem Mohren über dem Eingang öffnete schon vor über 30 Jahren seine Pforten und steht einfach für »schöne Dinge«. Für die Bamberger hat das kleine Kaufhaus schon deswegen Kultstatus, weil man hier für jeden Anlass kurzfristig das richtige Geschenk finden kann. Vor allem Tee-Freunde werden schon beim Eintreten begeistert sein, denn in der historischen Apotheke gibt es eine Unmenge verschiedenster Teesorten aus der ganzen Welt – und natürlich die nötigen Accessoires.

»Ich bin schrill, ich liebe Aliens!«, so begrüßt Sonja Eichfelder ihre Gäste im schrägsten Laden der Stadt, dem Kaufhaus Schrill. Etwas außerhalb gelegen findet sich hier alles für Leute, die schon heute die Trends von morgen tragen wollen. Schließlich reisen sie und ihr Ehemann Gerhard als Modehandelsvertreter durch die Lande und bringen die jeweiligen Musterkollektionen mit zurück an die Regnitz, wo sich Schnäppchenjäger(innen) mit der passenden Taille ihr topmodernes Einzelstück sichern können. Hier ließe sich noch viel über jeden Laden erzählen, am besten, Sie gehen selbst mal auf Entdeckungsreise und genießen das einmalige Einkaufsflair – in Deutschlands schönstem Kaufhaus:

Absatz z. B. Schuhe

Designerschuhe, v. a. aus Italien, Lange Straße 31, Tel. 09 51/20 05 03, www.absatz-schuhe.de, Mo–Fr 9.30–18.00, Sa 10.00–16.00.

ali er & sie

Extravagante Mode und Accessoires, Obere Brücke 7, Tel. 09 51/2 18 08, Mo–Mi, Sa 9.30–18.00, Do, Fr 9.30–19.00, www.ali-shop.de

Antiquariat Lorang
Liebevoll geführtes Antiquariat mit großer Auswahl, Karolinenstraße 1, Tel. 09 51/5 67 33, Mo–Sa 9.00–19.00, Ostern–November auch So 10.30–18.30.

Blumenkunst
Das kreative Reich von Beate Regus, Kleberstraße 25, Tel. 09 51/4 08 23 70, www.blumenkunst-regus.de, Mo 9.00–14.00, Di–Fr 9.00–18.00, Sa 9.00–16.00.

Bürsten Nickles
Alles zum Schrubben und Striegeln, Zinkenwörth 29, Tel. 09 51/2 65 71, Mo, Di, Do, Fr 9.00–12.00 und 14.30–18.00, Mi 9.00–13.00, Sa 10.00–13.00.

comixart
Das Paradies für Comicfreunde, Austraße 21, Tel. 09 51/2 16 55, www.comixart.de, Mo–Mi 10.00–18.00, Do, Fr 10.00–19.00, Sa 10.00–17.00.

Confiserie Storath
Vorzeige-Pralinen und Schokoladen, auch zum Trinken, Lange Straße 26, Tel. 09 51/2 08 36 66, www.confiserie-storath.de, Mo–Fr 9.30–18.00, Sa 9.30–15.00.

Der Töpferladen
Liebevoll dekorierte Handarbeit aus Ton, Untere Brücke 1, Tel. 09 51/5 69 13, Mo–Fr 10.00–18.00, Sa 10.00–14.00.

Eberls Genusswelt
Jede Menge »Genussverstärker«, womit Gläser, Messer, Töpfe, Küchenmaschinen, Gewürze etc. gemeint sind, Dominikanerstraße 1, Tel. 09 51/5 19 18 50, www.eberls-genusswelt.de, Mo–Fr 10.00–18.00, Sa 10.00–17.00.

Elektronik Box
Jedes Schräubchen und Mütterchen, jede Sicherung und Steckverbindung, die die Welt je gesehen hat – ein Bastlerparadies, Untere Königstraße 29, Tel. 09 51/2 85 00, Mo–Fr 9.00–13.00 und 14.00–18.00, Sa 9.00–13.00.

Feldbaum

Geschäft in den beiden schiefsten Häusern der Stadt mit allem, was Frauen gefällt, Obere Brücke 2–4, Tel. 09 51/2 08 62 00, www.feldbaum-bamberg.de, Mo–Fr 9.30–19.00, Sa 9.30–18.00.

Fundevogel

Alternatives Antiquariat, Austraße 29, Tel. 09 51/5 09 80 70, Mo–Fr 9.00–19.00, Sa 9.00–16.00.

Hübscher

Buchhandlungsprimus mit Büchern und jeder Menge drum herum, Grüner Markt 16, Tel. 09 51/98 22 50, www.huebscher.de, Mo–Fr 9.00–19.00, Sa 9.00–18.00.

Johann Holland

Geballte Hutkompetenz seit vielen Jahrzehnten, Am Kranen 2, Tel. 09 51/2 17 88, Mo–Fr 9.30–19.00, Sa 9.30–18.00.

Kaufhaus Schrill

Exklusive Damenmode, luxuriöse Marken, Hallstadter Straße 168, Tel. 09 51 /40 73 62 74, www.kaufhaus-schrill.de, Fr 14.00–19.00, Sa 10.00–16.00, plus unregelmäßig ein weiterer Wochentag, siehe Homepage.

Kaufrausch

Besonderer Schmuck und Kunstgegenstände, Austraße 27, Tel. 09 51/2 38 07, www.kaufrausch-bamberg.de, Mo–Fr 10.00–18.00, Sa 10.00–16.00.

Kunst und Magie

Alles, was der spirituelle Mensch so braucht, vom Räucherstäbchen bis zur Klangschale, Kleberstraße 5, Tel. 09 51/5 09 85 55, www.kunstundmagie.de, Mo–Fr 9.00–14.00.

La Vitrine

Exklusive Damenmode, Luxus pur, Hauptwachstraße 17, Tel. 09 51/20 32 20, www.lavitrine-bamberg.de, Mo–Fr 9.30–18.00, Sa 9.30–16.00.

Licht+Design

Schöne Dinge für die Sinne, nicht ganz billig, aber exklusiv, Am Kranen 6, Tel. 09 51/2 21 48, Mo–Mi 10.00–18.00, Do, Fr 10.00–18.30, Sa 10.00–18.00.

Maedla

Ein Shop, lauter Lieblingsstücke, bezaubernd! Obstmarkt 4, Tel. 09 51/30 90 08 80, www.maedla.de, Mo–Sa 9.30–18.00.

Magnus Klee

Schreibwaren und jede Menge Kirchendevotionalien, Obstmarkt 2, Tel. 09 51/2 60 37, Mo–Fr 8.45–18.00, Sa 9.30–17.00.

Modellbau Schneider

Eine Welt für Väter und Söhne, Theatergassen 4, Tel. 09 51/2 08 07 77, wwww.modellbau-schneider.de, Mo–Fr 10.00–18.00, Sa 10.00–14.00.

Mohren-Haus

Das perfekte Kaufhaus für Liebhaber schöner und kreativer Dinge, große Auswahl an Tees, Obere Brücke 14, Tel. 09 51/98 03 80, www.mohren-haus.de, Mo–Mi, Sa 9.30–18.00, Do, Fr 9.30–19.00.

musicland

Musikantiquariat mit Unmengen Schallplatten – echtes Vinyl! Austraße 14, Tel. 09 51/2 70 30, www.musiclands.de, Mo–Fr 11.00–19.00, Sa 11.00–17.00.

Obstmarkt No. 6

Feines für die Sinne, Taschen, Tassen, Accessoires, Obstmarkt 6, Tel. 09 51/70 04 38 38, www.obstmarktno6.de, Mo–Sa 9.30–18.30.

Oliver Derks

Musik, Genuss, Kunst, Mode, Obstmarkt 10, Tel. 09 51/20 11 47, www.oliver-derks.de, Mo–So ab 10.00.

Pamina

Kleiner Bioladen fürs gute Gewissen, Austraße 14, Tel. 09 51/5 09 93 99, www.paminabio.de, Mo–Fr 8.00–18.00, Sa 8.00–14.30.

Poldi

Mode für die Kleinen, Dominikanerstraße 2, Tel. 09 51/5 19 55 44, www.poldi-bamberg.de, Mo–Fr 10.00–18.00, Sa 10.00–16.00.

Der Radladen

Wenn's mal am Drahtesel klemmt: Hier kennt man jeden Kniff, Steinweg 4a/Dr.-von-Schmitt-Straße 25, Tel. 09 51/5 78 53, www.radladen-bamberg.de, Mo–Fr 10.00–18.30, Sa 10.00–14.00.

Schuster's Tee und Kaffee

Genussgetränke-Allerlei, auch zum Verkosten, Austraße 31, Tel. 09 51/5 09 94 75, Mo–Sa 11.00–18.00.

Schwesterherz

Zwei Schwestern verkaufen liebevoll ihre Lieblingsklamotten, Schwesterherz, Fleischstraße 7 (Ladies), 09 51/51 91 17 66, Do–Sa 10.00–19.00. Schwesterherz 2, Lange Strasse 3/ Wallensteinpassage (Männer und Frauen), Tel. 09 51/91 79 66 40, Mo–Sa 10.00–19.00, www.schwesterherz-bamberg.de

Serendib

Geheimtipp für Mode der besonderen Art, alles ganz natürlich, Karolinenstraße 18, Tel. 09 51/2 49 58, www.serendib-bamberg.de, Mo–Fr 10.00–18.00, Sa 10.00–16.00.

Teehaus Scharnke

Über 300 feine Tees aus der ganzen Welt, Lange Straße 32, Tel. 09 51/20 44 36, www.teehaus-scharnke.de, Mo–Fr 9.00–18.00, Sa 9.00–16.00.

Titus

Angesagte Marken, Skate- und Snowboarding, Luitpoldstraße 20–22, Tel. 09 51/2 08 30 83, www.titus.de, Mo–Fr 11.00–19.00, Sa 10.00–18.00.

Töpferei Porzelius-Reder

Faszinierende Auswahl, Möglichkeit zu Töpferkursen, Jakobsplatz 3, Tel. 09 51/5 66 69, www.toepferei-bamberg.de, Mo–Fr 10.00–13.00 und 14.30–17.30, Sa 10.00–12.00.

Ultimativ

»Ultimative« Outfits von hochwertigen Marken, Pfahlplätzchen 3, Tel. 09 51/2 97 58 66, www.ultimativ.to, Mo–Fr 10.00–18.00, Sa 10.00–16.00.

Wanka Tonka

Buntes Allerlei mit kreativem Mode-Schwerpunkt, Austraße 19, Tel. 09 51/2 99 89 12, www.wankatonka.de, Mo–Sa 10.00–18.00.

Die Hauptattraktion neben Bambergs Gastronomien und Sehenswürdigkeiten sind die vielen kleinen Geschäfte, in denen man eigentlich alles findet, zumindest, wenn man lange genug sucht …

Ein neuer alter Weinberg mitten in der Stadt 46

Die Lage »Bamberger Michaelsberg«

Schon die Römer wussten den Rebensaft zu schätzen und brachten die Weinreben auf ihren Eroberungszügen mit nach Süddeutschland. So entstand das heute kleinste Weinanbaugebiet Deutschlands, die Baierweinregion östlich von Regensburg; an der Mosel gibt es teilweise noch Rebstöcke, deren direkte Vorfahren römische Legionen gesehen haben. In Franken hingegen dauerte der Siegeszug der Rebe bis zum achten Jahrhundert, als man hier begann, Messweine für die hohe Geistlichkeit zu keltern. Schnell entstand das größte Anbaugebiet nördlich der Alpen.

Doch mit dem Dreißigjährigen Krieg wendete sich das Blatt. Die Weinberge waren großteils komplett zerstört, neue Reben nicht leicht zu bekommen, und sie würden erst nach Jahren wieder größere Erträge bringen. Grund genug für die Franken, vor allem im Bamberger Raum, umzusatteln. Man wollte nicht so lange auf alkoholische Getränke warten und verlegte sich auf die Braukunst. So endet auch heute noch das Gebiet von »Weinfranken« im westlichsten Zipfel des Landkreises Bamberg, wo in Unterhaid und der Ebracher Gegend die letzten Weinberge vor »Bierfranken« stehen.

Mit der Landesgartenschau 2012 in Bamberg kam allerdings die Idee auf, die alte Tradition wiederzubeleben und zumindest den historischen Weinberg am Kloster Michelsberg zu restaurieren. Hier bauten die Benediktinermönche schon im 12. Jahrhundert ihren Wein an. Bis zum 18. Jahrhundert weiteten sie den Weinanbau auf den gesamten Hügel aus, allerdings beendeten die Säkularisation und ein extrem strenger Winter 1829/30 den Weinbau. Die letzte Lese fand 1836 statt. Anschließend war eine Streuobstwiese mit uralten Obstbäumen entstanden, die viele Bamberger nicht für das »Experiment Bamberger Wein« opfern wollten. So kam es zu vielen Diskussionen und am Ende zu einem Kompromiss. Statt 10.000 Quadratmetern bepflanzte der beauftragte Winzer nur 8.600, und viele der alten Bäume konnten stehen bleiben.

Martin Bauerschmitt vom *Franken-Weingut Bauerschmitt* in Zeil war der Glückliche, der den Zuschlag für den Betrieb der neuen Lage »Bamberger Michaelsberg« bekam. Und siehe da, schon im ersten Jahr der Pflanzung 2009 trugen die Reben ihre ersten Trauben – äußerst ungewöhnlich und vielleicht ein göttliches Zeichen, wie sehr der Weinberg darauf gewartet hatte, wieder Früchte zu tragen. Die erste Flasche des Bamberger Silvaners konnte Oberbürgermeister Starke dann tatsächlich wie geplant im März 2012 an Erzbischof Schick übergeben. Kenner attestierten eine hohe Qualität, und die erste limitierte Auflage wanderte nach und nach in die Weinkeller vieler Frankenweinfreunde. Und auch für die kommenden Jahre darf man mit einem guten Bamberger Tropfen rechnen. 2012 holten die freiwilligen Helfer von den 3.800 Rebstöcken genug Trauben für 7.500 Liter Kabinett-Wein, fast fünfmal so viel wie im Vorjahr. Damit ist der junge Weinberg schon im zweiten Jahr bei seinem »Regelertrag« angekommen und strafte die vielen Kritiker, die einen geringen Ertrag und miserable Qualität erwartetet hatten, Lügen.

Eine Flasche Bamberger Wein gehört also zu den besten Souvenirs, die Sie Ihren Lieben aus der Welterbestadt mitbringen können. Die beste Reisezeit für Weinfreunde ist der Spätsommer, wenn überall im Wein-Frankenland die Weinfeste locken. Natürlich gibt es auch auf dem Bamberger Michelsberg eines, Mitte August können Sie auf diesem nach Herzenslust im Schatten des Klosters Wein genießen. Etwas früher findet mit dem Altstadt-Weinfest in Zeil eines der stimmungsvollsten Weinfeste überhaupt statt. Mit dem Zug und mit Sonderfahrten der Bamberger Personenschifffahrt können Sie von Bamberg aus direkt in das Örtchen fahren, in dem

Die Bamberger Schifffahrtsfamilie Kropf bringt im Sommer viele Gäste zu den Weingütern und Weinfesten des Bamberger Umlandes.

der Bamberger Winzer seine eigenen Weinberge stehen hat. Im 11. Jahrhundert waren es übrigens die Bamberger Benediktiner, die hier den Weinbau forcierten – ein Kreis schließt sich. Das Fest inmitten der historischen Altstadt beginnt am Samstag, am Sonntagabend bildet das Hochfeuerwerk vom »Zeiler Käppele«, einer Kapelle auf einem kleinen Berg bei der Stadt, den Höhepunkt. Eine Wanderung zu diesem Kleinod sollten Sie auf jeden Fall mit einplanen. Der Weg ist gut ausgeschildert und die Sicht auf den Main atemberaubend. Eher beschaulich geht es dann am Montag zu, vielleicht der schönste Tag, wenn man die Atmosphäre von Städtchen und Weinfest zusammen erleben möchte.

Zeil war übrigens auch der Ort der meisten Hexenprozesse im Bamberger Land. Neben den Angeklagten aus der Stadt selbst brachte man ab 1627 auch die Bamberger Beschuldigten in das hiesige Gefängnis. Über 400 vermeintliche Hexen und Hexenmeister fanden zwischen 1616 und 1631 hier den Tod, bis die anrückenden schwedischen Truppen dem Treiben ein Ende setzten. Seit 2011 gibt es dazu ein beeindruckendes Dokumentations- und Informationszentrum, das die Geschichte der Hexenprozesse anhand von vielen Beispielen anschaulich macht. Außerdem können die Besucher die Überreste eines alten Hexenkerkers besichtigen, der im Stadtturm untergebracht war.

TIPPS

Franken-Weingut Bauerschmitt/Weinfest Bamberg, Ziegelanger 31a, 97475 Zeil am Main, Tel. 0 95 24/30 20 78, www.weingut-bauerschmitt.de
Zeiler Weinfest, www.zeiler-weinfest.de
Zeiler Käppele, Kapellenberg 2, 97475 Zeil am Main, Tel. 0 95 24/10 09, Di–Fr ab 14.00, Sa ab 12.00, So, Fei ab 10.00.
Zeiler Hexenturm, Obere Torstraße 14, 97475 Zeil am Main, Tel. 0 95 24/94 98 61, www.zeiler-hexenturm.de, Apr–Okt Do–So, Fei 10.00–17.00, Di, Mi Schulen und Gruppen nach Vereinbarung, Mo Ruhetag, Nov–März Sa, So 10.00–16.00, Fei 13.00–16.00, Di–Fr Schulen und Gruppen nach Vereinbarung, Mo Ruhetag.

Kaspar Schulz ist die älteste Brauerei-
maschinenfabrik der Welt.

Made in Bamberg

Einzigartige Produkte aus der Domstadt

Als Industriestandort hat Bamberg zwar keine überragende Bedeutung, aber durch die langjährige Erfolgsgeschichte der ehemaligen Residenzstadt siedelten sich immer wieder innovative Betriebe hier an, die es teilweise noch heute gibt. Wir möchten Ihnen ein paar davon vorstellen:

Im Osten der Stadt steht der älteste Industriebetrieb Bambergs: die Kaspar Schulz Brauereimaschinenfabrik & Apparatebauanstalt KG. Die Firma ist heute mit ihren hundert Mitarbeitern spezialisiert auf die Produktion sämtlicher Fabrikationsanlagen für die Bierherstellung. Darüber hinaus werden auch maßgeschneiderte Automatisierungen und innovative Konzepte zur Energieeinsparung für die Braubranche geplant und gefertigt. Neben den fränkischen und bayerischen Brauereien liefert Schulz mittlerweile über Deutschland hinaus weltweit in über 50 Länder. Die Geschichte dieses Bamberger Vorzeigebetriebes begann bereits im Jahr 1677, als Christian Schulz am 11. Januar eine Kupferschmiede am Unteren Kaulberg 15 übernahm. Die Schmiede dieser Werkstatt waren es auch, die beispielsweise die vier Bamberger Domtürme mit etwa 20 Tonnen Kupferblech eindeckten. Der damalige Inhaber, Tobias Schulz, arbeitete zwischen 1765 und 1767 drei Jahre an den Turmdächern. Doch am 31. Dezember 1767 stürzte er zu Tode. In den Sterbematrikeln von St. Veit heißt es: »Im Jahr des Herrn 1768. Am ... Januar wurde im Kreuzgang der Kathedralkirche der Bürger und Kupferschmied Tobias Schulz, der auf dem Kaulberg wohnte, begraben, der am letzten Dezembertag um die fünfte Stunde am Abend, weil er noch eine Kleinigkeit besorgen wollte, vom Turm des Domes fiel und mit an der Mauer verspritztem Gehirn eines plötzlichen Todes starb. Seine Seele ruhe in Frieden.« Tobias Schulz ist der einzige Bürger, der im Dom-Kreuzgang begraben wurde, allerdings ist die Grabinschrift heute nicht mehr lesbar.

Nicht weit von dem heutigen Firmensitz von Kaspar Schulz in der Kaspar-Schulz-Straße (die Stadt Bamberg schenkte dem Unternehmen zum 325-jährigen Bestehen einen eigenen Straßennamen) gibt es einen weiteren Bamberger Vorzeigebetrieb: die *Malzfabrik Weyermann*, weithin sichtbar durch die rötlichen Ziegel, aus denen die Firmengebäude errichtet sind. Seit vier Generationen steht die Fabrik in der Brennerstraße für die Liebe und den Hang zur höchsten Qualität, mit der die weltweit größte Palette an Brau- und Backmalzen hergestellt wird. Diese Position erlangt man natürlich nicht in Bamberg oder Franken alleine; nicht nur Biere im fränkischen Biermekka erhalten die charakteristische Farbe und den Geschmack durch *Weyermann*, sondern auch Brauereien und Backmittelbetriebe in weit mehr als 100 Ländern der Erde. Die Geschichte des Unternehmens in seiner heutigen Form begann am 4. Oktober 1879, als Johann Baptist Weyermann unter dem Firmennamen seines Vaters und Getreidehändlers Michael Weyermann eine Malzrösterei in der Laurenzistraße 28 errichtete und Malzkaffee herstellte. 1887 kam eine Farbmalzbrennerei hinzu, und nur ein Jahr später begannen die Planungen für den umfangreichen Neubau in der heutigen Brennerstraße. In der für die damalige Zeit hochmodernen Fabrik befanden sich sogar ein Badehaus und ein Schlafsaal für die Mitarbeiter. Nach dem Zweiten Weltkrieg spielt das Bamberger Theater für zwei Spielzeiten im umgebauten Festsaal der Malzfabrik. Heute gehen die Weyermann-Malzsäcke quasi als Botschafter Bambergs um die ganze Welt, denn eines der Spezialmalze aus der Domstadt steckt in fast jedem Bier, das Sie kennen.

Klingen Namen wie »Neuralgin« oder »ipalat« vertraut für Sie? Auch Arzneien kommen aus Bamberg. Nach seiner Wehrmachtszeit war der 1906 in Berlin geborene Dr. Robert Pfleger an die Regnitz geflohen und baute 1945 hier sein pharmazeutisches Unternehmen mit dem Namen »Dr. R. Pfleger« auf, das schnell zu einem der führenden mittelständischen Arzneimittelhersteller heranwuchs. Über 300 Mitarbeiter stellen heute mehr als 60 verschiedene Medizinprodukte her. In seinem Testament verfügte der 1958 in Erlangen zum Professor ernannte Unternehmer, dass nach seinem Tod eine Stiftung die Firma übernehmen solle. Und so führt seit 1971 die Dr.-Robert-Pfleger-Stiftung den Betrieb. Vielleicht ist Ihnen der Name Pfleger noch von anderer Seite her bekannt. Sein Sohn Helmut Pfleger spielte viele Jahre für den Bamberger Schachclub in der Deutschen Bundesliga und errang 1975 den Großmeistertitel. Im Fernsehen moderierte der promovierte Mediziner unter anderem von 1983 bis 2005 die Sendung »Schach der Großmeister«, in der Wochenzeitung »Die Zeit« schreibt er regelmäßig eine Schach-Kolumne.

Als Letztes möchten wir Ihnen noch Bambergs Leckerbäcker vorstellen: Thomas Loskarn. Seine Bäckerei besteht nicht, wie beispielsweise die *Bäckerei Seel*, seit über einem halben Jahrtausend, sondern ist gerade mal ein halbes Jahrhundert alt. Und doch steht die Backstube mit dem großen rosa Logo für vieles, was Bamberg so liebenswert macht. Der wohl einschneidendste Tag im Leben von Thomas Loskarn war im Jahr 1979, als sein Vater plötzlich bei einem Verkehrsunfall ums Leben kam. Der 16-jährige Tho-

Weltmarktführer *Weyermann Malz* bietet auch Mälzereiführungen an.

mas absolvierte im Eiltempo die Bäcker- und Konditorlehre und stieg 1983 in den Betrieb ein, den bis dahin seine Mutter Erika liebevoll weitergeleitet hatte. Der Vater von drei Töchtern führte die Firma sicher durch die kommenden Jahrzehnte und charterte zur 50-Jahr-Feier mit der gesamten Belegschaft das Ausflugsboot »Stadt Bamberg«, auf dem alle zusammen ein fröhliches Fest feierten. Ob ihn eher seine Frau oder seine Töchter inspirierten, weiß man nicht, jedenfalls erfand er um diese Zeit eines der beliebtesten Brötchen der Stadt, das »Schneggla«. Egal, ob mit Leberkäs dazwischen oder Käse überbacken, diese kleine runde Versuchung sollten Sie probiert haben. Dazu schauen Sie am besten im *Café Niko* an der Luitpoldbrücke vorbei, das der Leckerbäcker nach seinem Vater benannt hat.

TIPPS

Malzfabrik Weyermann, Brennerstraße 17–19, 96052 Bamberg, Fan Shop, Brennerstraße 17–19, Tel. 09 51/93 22 00, www.weyermann.de, Mo–Do 10.00–12.00 und 13.00–16.00, Fr 10.00–12.00 und 13.00–15.00, Führungen für Einzelpersonen Mi 14.00, Mo–Fr Gruppenführungen ab 8 Personen auf Anfrage.

Bäckerei Loskarn/Café Niko, Heinrichsdamm 6, 96047 Bamberg, Tel. 09 51/2 08 44 88, www.cafe-niko.de, Mo–Fr 6.30–18.30, Sa 6.30–16.00, So 8.00–17.00.

Beliebt zu Frühstück und Nachmittagskaffee:
Schloss Seehof

Das Urlaubsschloss am Rande der Stadt 48

Niedergang und Renaissance von Schloss Seehof

So ein bisschen haben sich die Bamberger die Lebensart der Bamberger Fürstbischöfe erhalten. Jene beschlossen nämlich schon im 15. Jahrhundert, dass gelegentliche Ausflüge ins Umland ein großes Vergnügen bieten. Und so errichteten sie unter anderem ein kleines Jagdhaus zwischen Memmelsdorf und Bamberg, aus dem von 1687 bis 1696 ein stattliches Schloss wurde. Wer schon einmal in Unterfranken unterwegs war, erkennt die Parallelen zum Schloss Johannisburg, das aber natürlich wesentlich größer ist. Eigentlich hieß es nach dem Erbauer, dem Bamberger Fürstbischof Marquard Sebastian Schenk von Stauffenberg, Marquardsburg, in Bamberg bürgerte sich aber schnell der Name »Schloss Seehof« ein.

Hierhin kommen die Domstädter zu allen Jahreszeiten und Anlässen, besonders beliebt ist die Anlage allerdings bei Heiratswilligen. Schließlich bietet der teils wiederhergestellte Rokokogarten mit seinen vielen Skulpturen und den Wasserspielen eine perfekte Kulisse für Hochzeitsfotos aller Art. Zudem lockt in der ehemaligen Orangerie ein Restaurant-Café mit einem sehr feinen Angebot, sodass auch für die kulinarischen Genüsse einer Hochzeitsfeier bestens gesorgt ist. Doch noch einmal zurück zur Geschichte des Prachtbaues. Der Baustil der vierflügeligen Anlage war wohl schon zur Zeit seiner Erbauung etwas in die Jahre gekommen, denn der Einfluss der französischen Architektur, vor allem von Versailles, dessen Umbau schon 25 Jahre früher begonnen hatte, setzte mittlerweile die Maßstäbe an deutschen Fürstenhöfen. So fanden bereits Marquards Nachfolger Lothar Franz von Schönborn und sein Neffe Friedrich Karl von Schönborn mehr Gefallen an ihren Schlossanlagen in Pommersfelden (siehe Kapitel 55) und Würzburg. Bei ihrer Bamberg-Memmelsdorfer Nebenresidenz ließen sie und ihre Nachfolger vor allem den Garten und dessen Architektur weiter ausbauen. Springbrunnen, Tore, Stallungen, Orangerien und über 400 Skulpturen des bekanntesten fränkischen Bildhauers, Ferdinand Tietz, schufen ein wahres Gartenparadies, das in sechs »Quartiere« unterteilt war. Aufwendige Konstruktionen stellten dabei sicher, dass die Wasserspiele immer mit dem nötigen Druck versorgt waren.

Seine Blüte erlebte der Park unter Fürstbischof Adam Friedrich von Seinsheim, der nahezu täglich Jagden, Konzerte, Theatervorstellungen und anderen höfischen Zeitvertreib organisierte. Zu den Gästen gehörte unter anderem auch der protestantische (!) Markgraf Christian Friedrich Karl Alexander von Brandenburg-Ansbach-Bayreuth, der 1775 mit seinem Hofstaat über eine Woche in Schloss Seehof weilte. Der Tod des Fürstbischofs vier Jahre später läutete den Niedergang der Schlossanlage ein. Bereits der Nachfolger, Franz Ludwig von Erthal, ließ viele der Figuren im Park abbauen, und mit der Säkularisation gelangte Seehof an den bayerischen Staat, der allerdings keine Verwendung für die Sommerresidenz hatte. Inventar und Kunstwerke wurden verkauft, die Parkanlagen verpachtet. Auch der zwischenzeitliche Übergang in Privatbesitz änderte nichts am Verfall, denn die Erben des Käufers – eines preußischen Offiziers, der reich geheiratet hatte – konnten nur mit dem weiteren Verkauf von Schlossinventar überhaupt ihr Eigentum aufrechterhalten. Im Endergebnis war die ursprüngliche Ausstattung von Schloss Seehof 1975, als der bayerische Staat das Areal zurückkaufte, über die gesamte Welt verstreut.

Dem Freistaat und privaten Initiativen ist es zu verdanken, dass nach und nach viele Stücke nach Bamberg zurückkehren konnten, und sich den Besuchern heute wieder ein interessantes und authentisches Bild zeigt. Das auffälligste Zeichen für den Neuanfang war für die Bamberger die Restaurierung der Kaskade, deren Wasserspiele am 22. Juli 1995 wieder zu sprudeln begannen. Zwei Jahre zuvor waren die Museumsräume fertiggestellt worden, zwei Jahre später auch die Orangerien, von denen eine das schon angesprochene Café beherbergt. Die Idee zu einer Gastronomie

Im Sommer sitzen die Gäste am liebsten im Orangerie-Garten.

Das Barockschloss in voller Pracht

hatten die Bamberger bereits 1932. Das belegt ein Eintrag im Jahrbuch der Stadt: »Ein solches Ausflugsziel sollte auch Ruhepunkt sein zur Einnahme von Speis und Trank. Vielleicht kann sich der Besitzer zu diesem [...] Schritt entschließen.« Das heutige Restaurant gehört übrigens wie die *Bischofsmühle* zum Bamberger Feinschmecker-Imperium und lädt im Sommer auch zum Frühstück ein. Dann kann man sich wie die Fürsten fühlen, stundenlang bedienen und von der Sonne bescheinen lassen. Dazwischen lohnt ein kleiner Spaziergang durch den Park, bei dem man immer wieder neue Kleinodien entdeckt. Wenn es Ihnen hier besonders gut gefällt, können Sie auch Mitglied der »Gesellschaft der Freunde von Schloss Seehof« werden. Der Verein kümmert sich um die kurzfristige Finanzierung von Rückkäufen oder dringenden Restaurierungsarbeiten.

TIPPS

Schloss Seehof, 96117 Memmelsdorf bei Bamberg, Tel. 09 51/40 95 71.
Schlossmuseum, Apr–Okt Di–Sa 9.00–18.00, Zugang nur mit den regelmäßigen Führungen (ca. 35 Minuten), letzte Führung um 17.25, Mo Ruhetag.
Schloss Seehof Park, Apr–Okt 7.00–19.00, Nov–März 9.00 bis Einbruch der Dunkelheit.
Wasserspiele, Mai–Anfang Okt, täglich zur vollen Stunde 10.00–17.00.
Restaurant-Café Schloss Seehof, Tel. 09 51/4 07 16 40, www.schlossseehof.de, tägl. 9.00–18.00.

Zum Annafest erwachen fast alle Keller des Forchheimer Kellerberges wieder zum Leben.

Wo die Mauerscheißer wohnen

49

Unterwegs in der Kaiserpfalz Forchheim

Etwas mehr als 20 Kilometer südlich von Bamberg liegt die neben Kronach (siehe Kapitel 50) wichtigste Festungsstadt der Bamberger Fürstbischöfe. Forchheim, benannt nach den hier wachsenden Föhren, trägt zwei Forellen im Wappen, weil man früher dachte, der Name sei von den fränkischen Fischen abgeleitet. Die Ursprünge des Ortes liegen schon im 7. Jahrhundert, als fränkische Siedler in das Gebiet kamen und das Dreieck zwischen Regnitz und mündender Wiesent als guten Platz für eine Heimstatt erachteten.

Recht hatten sie, denn die Siedlung entwickelte sich prächtig und wurde schnell zum Königshof. Der erste ostfränkische König, der in der Stadt weilte, war 849 Ludwig der Deutsche. Im Jahr 900 gab es sogar eine Königswahl und -krönung, die des erst sechsjährigen Ludwig des Kindes. Elf Jahre danach wurde in Forchheim Konrad I. zum König erhoben. Vier Könige später hatte die Königspfalz allerdings Pech. Heinrich II., inzwischen Kaiser des Heiligen Römischen Reiches, schenkte Forchheim seinem neuen Bistum – Bamberg. Trotz einiger anfänglicher Schwierigkeiten blieb das bis zur Säkularisation so, und die Fürstbischöfe nutzten die durch starke Wehranlagen befestigte Stadt als Zuflucht und zur Verwahrung ihrer Schätze. Selbst im Dreißigjährigen Krieg wurde Forchheim kein einziges Mal erobert.

Aus dieser Zeit stammt auch der Spitzname »Mauerscheißer«. Der Bamberger Bischof war mit seinem Hofstaat und vor allem dem Domschatz mal wieder nach Forchheim geflohen, als die Schweden erneut durch das Bamberger Land marschierten. Schnell zogen sie einen engen Belagerungsring um die hohen Mauern der Festung. Doch die Monate vergingen, und nichts schien zu passieren. Aus der Burg klangen die üblichen Geräusche – Handwerker, Vieh und Tavernenklänge –, aber in Wahrheit wurden drinnen die Vorräte knapp. Die bischöflichen Truppen erwogen einen Ausfall, doch dann verlegte man sich auf eine List. Die letzten Vorräte wurden aufgeteilt und den Bürgern befohlen, ihre Notdurft von den Mauern aus zu verrichten. Also bekamen die Schweden jeden Tag viele nackte Hinterteile zu Gesicht, inklusive der entsprechenden Verrichtungen. Auch bei den Belagerern waren die Vorräte knapp, und so deprimierte sie der Anblick – denn anscheinend konnten sich die

Forchheimer immer noch gutes Essen leisten. Nach einigen Wochen gaben die Schweden entnervt auf und zogen wieder ab – der Name »Mauerscheißer« war geboren.

Heute kennt man Forchheim vor allem wegen des Rathauses und des Kellerberges. Das Rathaus spielt besonders in der Adventszeit eine herausragende Rolle. Dann verwandelt sich das Fachwerkhaus aus dem 15. Jahrhundert in den schönsten Adventskalender der Welt. 1996 kam ein Rathausmitarbeiter darauf, dass sich das Gebäude mit seinen 23 Fenstern prima dafür eignen würde. Seitdem öffnet der Forchheimer Adventsengel jährlich ab dem ersten Dezember jeden Abend um 18.30 Uhr eines der Fenster, hinter dem sich immer eine Überraschung für die Bürger verbirgt. Die Rathausmitarbeiter fiebern dem Heiligen Abend besonders entgegen – mit jedem Tag muss einer weniger im Dunkeln arbeiten.

Der Forchheimer Kellerberg, ein 340 Meter hoher Berg, wies um 1850 noch 33 Brauereien auf, heute erwarten die Gäste immer noch bis zu 23 verschiedene Kellerwirtschaften, von denen allerdings nicht alle ganzjährig bewirtet sind. Für alle Bierfreunde veranstaltet die Stadt Forchheim auf diesem heiligen Berg regelmäßig Führungen. Am allerschönsten ist der Besuch zur Zeit des Annafestes. In der Woche um den 26. Juli beginnt die fünfte Jahreszeit der Forchheimer. Entstanden ist der zehntägige Besuchermagnet für über 500.000 Gäste im 16. Jahrhundert. 1516 unternahmen fromme Forchheimer Bürger eine Wallfahrt zur frisch geweihten Annakapelle in Unterweilersbach. Auf dem Rückweg machten sie Rast auf den Bierkellern im Kellerwald. Ihre Angehörigen kamen ihnen entgegen und brachten die Brotzeit mit – eine erste Tradition war entstanden. 1840 verlegte der Schützenverein sein Fest in den Kellerwald, womit das heutige Annafest seinen Lauf nahm. Am Eröffnungstag marschiert ein langer Festzug vom Rathausplatz auf den Kellerberg, um anschließend – nach dem Bieranstich des Bürgermeisters – von Keller zu Keller zu ziehen und den Gerstensaft zu verkosten: quasi eine Bierwallfahrt.

Unser letzter Tipp für einen Forchheim-Besuch ist die Burg, auch Kaiserpfalz genannt. Hier finden Sie unter anderem das Archäologiemuseum Oberfranken, aber auch das Pfalz- und das Stadtmuseum. Im Pfalzmuseum befinden sich zum Beispiel Funde von der Burgruine Neideck in der Fränkischen Schweiz, die seit Jahrzehnten Schauplatz der Grabungen Bamberger Archäologiestudenten ist.

Die neueste Errungenschaft Forchheims ist die Kaffeerösterei *Bogatz*. Uta Bogatz und ihr Team nehmen Sie mit auf eine Reise rund um den

Die Kaiserpfalz mit ihren Museen ist immer einen Besuch wert.

Globus, mit feinsten, langzeitgerösteten Kaffees. Egal ob einfach nur mal im Café auf einen selbigen oder zu einem der Kaffeeseminare – echte Genießer sollten hier unbedingt vorbeischauen!

TIPPS

Führungen Forchheimer Kellerberg, Tel. 0 91 91/71 43 37 (Tourist-Info), www.forchheim.de (-> Tourismus und Freizeit -> Freizeitangebote -> Führungen -> Bierkellerführung).
Annafest, www.alladooch-annafest.de, www.anna-fest.de
Pfalzmuseum Forchheim, Kapellenstraße 16, 91301 Forchheim, Tel. 0 91 91/71 43 27, www.forchheim.de (-> Kunst und Kultur -> Kaiserpfalz -> Pfalzmuseum), Nov–März Mi, Do 13.00–16.00, So 13.00–17.00, Apr–Okt Di–So 10.00–17.00.
Café Bogatz, Hornschuchallee 21, 91301 Forchheim, Tel. 0 91 91/6 15 50 30, www.kaffeeroesterei-bogatz.de, Mo–Fr 8.30–18.00, Sa 9.00–14.00.

Jeder Stammgast im *Gasthaus zum scharfen Eck* hat seinen eigenen Bierkrug.

Die Housnküh

Unterwegs in Bambergs Festungsstadt Kronach

Die Schweden hatten im Bamberger Land nicht immer leichtes Spiel. Neben Forchheim (siehe Kapitel 49) trotzte auch die zweite Festungsstadt der Bamberger – Kronach – erfolgreich ihren Belagerungen. Nicht nur die günstige Lage zwischen den Flüssen Haßlach, Rodach und Kronach, sondern auch die gute Befestigung der Anhöhe trieben die Angreifer im Dreißigjährigen Krieg zur Verzweiflung. Ähnlich wie in Forchheim legten die Schweden einen engen Belagerungsring um die Festung. Nach einigen Monaten war scheinbar nichts passiert, die Kronacher zeigten keinen Willen aufzugeben. Bei den schwedischen Truppen allerdings machten sich die ersten Versorgungsengpässe bemerkbar. In Wahrheit allerdings war in der Stadt auch nicht mehr viel Essbares übrig. Bei der letzten Zusammenkunft fand sich lediglich ein weiblicher Hase. Anstatt ihn zu verzehren, ersannen die Belagerten eine List. Sie ließen den Hasen frei, der daraufhin auf der Stadtmauer hin und her lief. Die staunenden Schweden dachten, dass bei einer solchen Freizügigkeit noch jede Menge Ressourcen in der Stadt vorhanden sein müssten und zogen ergebnislos ab. Die »Kroniche Housnkuh«, also ein weiblicher Hase, ist heute das Maskottchen der Stadt, und die Einwohner werden gerne als »Housnküh« bezeichnet.

Ebenfalls auf diese Tage geht die Tradition der Schwedenprozession zurück. Am Sonntag nach Fronleichnam führt der Weg nach einem Gottesdienst in der Johanneskirche über vier Stationen durch die Altstadt zur Festung Rosenberg. Einmalig für eine Prozession ist dabei, dass die Frauen den Männern voranschreiten dürfen – ein Privileg, das sie seit 1634 für ihre Tapferkeit bei der Verteidigung der Stadt innehaben. Zum Zeichen und zum Dank der erlittenen Grausamkeiten verlieh der Bamberger Fürstbischof den Kronachern 1651 eine goldene Bürgermeisterkette, den »Spanischen Habit« (ein Ehrengewand für den Stadtrat) und ein neues Stadtwappen, das zwei Männer zeigt, die ihre abgezogene Haut unter dem Arm tragen. Es ist heute noch deutlich an der Rückseite des Alten Rathauses zu sehen. Diese beiden Figuren erinnern an vier tapfere Kronacher Soldaten, die ausgeschickt worden waren, um schwedische Kanonen zu sabotieren. Sie hatten zwar Erfolg, wurden aber gefangengenommen und geschunden: Ihnen wurde bei lebendigem Leib die Haut abgezogen, und sie starben einen langsamen und grausigen Tod. Die Bürger wiederum bedankten sich beim Bischof und errichteten ihm 1654 eine Ehrensäule auf dem Melchior-Otto-Platz, deren Spitze ebenfalls von dem neuen Kronacher Stadtwappen mit den enthäuteten Schildträgern gekrönt ist.

Die Siedlung Kronach selbst stammt ursprünglich aus dem achten Jahrhundert. Kaiser Heinrich V. schenkte 1122 den Ort mit den umliegenden Gebieten dem Bistum Bamberg zum Dank für die Vermittlung Bischof Ottos I. beim Wormser Konkordat. Bis auf ein kurzes Verpfändungs-Intermezzo verblieb Kronach bis zur Säkularisation bei Bamberg und bildete einen wichtigen Eckpfeiler für die Besitzungen des Fürstbischofes. Die Auswirkungen sind heute noch spürbar. Im Gegensatz zum mehrheitlich protestantischen, früher markgräflichen Umland, sind fast 60% der Kronacher katholisch, und die Bevölkerung orientiert sich noch heute eher zu der Weltkulturerbestadt als nach Bayreuth oder Coburg.

Für Napoleon war die Festung Rosenberg, eine der größten mittelalterlichen Festungen Deutschlands, Ausgangspunkt für seinen Feldzug 1806 gegen Preußen. Im Falle einer Niederlage bei Jena und Auerstedt wollte er sich wieder nach Kronach zurückziehen. Während des Ersten Weltkriegs weilte Charles de Gaulle, damals Hauptmann, als Kriegsgefangener auf der Festung, wurde aber nach mehreren Ausbruchsversuchen in die Weißenburger Wülzburg verlegt. Gegen Ende des Zweiten Weltkrieges entging Kronach nur knapp der vollständigen Vernichtung. Hitler wollte auf der Festung Rosenberg Produktionsanlagen für die Serienfertigung des Düsenjägers Me 163 bauen lassen. Dieses Flugzeug war das Erste der Welt, welches eine Geschwindigkeit von über 1.000 km/h erreichte und damit theoretisch eine echte Bedrohung für die Bomberstaffeln der Briten und Amerikaner darstellte. Für den Fall der Fertigstellung und Inbetriebnahme der Produktionsstätten hatten die Alliierten bereits Pläne für umfangreiche Flächenbombardements erarbeitet, allerdings nahmen sie die Stadt am 12. April 1945 ein, bevor die Flugzeugbauer überhaupt mit der Fertigung starten konnten.

Unschwer am Namen zu erkennen, stammt auch ein berühmter Maler aus Kronach: Lucas Cranach der Ältere war in der Renaissance vor allem am kursächsischen Hof tätig und ein Freund Melanchthons und Luthers. Er war Trauzeuge bei der Hochzeit des Reformators und Taufpate des ältesten Sohnes. Als Grafiker illustrierte er die lutherischen Schriften und starb 1553 im Weimarer Cranachhaus. Auf seinem Grabstein wird seiner unter anderem als »dem schnellsten Maler« gedacht.

Ins Auge fällt das bekannteste Gasthaus der Stadt, *zum scharfen Eck*, in dem auch Napoleon und Goethe wohnten. Das wunderschöne Fachwerkhaus steht seit dem 15. Jahrhundert in der historischen Altstadt Kronachs und gilt zudem als Geburtshaus von Lucas Cranach dem Älteren. Sie befinden sich also in bester Gesellschaft. Der letzte Wirt war als Viertelmeister auch intensiv in das Leben der Stadt an der Bier- und Burgenstraße eingebunden. Die Viertelmeister (Quartiermeister) vermittelten als Ansprechpartner für die Bürger zwischen ihnen, dem Bischof und der Stadt. Neben dem Schützenfest und dem historischen Stadtspektakel gehört der Viertelmeister-Tag zu den besten Gelegenheiten, um Kronach zu besuchen. Gegenüber des Gasthauses gibt's die Kunigundenmaß beim urigen Töpfer, ein Maßkrug mit dem traditionellen Bamberger Maß von 1 1/8 Litern.

Noch ein Wort zum Flüsschen Rodach, das vor der Industrialisierung übrigens eine Art Holz-Highway gewesen war. Von hier aus gelangten die Stämme aus dem Frankenwald bis in die Niederlande. Heute können Sie im Kronacher Land den Nervenkitzel einer Floßfahrt erleben. Die Sommerrodelbahn »Fröschbrunna-Coaster« ermöglicht das Ganze zu Lande, mit einem sensationellen Blick auf Stadt und Festung.

TIPPS

Floßfahrten, Flößergemeinschaft Wallenfels e. V., buchbar über die Tourist-Info Wallenfels, Tel. 0 92 62/9 45 21, www.wallenfels.de (-> Tourismus -> Floßfahrten).
Fröschbrunna (mit Rodelbahn und Biergarten), Fröschbrunn 3, 96317 Kronach, Tel. 0 92 61/9 12 03, www.froeschbrunna.de, Do–Di 11.00–22.00, Mi Ruhetag.
Gasthaus zum scharfen Eck, Lucas-Cranach-Str. 2, 96317 Kronach, Tel. 0 92 61/96 56 59.
Veranstaltungen: Viertelmeister-Tag (Mitte Apr), Crana Historica (Pfingsten in geraden Jahren), Kronach leuchtet (Mai), Historisches Stadtspektakel (Jun in den ungeraden Jahren), Faust-Festspiele – jedes Jahr Faust I (Jul/Aug), Kronacher Freischießen (Mitte Aug). Kontakt: Tourismusbüro Kronach, Marktplatz 5, 96317 Kronach, Tel. 0 92 61/9 72 36, www.kronach.de

Beliebte Wallfahrtsbasilika:
Vierzehnheiligen

Die Wallfahrtszentrale

Legende und Bau von Vierzehnheiligen

1445 sollte ein besonderes Jahr für den Schäfer Hermann Leicht werden, der im Auftrag der Benediktiner von Kloster Banz eine Herde auf dem gegenüberliegenden Hügel weidete. In der Dämmerung erschien ihm eine Gruppe weiß gekleideter Kinder. Nach kurzer Zeit waren die kleinen Gestalten verschwunden, doch nur wenige Wochen später wiederholte sich das Schauspiel. Als sie im folgenden Jahr wieder erschienen, forderten sie von ihm, an eben jener Stelle, an dem sich die Erscheinung zugetragen hatte, eine Kapelle zu erbauen. Die Nachricht verbreitete sich wie ein Lauffeuer und erreichte auch eine Familie, deren Magd schwer erkrankt war. Als letzten Ausweg brachten die Bauern ihre Magd zu der von Hermann Leicht geschilderten Erscheinungsstelle – und sie wurde gesund.

In Anbetracht dieser wundersamen Heilung beschlossen die Zisterzienser von Langheim, dem Drängen der Bevölkerung nachzugeben und die geforderte Kapelle zu errichten. Sofort setzten sich Wallfahrer aus dem ganzen Bistum in Bewegung und pilgerten regelmäßig zu den vierzehn Heiligen, als welche die Kinder identifiziert wurden. Die Heiligen aus dem zweiten bis vierten Jahrhundert galten in den Gebieten um Bamberg, Regensburg, Würzburg und Nürnberg als die vierzehn Nothelfer, die sogar eigens Eingang in die Predigten fanden. Namentlich sind es: Achatius (Todesangst), Ägidius (stillende Mütter), Barbara (Blitz- und Feuergefahr), Blasius (Halsleiden, Geschwüre, Pest), Christophorus (Schutzheiliger der Reisenden), Cyriacus (Helfer in der Todesstunde), Dionysius (Kopfschmerzen, Tollwut, Gewissensnöte und Seelenleiden), Erasmus (Leibschmerzen), Eustachius (Helfer bei schwierigen Lebenslagen und Trauerfällen), Georg (Krieg, Fieber, Pest), Katharina (Beschützerin der Mädchen, Jungfrauen und Ehefrauen), Margareta (Patronin der Gebärenden), Pantaleon (Patron der Ärzte und Hebammen) und Vitus (Geisteskrankheiten).

Sowohl während des Bauernkrieges im Jahr 1525 als auch im Dreißigjährigen Krieg wurden die Kapellen jeweils zerstört, sodass der Langheimer Abt Stephan Mösinger 1735 beim Bamberger Bischof Friedrich Karl von Schönborn die Erlaubnis zum Neubau erwirkte. Mehrere Entwürfe scheiterten am Veto des Bischofs, bis 1742 Balthasar Neumann endlich einen zufriedenstellenden Plan vorlegte. Allerdings fingen die Probleme nun erst richtig an. Nach Fertigstellung der Seitenmauern stellte sich heraus, dass der mit der Ausführung betraute (protestantische) Baumeister Gottfried Heinrich Krohne den Bau um ein gutes Stück nach Osten versetzt hatte. Dadurch konnte der Altar über dem Erscheinungsort nicht mehr unter der geplanten Kuppel platziert werden, sondern stand nun mitten im Langschiff. Sofort entbrannte ein Streit, von dem zwei Versionen, die des Abts und die des Bischofs, überliefert sind. Die des Bischofs geht davon aus, dass der »lutherische Krohne« die katholischen Gepflogenheiten nicht kannte oder sogar den Bau sabotieren wollte, der zweite Bericht verweist darauf, dass der Abt von Langheim, eigentlicher Auftraggeber des Baus, die Kosten möglichst gering halten und sich die Planung der Vierung über dem Altar sparen wollte.

Wiederum wurde viel diskutiert, der Bischof verlangte das Einholen neuer Vorschläge. Sein eigener Architekt, der Bamberger Oberbaudirektor Maximilian von Welsch, schlug vor, aus den bestehenden Mauern den Chor zu formen. Dann wäre eine Kathedrale mit 100 Metern Länge und 80 Metern Höhe entstanden, größer als der Bamberger Dom. Das war dann selbst dem Fürstbischof zu viel, und er vergab den Auftrag erneut an Balthasar Neumann, der mittels einer kunstvollen Variation des Grundrisses den Gnadenaltar im Langschiff beließ, es aber trotzdem schaffte, ihn eindrucksvoll ins Zentrum der Aufmerksamkeit zu rücken. Neumann selbst starb während der Bauarbeiten, sein Nachfolger Thomas Nißler

Das sollten Sie nicht verpassen: Die *Brauerei Trunk* und ihren Nothelfertrunk

vollendete den Bau, und der Nachfolger des Bischofs, Adam Friedrich von Seinsheim, weihte am 14. September 1772 die barocke Kirche. Schnell stieg der Wallfahrtsort zu einem der beliebtesten des Landes auf. Auch heute noch ist Vierzehnheiligen, nach Kevelaer und Altötting, die drittgrößte deutsche Wallfahrtsstätte.

Allerdings sorgte die Säkularisation auch hier für eine harte Zäsur. Die Zisterzienser mussten ihre Besitzungen in Langheim und Vierzehnheiligen verlassen, Kirchenschätze, Glocken und Orgel wurden meistbietend verkauft, ein Großteil des Kirchenschmuckes verschwand in dunklen Kanälen. Zudem untersagten Kirche und Staat den Wallfahrtsbrauch. Doch es kam noch schlimmer: 1835 schlug der Blitz in die Kirche ein, woraufhin der Dachstuhl und beide Türme verbrannten.

Mit dem 1825 inthronisierten König Ludwig I. hatten die Mönche allerdings wieder einen Fürsprecher, der die Prozessionen erneut gestattete und beispielsweise dem Militär verordnete, wie früher bei Fronleichnamsbittgängen vor dem Allerheiligsten niederzuknien. Auf der anderen Seite führte der Reaktionär die Zensur wieder ein und beseitigte die Pressefreiheit. Für Vierzehnheiligen jedenfalls war der König ein Glücksgriff. Er beauftragte die Franziskaner, die Wallfahrtstradition wieder zu beleben und die Kirche instand zu setzen. Mit einigen Neuerungen restaurierten die Mönche die Kirche, die Papst Leo XIII. 1897 als zweite deutsche Kirche (nach der des im Elsass gelegenen Klosters Marienthal) zur *Basilica minor* erhob. Die Erfolgsgeschichte begann von Neuem.

Allerdings kommen viele Pilger mittlerweile sicher nicht nur wegen der Nothelfer und des Rokoko-Altars an den Obermain, sondern freuen sich auch auf die Gastlichkeit in den vielen Brauereien und Wirtshäusern des Ortes. Daher sollten auch Sie einen Besuch der alten Klosterbrauerei, heute *Brauerei Trunk*, auf keinen Fall versäumen. Mit dem Nothelfertrunk braut man hier nicht nur einen hervorragenden Durstlöscher, sondern eines der beliebtesten fränkischen Dunkelbiere überhaupt. Bierfreunde sollten hier sowieso mehrere Besuche einplanen – Bad Staffelstein hat mit seinen Ortsteilen immerhin zehn Brauereien vorzuweisen.

TIPPS

Basilika/Kloster Vierzehnheiligen, Vierzehnheiligen 2, 96231 Bad Staffelstein, Tel. 0 95 71/9 50 80, www.vierzehnheiligen.de, Winter 7.30–17.00, Sommer 6.30–20.00. Do 9.00–16.00 wegen Kirchenreinigung geschlossen (außer an Fei).

Brauereigastwirtschaft Trunk, Vierzehnheiligen 3, 96231 Bad Staffelstein, Tel. 0 95 71/34 88, tägl. 10.00–20.00.

Unweit von Giechburg und Gügel steht in Scheßlitz die *Brauerei Drei Kronen*. Hier entwickelte 2013 der Deutsche Meister der Biersommeliers, Dominik Maldoner, mit seinem väterlichen Freund Josef Lindner das FPA (Franken Pale Ale), das auch aus dem Domina-Fass zu haben ist.

Die Zuflucht der Bamberger Fürstbischöfe 52

Wanderung rund um Giechburg und Gügel

Zu Beginn des 15. Jahrhunderts verweltlichte die Kirche zusehends. Allerorts waren Luxus und Völlerei an der Tagesordnung, und der Klerus bereicherte sich auch an weltlichen Gütern. Drei Päpste, Gregor XII. in Rom, Benedikt XIII. in Avignon und Alexander V. in Pisa, stritten um die Vorherrschaft. Diese Verhältnisse führten nicht nur dazu, dass die Bevölkerung die Geistlichkeit infrage stellte, sondern auch für Unstimmigkeiten innerhalb der Kurien.

Grund genug für Jan Hus, Sohn eines tschechischen Fuhrmannes, Priester und Professor an der Prager Universität, das Verhalten des Klerus anzuprangern. Er predigte eine strenge, tugendhafte Lebensweise und eiferte gegen die Erscheinungen des Zeitgeistes und die Modetrends der Schuster, Hutmacher und Goldschmiede. Zudem forderte er angesichts der ausufernden Gelage in den Bischofssitzen und Palästen Enthaltsamkeit bei Wein und Bier. Im Gegensatz zu der gültigen Ordnung hielt er seine Gottesdienste und Predigten auf Tschechisch und fand dadurch enormen Rückhalt in der Bevölkerung. Ein weiterer Gegenpapst, Johannes XXIII., verhängte daraufhin den Kirchenbann und exkommunizierte Hus, der mittlerweile zum Rektor an der Prager Universität aufgestiegen war. In der Folge rebellierte das Volk, Hus wurde über mehrere Stationen gefangen, eingekerkert und – als er sich weigerte, seine Ansichten zu widerrufen – schließlich am 6. Juli 1415 öffentlich in Konstanz verbrannt.

Was hat das nun mit Bamberg zu tun? Nach dem Tod des tschechischen Reformers schlossen sich seine Anhänger zusammen, und die Hussitenkriege fingen an. Beginnend mit dem Ersten Prager Fenstersturz 1419 breitete sich ein Aufstand über ganz Böhmen aus, den die katholische Fraktion mit mehreren Kreuzzügen niederwerfen wollte. Die ersten drei scheiterten kläglich, im Zuge des vierten griffen die Hussiten auch die benachbarten Regionen an. So kamen sie im Winter 1429/1430 auch nach Franken und standen bald vor den Toren der Domstadt. Fürstbischof Friedrich III. von Aufseß reagierte schnell und schickte sein Domkapitel mit dem gesamten Domschatz in die Giechburg. Er selbst floh nach Kärnten, das Bürgertum nach Forchheim. Während die Hussiten Bamberg nach einer Lösegeldzahlung von 12.000 Gulden verschonten, nutzten die in der Stadt verbliebenen Handwerker, Tagelöhner und Bauern die Gelegenheit, die Bürgerhäuser, Kirchen und Klöster zu plündern. Als der Bischof zurückkehrte, richtete er zwar die Rädelsführer der Aufständischen, musste aber nichtsdestotrotz abdanken – ein seltener Vorgang in der Geschichte, denn normalerweise blieben die Bischöfe bis zu ihrem Tod im Amt.

Diese Episode wirft ein Schlaglicht auf die Fluchtburg der Bamberger, die Giechburg bei Scheßlitz, welche auf jeden Fall einen Ausflug wert ist. Heute eher Ruine als Burg, war die imposante Anlage im 14. Jahrhundert ein wichtiger Eckpfeiler des Herrschaftsgebietes der Bamberger Bischöfe, die sie 1390 dem hochverschuldeten Grafen von Truhendingen abkauften. Sofort erfolgte ein umfangreicher Ausbau, sodass die Giechburg bald als sicherste Zuflucht im ganzen Hochstift galt.

Es war der zänkische Markgraf Alcibiades, der 1553 die Burg belagerte und nach geraumer Zeit doch einnehmen, brandschatzen und plündern konnte. Daraufhin bauten die Bischöfe die Anlage zwar zum Teil wieder auf, allerdings eher als Renaissanceschloss denn als Wehranlage. Diese Funktion übernahmen nunmehr die Festungen Kronach und Forchheim. Rund um die Burg fanden regelmäßig Jagdausflüge der Bamberger Fürstbischöfe statt. Im Dreißigjährigen Krieg blieb die Giechburg völlig verschont, während das benachbarte Scheßlitz fast komplett zerstört wurde. Im Zuge der Säkularisation gelangte sie in Privatbesitz. 1967 gründete sich ein Förderverein, der die ersten Sanierungsmaßnahmen an der damals schon recht verfallenen Burg einleitete. 1971 übernahm der Landkreis Bamberg das Anwesen und etablierte Tagungsräume und eine Gastronomie.

Für die Bamberger ist es ein beliebter Spaziergang, von der Giechburg zu der nahe gelegenen Wehr- und Wallfahrtskirche Gügel zu laufen. Die Strecke ist zwar nur einen halben Kilometer lang, aber landschaftlich einer der schönsten Wege in Franken. Wanderfreunde können den Weg erweitern und die insgesamt etwa neun Kilometer Rundweg vom Wanderparkplatz in Neudorf über die ausgeschilderten Wege »Zum Gügel« bzw. den Lehrpfad »Rund um den Gügel und die Giechburg« gehen. Die imposante Gügel-Kirche entstand 1618, allerdings gehen die Datierungen der Vorgängerbauten zurück bis ins 13. Jahrhundert. Der Bau, der in die umgebenden Felsen teils integriert ist, verfügt über eine Lourdes-Grotte und weist in seiner Ausstattung enge Bezüge zu Bamberg auf. So sieht man im Hintergrund auf dem Altarbild des Malers Wolf Fugker die Silhouette der Domstadt. Kanzel und Orgelempore stammen aus dem Bamberger Dom, wo man sie im Zuge der Stilreinigung 1836 entfernte. Die Kirche ist dem Heiligen und Märtyrer Pankratius geweiht, der als 14-jähriger Knabe um

300 in Rom enthauptet wurde. Er zählt zu den Eisheiligen (Mamertus – 11. Mai, Pankratius – 12. Mai, Servatius – 13. Mai, Bonifatius – 14. Mai, Sophie – 15. Mai). Im fränkischen Volksmund beginnt der richtige Frühling erst nach der »Kalten Sophie«.

Ein weiterer kleiner Wandertipp ist der stillgelegte Steinbruch bei Ludwag, dessen See als »Mondsee« oder «Grüne Lagune« bekannt ist. Die Kulisse erinnert an die Karl-May-Verfilmungen der Sechzigerjahre. Im Ort Ludwag folgen Sie der Straße »Zum Kulm« bis zum Ortsausgang, dann links. In wenigen Hundert Metern erreichen Sie den Steinbruch.

TIPPS

Giechburg, Giechburg 1, 96110 Scheßlitz, Tel. 0 95 42/4 24, www.giechburg-gaststaette.de, Mai–Okt Mi–Mo 10.00–18.00, Nov–Apr Mi–Mo 10.00–17.00, Di Ruhetag, im Winter Di und Mi Ruhetag.
Gügel, Gügelweg 1, 96110 Scheßlitz, Tel. 0 95 42/12 21, Do–Di 10.00–18.00, Mi Ruhetag.

Eine Fensterrosette wie in Paris:
die Ebracher Klosterkirche

Ein Gefängnis hinter Klostermauern

Kloster Ebrach

Als die beiden Edelfreien Berno und Richtwin von Eberau 1127 ein Zisterzienserkloster an der Mittleren Ebrach gründeten, dachten sie sicherlich nicht daran, dass aus dem Kloster 700 Jahre später eine Strafvollzugsanstalt werden würde. Sie wollten im Gegensatz zu den mittlerweile sehr weltlich gewordenen Benediktinern, wie sie im Bamberger Kloster Michelsberg residierten, ein Leben des Gebets und der Arbeit nach dem benediktinischen Grundsatz »Ora et labora« führen. Die Benediktiner selbst lebten allerdings in ganz Europa schon lange nicht mehr von ihrer eigenen Hände Arbeit, sondern besaßen in Cluny die größte Kirche der Christenheit und stellten ihren Reichtum, der nicht zuletzt aus der Erhebung des Zehnten stammte, unverhohlen zur Schau.

Der Heilige Bernhard von Clairvaux war es schließlich, der als Abt von Clairvaux durch ganz Europa zog, in seinen Predigten die Zustände seiner Welt anprangerte und zu den Kreuzzügen aufrief. Ein Auszug aus einer seiner Ansprachen (1146 in Speyer):

»So gürtet auch Ihr Euch mannhaft und ergreift die glücklichen Waffen im Eifer für Christi Namen. Enden möge jene Ritterart, nein, Ritterunart von ehedem, nach der Ihr einander zu werfen, einander zu verderben pflegt und einer den anderen umbringt. Welch grausame Lust reizt die Unseligen, dass sie mit dem Schwert den Körper ihres Nächsten durchbohren und vielleicht seine Seele mit ins Verderben stürzen! Auch der Sieger kommt jedoch nicht davon; auch durch seine Seele fährt ein Schwert, wenn er über seines Feindes Tötung sich freut. Wahnsinn ist es, nicht Mut, solch einem Unrecht zu frönen; keiner Kühnheit, sondern nur der Betörtheit soll man es zuschreiben.«

In dieser allgemeinen Stimmungslage gingen die ersten zwölf Mönche unter Abt Adam, der ein enger Vertrauter Bernhards von Clairvaux war, in Ebrach ans Werk und begannen ab 1200 mit der Arbeit an der ersten Kapelle, heute Teil der Abteikirche. Der frühgotische Bau wurde in den letzten Jahren umfangreich renoviert und besticht auch durch seine klassizistische Innenausstattung und die zwölf Meter durchmessende Rosette, die nach dem Vorbild von Notre Dame in Paris entstand. Besonders am Nachmittag, wenn die Sonne durch die vielen kleinen bunten Glasscheiben scheint, ist sie ein prachtvoller Anblick. Die Ebracher Mönche gründeten zehn

Tochterklöster, unter anderem die sehenswerte Anlage von Kloster Langheim, und erhielten immer wieder umfangreiche Schenkungen aus dem fränkischen Adel und von den Stauferkönigen. Das heute so eindrucksvolle Klosterareal entstand allerdings erst im 18. Jahrhundert. Sehenswert sind das ausladende Treppenhaus und der Kaisersaal. Letzterer erhielt seinen Namen, weil der Wunsch Vater des Gedankens war: Die Ebracher Mönche strebten stets nach der Reichsunmittelbarkeit – damit hätte das Kloster nur dem Kaiser unterstanden. Man hoffte stets, dass ein Kaiser nach Ebrach kommen und dort diesen Status bestätigen würde, doch dies ist nie passiert, der Kaisersaal hat nie einen Kaiser gesehen.

Eine besondere Bedeutung kommt dem 42. Abt des Klosters, Alberich Degen, zu. Ihm wird zugeschrieben, die Silvanerrebe aus Österreich nach Franken gebracht zu haben. 1665 steckte der erste Fexer im Boden der Lage »Würzburger Stein«. In Zeil am Main (siehe Kapitel 46), wo das Geburtshaus des Abtes steht, findet jährlich im Oktober der Abt-Degen-Lauf statt. Außerdem können Sie zwischen den Zeiler Weinbergen den Abt-Degen-Steig entlang wandern, und eine Winzerinitiative hat sich unter dem Namen »Abt-Degen-Weintal« zusammengeschlossen. Auf der Internetseite finden Sie noch ausführlichere Wein-Wanderrouten rund um Ebrach. Der Silvaner ist übrigens heute nach dem Müller-Thurgau die Franken-Rebe mit dem zweitgrößten Anbaugebiet.

Mit der Säkularisation endete die Zeit der Zisterzienser 1803, und um andere Besitzansprüche auszuschließen, wurde dem Kloster Ebrach bei der

In dem ehemaligen Zisterzienserkloster sitzen heute Häftlinge ihrer Strafe ab.

Auflösung noch die lange Zeit ersehnte Reichsunmittelbarkeit zuerkannt. Die Abteikirche diente fortan als Pfarrkirche, das Kloster selbst ab 1851 als Gefängnis. In der heutigen Jugendstrafanstalt sind etwa 340 Insassen untergebracht, die unter anderem auch eine eigene Schule haben. Die Kirche und ein kleines Heimatmuseum sind zu den Öffnungszeiten immer zugänglich, für Kaisersaal und Treppenhaus organisiert die JVA regelmäßig Führungen, zu deren Starttermin man sich an der Pforte einfinden muss.

Wer die außergewöhnliche Akustik der Kirche und den Klang der drei neu renovierten Orgeln erleben möchte, sollte eines der Konzerte des Ebracher Musiksommers besuchen. Neben zahlreichen renommierten internationalen Orchestern gastiert hier die »Philharmonie Festiva« des Dirigenten Gerd Schaller, der hier zudem zahlreiche Tonträger aufgenommen hat. Neben Zyklen mit großen Werken bekannter Meister aus allen Epochen kommt auch barocke Musik mit kleiner Besetzung zur Aufführung. Aufgrund der hohen Nachfrage sollten Sie auf jeden Fall Ihre Karten reservieren.

TIPPS

Abteiführungen:
Verwaltungsgemeinschaft Markt Ebrach, Rathausplatz 2, 96157 Ebrach, Tel. 0 95 53/9 22 00, www.ebrach.de, Führung durch Klosterkirche, Treppenhaus, Kaisersaal, Museum zur Geschichte Ebrachs und Gärten möglich, Museumsführung Apr–Okt 14.00–16.00.
Katholisches Pfarramt, Bamberger Straße 8, 96157 Ebrach, Tel. 0 95 53/2 66, www.pfarrei-ebrach.de, www.ebrach.de, Führung durch Klosterkirche Mitte Apr– Ende Okt 10.00–12.00 und 14.00–18.00.
JVA im Kloster Ebrach, Tel. 0 95 53/17 15, www.ebrach.de, Führung durch Treppenhaus und Kaisersaal, Apr–Okt tägl. 10.30 und 14.30.
Weinwanderrouten rund um Ebrach:
Weinwanderung auf dem Abt-Degen-Steig, Tourist-Info Haßberge, Marktplatz 1, 97461 Hofheim i. Ufr., Tel. 0 95 23/92 29 70, www.hassberge-tourismus.de (-> Wandern -> Weinwanderweg Abt-Degen-Steig).
Wanderungen quer durch das Abt-Degen-Weintal, Abt-Degen-Weintal, Marktplatz 8, 97475 Zeil a. Main, Tel. 0 95 24/94 90, www.abt-degen-weintal.de
Ebracher Musiksommer, telefonischer Kartenservice und -versand, Tel. 0 95 52/2 97, www.ebracher-musiksommer.de

Kloster Banz wartet mit jeder Menge barocker Pracht auf.

Mumien hinter Klostermauern

54

Die wechselvolle Geschichte des Kloster Banz

Am Anfang stand ein Würzburger Ritterturnier in der Mitte des 11. Jahrhunderts. In der bischöflichen Residenzstadt waren zahlreiche Adlige versammelt, unter ihnen auch Markgraf Hermann von Habsberg-Kastl und seine Frau Alberada. Zu dieser Zeit amtierte der später heiliggesprochene Adalbero als Fürstbischof und machte sich daran, den 1040 begonnenen Dombau fortzusetzen. Der strenge Bischof wandte sich gegen die gerade von Frankreich her aufkommende »Unart« der Turniere, die in den Augen der Geistlichkeit nur Ausdruck der Eitelkeit und der anderen sechs Todsünden waren. Den Teilnehmern drohte Exkommunikation und Verweigerung eines christlichen Begräbnisses. Hermann von Habsberg-Kastl nahm trotzdem teil – und starb im Turnierverlauf.

Um ihrem Mann wenigstens ein ordentliches Begräbnis zu ermöglichen, stiftete Alberada 1069 an der Stelle einer ursprünglich als Bastion gegen die Ungarn errichteten Schweinfurter Burg das Benediktinerkloster in Banz. Anschließend reiste sie nach Rom, um die Errichtung der Stiftung bestätigen zu lassen und die Erlaubnis zu erhalten, Hermann auf dem Familienfriedhof beisetzen zu dürfen. Papst Alexander II. gewährte ihr die Bitte, und so fand der Graf seine letzte Ruhestätte. Das frisch gegründete Kloster Banz wurde dem Bamberger Bischof Hermann I. übergeben. Spätere Bischöfe erweiterten das Kloster und statteten es mit umfangreichen Besitzungen aus, 1250 erlangten die Mönche Zollfreiheit für Wein, Holz, Stein und Wolle. Sie vergaben Lehen aus ihren Ländereien und fanden sogar eine Möglichkeit, das Zinsverbot zu umgehen und Gelder zu verleihen.

Ein Brand zu Beginn des 16. Jahrhunderts, Zerstörungen im Bauernkrieg und die Reformation machten der Abtei zu schaffen. Im Zuge des Dreißigjährigen Krieges ließen die Schweden kaum einen Stein auf dem anderen und plünderten mehrfach die Besitzungen.

Im Lauf der Gegenreformation kam es zu einer zweiten Blüte des nach und nach wiederbelebten Klosters. Leonhard Dientzenhofer errichtete ab 1695 die heutige barocke Klosteranlage. Der Baumeister wirkte unter anderem auch an der Bamberger Martinskirche, dem Kloster Michelsberg, der Neuen Residenz und der Karmelitenkirche mit. Nach seinem Tod am 26. November 1707 übernahm Leonhards Bruder Johann Dientzenhofer das Amt, der unter anderem auch das Bamberger Böttingerhaus und

Schloss Weißenstein erbaute, und beendete den Bau. Die Klosterkirche konnte 1719 geweiht werden, die Wirtschaftsgebäude und das befestigte Tor wurden 1750 bis 1772 nach Entwürfen Balthasar Neumanns gebaut. Auch die Innenräume der barocken Anlage wurden prachtvoll ausgestaltet. Im Kaisersaal können Sie zum Beispiel mehrere Motive aus dem Leben der Alberada sehen.

Zur Zeit der Aufklärung entwickelte sich das Kloster zu einem Zentrum für Geistes- und Naturwissenschaften. Die Bibliothek umfasste über 15.000 Bände, die Mönche sammelten Gemälde, Naturalien und Physikalien. Allerdings litt das geistliche Leben unter all dem Forscherdrang, der zudem auch wieder den Geist der Reformation ins Haus gebracht hatte. Mehr und mehr Mönche verließen Banz. Die Säkularisation besiegelte das Ende des Klosters, der Staat erwog den kompletten Abbruch der Abtei. Glücklicherweise fand Herzog Wilhelm in Bayern, der zu einer Nebenlinie der Wittelsbacher gehörte und eigentlich das kleine Herzogtum Berg als Statthalter vertrat, Gefallen an dem ehemaligen Kloster. Schließlich herrschte nun Napoleon über die Berger Hauptstadt Düsseldorf, und Wilhelm blieb nichts anderes, als sich eine Sommerresidenz bei seinen bayerischen Verwandten zu suchen. Aus dieser Zeit stammt die noch heute geläufige Bezeichnung »Schloss Banz«. Wilhelm war es auch, der die nach wie vor zu besichtigende umfangreiche Petrefaktensammlung begründete, zu der heute auch ägyptische Mumien der Orientreisen von Herzog Max Joseph in Bayern gehören. Der war 1838 mit einem kleinen Gefolge über Venedig, Korfu, Patras, Athen, Alexandria und Kairo ins Heilige Land gereist und hatte allerlei Reiseandenken gesammelt. 1839 wurde er zum Ehrenmitglied der Bayerischen Akademie der Wissenschaften ernannt.

Zu den Gästen des Banzer Schlosses in der Wittelsbacher Zeit gehörten, neben den Bayerischen Königen, auch Katharina die Große von Russland und Kaiser Wilhelm II. Außerdem nächtigte hier der Schriftsteller Joseph Viktor von Scheffel, der auf dem Kloster 1859 sein Wanderlied »Wohlauf, die Luft geht frisch und rein«, die heutige »Frankenhymne«, dichtete. Der Komponist Valentin Eduard Becker vertonte die Zeilen zwei Jahre später.

Nach dem Ersten Weltkrieg verpachteten die Wittelsbacher das Schloss an einen elsässischen Trappistenorden, 1933 erwarben schließlich die Missionare der Gemeinschaft von den Heiligen Engel das Gebäude. Die Wälder verblieben jedoch bei den Adligen und gehören heute, nach einigen Eheschließungen, dem Fürstenhaus von Liechtenstein. Im Zweiten Weltkrieg requirierten die Nationalsozialisten das Kloster als Lazarett, gegen Kriegsende legte die Rauborganisation »Einsatzstab Reichsleiter Rosenberg« ein Depot für Kulturgüter aus den besetzten Ländern an. Nach dem Krieg verblieben zwar noch einige Mönche in Banz, der Hauptteil des Klosters wurde jedoch zu einem Altenheim der Caritas. 1979 kaufte die CSU-nahe Hanns-Seidel-Stiftung das Anwesen, die es heute nach einer Komplettsanierung betreibt.

Neben einer Besichtigung des Klosters selbst sowie der Petrefaktensammlung der Wittelsbacher empfehlen wir auch einen Besuch des Waldklettergartens, der – auf mehreren Parcours – Ausflüge in schwindelnde Höhen ermöglicht. Im Sommer lockt außerdem noch das Open Air Festival »Songs an einem Sommerabend«. Hier sangen schon Liedermacher Reinhard Mey, Haindling und Heinz Rudolf Kunze. Wanderfreunde können den Planetenweg gehen, der von Untersiemau (Sonne) durch den Wald über Banz bis nach Unnersdorf (Pluto) führt, wo man beispielsweise im *Berggasthof Banzer Wald* prima einkehren kann.

TIPPS

Kloster Banz, Kloster-Banz-Straße 1, 96231 Bad Staffelstein, Tel. 0 95 73/33 70, www.klosterbanz.de, Führungen einmal wöchentlich Do oder So oder nach Vereinbarung (Infos und weitere Termine auf der Website).
Museum Kloster Banz mit Petrefaktensammlung, Kloster-Banz-Straße 1, 96231 Bad Staffelstein, Tel. 0 95 73/33 77 44, www.klosterbanz.de, März, Nov Di–So, Fei 10.00–16.00, Apr–Okt Di–So, Fei 10.00–17.00, Mo geschlossen.
Klosterschänke, Kloster-Banz-Straße 1, 96231 Bad Staffelstein, Tel. 0 95 73/ 3 31 51 91, www.klosterschaenke-banz.de, tägl. ab 10.00.
Berggasthof Banzer Wald, Am Banzer Wald 1, 96231 Bad Staffelstein-Unnersdorf, Tel. 0 95 73/59 63, www.banzer-wald.de, Di–So 11.00–24.00, warme Küche bis 21.00, Mo Ruhetag.
Waldklettergarten Banz, ab dem Klosterparkplatz ausgeschildert, Tel. 0 95 73/22 25 70 (Waldschänke) bzw. 01 60/96 40 43 85, www.waldklettergarten-banz.de, Ostern–Mitte Sep Fr 13.00–18.00, Sa, So 10.00–18.00, bay. Ferien tägl. 10.00–18.00, für Gruppen ab 10 Pers. tägl., Vorsaison siehe Website.
Banzer Waldschänke am Klettergarten, Tel. 0 95 73/22 25 70, www.waldklettergarten-banz.de, Nov–Ostern Sa, So 12.00–18.00, bay. Ferien tägl. 12.00–18.00, ansonsten wie Klettergarten geöffnet.
Songs an einem Sommerabend, Tel. 09 31/7 84 52 72, www.studio-fuer-veranstaltungen.com

Skulptur am Eingang zum Schloss Weißenstein

Von Fürstbischöfen und Musketieren

Schloss Weißenstein

Über Lothar Franz von Schönborn scheint allezeit die Sonne geschienen zu haben. Denn er stieg durch eine günstige Familienkonstellation 1693 zuerst zum Fürstbischof von Bamberg auf und wurde zwei Jahre später auch noch zum Kurfürsten von Mainz gewählt. Damit gehörte er zu dem kleinen Kreis von Fürsten, die den römisch-deutschen Kaiser wählten. 1707 konnte er Prinzessin Elisabeth Christine von Braunschweig-Wolfenbüttel davon überzeugen, zum katholischen Glauben überzutreten und den 1711 inthronisierten Kaiser Karl VI. zu heiraten. Zum Dank für Ehefrau und Kaiserwahl erhielt er 100.000 Gulden, mit denen er im Bamberger Land eines der schönsten Schlösser seiner Zeit errichten ließ.

Und auch hier war die Familie Schönborn vom Glück beschienen. Denn der letzte Truchsess von Pommersfelden setzte in seinem Testament den Kurfürsten Lothar Franz von Schönborn als Universalerben ein. Damit war der Weg frei für Schloss Weißenstein, in dem die Nachfahren der Fürstenfamilie heute noch wohnen. Unter dem berühmten Barock-Baumeister Johann Dientzenhofer entstand von 1711 bis 1718 oberhalb eines alten Wasserschlosses der prachtvolle Neubau, der die den Fürsten nicht zufriedenstellende Neue Residenz in Bamberg bei Weitem übertrumpfen sollte.

Bis auf eine Plünderung im Siebenjährigen Krieg blieb Schloss Weißenstein nahezu unversehrt. Zu den Sehenswürdigkeiten gehört vor allem das riesige Treppenhaus, das 8.000 Kubikmeter Raum umschließt und Balthasar Neumann als Vorbild für das Treppenhaus der Würzburger Residenz diente. Die Idee dazu hatte der Kurfürst selbst und setzte sie gegen alle Widerstände der beteiligten Architekten durch. Die Verbindung zum Park bildet die Sala terrena, der Gartensaal, den der italienische Maler Giovanni Francesco Marchini imposant ausgestaltete. Die Muschelgrotte diente unter anderem als Filmkulisse bei den Dreharbeiten zum Film »Die drei Musketiere«, der 2011 in den deutschen Kinos lief. Weitere Drehorte waren übrigens auch die Alte Hofhaltung, das Alte Rathaus, die Obere Brücke und der Domplatz in Bamberg.

Neben der Besichtigung des Schlosses selbst gehört zu einem Ausflug nach Pommersfelden vor allem ein ausführlicher Spaziergang im Park, der im 19. Jahrhundert von einem barocken Schlossgarten in einen englischen Landschaftspark umgestaltet wurde. Fast jeder Bamberger erinnert sich daran, wie er als Kind durch die eiserne Drehtür ging – und an die schöne Landschaft dahinter. Wundern Sie sich nicht, wenn Ihnen auf einmal ein Reh entgegenblickt, hier lebt seit dem 19. Jahrhundert auch Damwild, das dem Herrscher den Weg zur Jagd erleichterte. Zu den berühmtesten Gästen des Schlosses gehörte der bayerische Maler Carl Spitzweg, der regelmäßig kam, um einerseits zu wandern und andererseits einige der Gemälde aus der Sammlung des Fürsten zu kopieren.

Noch heute finden Sie hier die größte private Barockgemäldesammlung Deutschlands, unter anderem mit Gemälden von Brueghel, Dürer, van Dyck, Rubens und Tizian. Einmal im Jahr gibt es für eine Woche auch lebendige Kunst im Schloss. Seit 1958 finden sich die Musiker der Sommerakademie des Collegium Musicum auf Einladung des Grafen von Schönborn ein, um circa einen Monat lang im Schloss zu leben und zu arbeiten. Die Konzerte sind heiß begehrt und immer schnell ausverkauft, aber vielleicht haben Sie ja Glück und ergattern noch ein Ticket. Eine eher blühende und duftende Alternative ist die Messe »Faszination Garten«, die seit 2005 ein Wochenende lang alle Gartenliebhaber hier versammelt. Über 150 Aussteller und ein umfangreiches Rahmenprogramm laden zum Umherflanieren oder Fachsimpeln ein.

Beliebtes Ausflugsziel und Filmkulissen: das barocke Schloss Weißenstein

Blick vom Kellerhaus auf die Schlossanlage

TIPPS

Schloss Weißenstein in Pommersfelden, 96178 Pommersfelden, Tel. 0 95 48/9 81 80, www.schoenborn.de/weissenstein.html, Apr–Okt 10.00–17.00, Führungen jeweils zur vollen Stunde, letzte Führung um 16.00, Garten ganzjährig zugänglich.

Kellerhaus Pommersfelden, Kellerberg 1, 96178 Pommersfelden, Tel. 0 95 48/98 21 98, www.kellerhaus-pommersfelden.de, Mai–Sep Di–So 12.00–20.00, Mo Ruhetag, Nov–März Mi–So 12.00–18.00, Mo, Di Ruhetag.

Faszination Garten, Tel. 0 95 48/98 12 72, www.faszination-garten.de

Collegium Musicum, Schloss Nr. 1, 96178 Pommersfelden, Tel. 0 95 48/98 18 68, www.collegium-musicum.info

Zum Autor

Markus Raupach, geboren 1974 in Bamberg, hat in der Domstadt Germanistik und Geschichte studiert und gründete 1997 eine Medienagentur, heute GuideMedia, mit angegliedertem Verlag. Zudem arbeitet er als Fotograf und als Berater rund um Gastronomie und Tourismus. Eine weitere Leidenschaft ist die Deutsche Bierakademie, die der Biersommelier 2013 in Bamberg gründete. Seitdem vermittelt er deutschlandweit die Faszination der nationalen und internationalen Bierkultur. Im kulturellen Leben der Weltkulturerbestadt ist Markus Raupach schon seit seinen ersten Schultagen fest verwurzelt, damals als Knabe im Bamberger Domchor. 2005 erschien mit *Bambergs beste Kneipen* sein erster Freizeitführer, dem über 20 weitere rund um die Genuss- und Erlebniskultur in Bayern und Franken folgten.

Register

A

Abt-Degen-Steig 226
Abtsberg 33, 65
Alte Hofhaltung 56–59, 61, 109, 111, 233
Altenburg 92–95, 122
Altenburgberg 65
Alter Kanal 10–13, 157, 184
Altes Rathaus 12, 22, 96–99, 118, 157, 175, 180, 187, 189, 213, 233
Altmühl 11
Amalie von Griechenland 44-45
Anwander, Johann 99, 148
Avramidis, Joannis 113

B

Babenburg 65
Bäckerei:
  Beckstein 152
  Loskarn 203
  Seel 152, 202
  Schüller 152
Bad Staffelstein 156, 219
Baggersee 155
Bambados 156
Bamberger Bierkrieg 116–119, 133
Bamberger Reiter 48, 52–55, 119
Bamberger Spezialitäten 128, 151–153
Bamberger Symphoniker 63, 104–107
Bamberger Verfassung 60–63
Basketball 98, 162–165
Bierakademie 125, 130–133
Bischof Eberhard I. 65
Bischof Eberhard II. 81
Bischof Otto I. 58, 65, 93, 214
Bischofsmühle 97, 207
Botero, Fernando 113, 155
Böttingerhaus 84–87, 229
Böttinger, Johann Ignaz Tobias 85–87
Brose Baskets 98, 162–165
Bruderwald 70, 168
Brueghel, Pieter 58, 234
Bug 16, 157, 166–169
Buttenheim 26–29, 183

D

Dientzenhofer, Johann 66, 85, 87, 229, 233
Dientzenhofer, Leonhard 61, 66, 82, 229
Dreißigjähriger Krieg 48, 66, 77, 147, 148, 197, 209, 213, 217, 222, 229
Domberg 16, 47, 57, 62, 65, 115
Domplatz 43, 57, 61, 63, 111, 233
Domschatz 43, 47, 59, 69, 209, 221
Donau 10-12, 58

E

Ebrach (Fluss) 225
Ebrach (Markt) 224–227
Einkehrmöglichkeiten aller Art und Brauereien:
  Ambräusianum 25, 121
  Banzer Waldschänke 231
  Berggasthof Banzer Wald 231
  Blaue Glocke 171, 173
  Blau-Löwen-Bräu 87
  Bolero 84, 86, 87
  Bootshaus 167
  Brauerei Fässla 121
  Brauerei Gasthof Grasser 149

Brauerei-Gasthof Fischer 161
Brauerei-Gasthof Hartmann 149
Brauerei-Gasthof Höhn 149
Brauerei-Gasthof Zum Goldenen Adler 161
Brauereigasthof Spezial 128
Brauerei Gaststätte Greifenklau 122, 153
Brauereigaststätte Barnikel 70
Brauereigaststätte Keesmann 79, 122, 153, 184
Brauereigaststätte Löwenbräu 29
Brauereigaststätte Schlenkerla 106, 117, 124, 128, 129, 153, 179
Brauereigaststätte St. Georgen-Bräu 29
Brauereigastwirtschaft Trunk 219
Brauerei Gänstaller 98
Brauerei Georg Rittmayer 136
Brauerei Grasser 148
Brauerei Greifenklau 122, 137, 185
Brauerei Haberstumpf 147, 149
Brauerei Hartmann 148
Brauerei Höhn 147, 185
Brauerei Kaiserdom 122
Brauerei Keesmann 79, 122, 184
Brauerei Schlenkerla 120, 126–129, 179
Brauerei Spezial 126–129
Brauerei Trunk 218, 219
Brauerei Zum Steinernen Haus 79
Brauhaus am Kreuzberg 71
Cador 140
Café Abseits 124, 132, 139
Café Beckstein 140
Café Bergschlösschen 95
Café Bogatz 210
Café Graupner 63, 140
Café im Rosengarten 63
Café Müller 138, 140
Café Niko 203
Café Restaurant am Michaelsberg 67
Café Riffelmacher 140
DaCaBo 141
Das Eckerts 97, 114, 115
Das Faltboot 168
Diller-Keller 145
Drei Kronen (Memmelsdorf) 98, 146, 147, 185
Drei Kronen (Scheßlitz) 148, 220
Drei Kronen (Straßgiech) 148
Fröschbrunna 215
Franken-Weingut Bauernschmitt 197
FruchtBar 172
Galerie am Stephansberg 79
Gasthaus Melber 169
Gasthaus zum scharfen Eck 212, 214
Gasthof Drei Kronen (Zapfendorf) 17
Gaststätte Volkspark 156
GeorgenBräu Bierkeller 29
Giechburg-Gaststätte 223
Griesgarten (»La Comida«) 157, 180
Gügel 223
Haas-Säle 171, 177
Hannla-Keller 145
Hofcafé 139–140
Hotel Café Lieb 169

Hotel Restaurant Weinhaus Messerschmitt 45
Kellerhaus Pommersfelden 235
Klosterbräu 109, 123
Klosterschänke 231
Kraft-Keller 145
Kunstpause 141
Landgasthof Heerlein 94
Landgasthof Pickel 41
Leicht's Keller 157
Live-Club 171, 177
Löwenbräu Keller 29
Mahr's Bräu 124, 184
Mälzerei Weyermann 109, 123–124, 201–203
Meinel-Bräu 147
Mondschein 117, 173
Obstbrennerei Zenkel 67
Pelikan 171, 173
Restaurant Altenburg 94
Restaurant Brudermühle 99
Restaurant JOSCH 42, 45
Restaurant Koi 83
Restaurant Poseidon 17
Restaurant Weierich 55, 116–118, 153
Restaurant Weinfass 13
Restaurant-Café Schloss Seehof 207
Ristorante Da Francesco 67
Schmausenkeller 70
Schrauder-Keller 145, 169
Schuhmann's Keller 145
Soda Bar 172
Sound-n-Arts 170, 172
Spezial-Keller 79, 101, 128, 144, 145
Stilbruch 171, 172
Stöhrenkeller 76, 79
Wagner-Bräu Keller 157
Weinschänke Bischofsmühle 97, 207
Weinstube Pizzini 172
Wilde-Rose-Keller 79, 142, 144–145
Erba-Insel 168
Erster Weltkrieg 20, 36, 40, 101, 118, 153, 214, 230
Erthal, Franz Ludwig von 89, 206

F

Feste und besondere Veranstaltungen:
Annafest 184, 208, 210
Bamberger Weinfest 198, 199
Bamberg zaubert 174–176
Blues- & Jazzfestival 175–176
Calderón-Festspiele 57, 109
Canalissimo 184
Collegium Musicum 234
Crana Historica 215
Ebracher Musiksommer 227
E. T. A.-Hoffmann-Haus 45
Faszination Garten 234
Faust-Festspiele 215
Fête de la Musique 171
Heinrichsfest 47, 184
Historisches Stadtspektakel 215
Kerwa 114, 122, 139, 178–185, 188
Klassik im Kreuzgang 83
Kronach leuchtet 215
Kronacher Freischießen 215
Kunigundenfest 47
Open Air Kino 167
Rosengarten-Serenaden 63
Sandkerwa 114, 139, 178–181, 183, 185, 188

Songs an einem Sommerabend 231
Viertelmeister-Tag 215
Zeiler Altstadt-Weinfest 198
Festung Rosenberg 213–214
Floßfahrt 215
Forchheim 39, 117, 208–211, 213, 221, 222
Forchheimer Kellerberg 184, 208, 210
Fränkische Rezat 11
Freibad (Hallstadt) 156
Freudeneck 160, 161
Friedrich II., der Große (Preußen) 43
Fürth 39, 131

G

Gabelmann (Neptunbrunnen) 14–17, 164, 175, 177
Gärtnerviertel 38–41
Geyerswörthsteg 97, 155
Giechburg 94, 220-223
Goethe, Johann Wolfgang von 43, 109, 214
Gondolieri 13
Grüner Markt 16, 152

H

Hain 12, 35, 37, 152, 166–169
Hainbadestelle 155, 167
Hallerndorf 68–71, 136
Haßlach 213
Hegel, Georg Wilhelm Friedrich 43–44
Heumarkt 113, 141, 155
Hexenturm 199
Hirschaid 155
Höfen 70, 160, 161, 168, 169
Hoffmann, E. T. A. 44, 57, 93, 108, 109, 167

I

Itz 160

J

Jakobsberg 65, 190
Jakobsweg 69

K

Kaisergrab 48, 50, 53
Kaiser Friedrich I., Barbarossa (Hl.Röm.Reich) 81
Kaiser Friedrich II. (Hl.Röm. Reich) 54
Kaiser Heinrich II. (Hl.Röm. Reich) 47–51, 53, 54, 58, 59, 77, 209
Kaiser Heinrich V. (Hl.Röm. Reich) 214
Kaiser Wilhelm II. (Preußen) 20, 230
Kaiserin Kunigunde von Luxemburg, Heilige 31, 47–50, 53, 54, 58, 59, 77
Kaiserpfalz (Burg) Forchheim 208-211
Kaiser-Ulanen 18–21
Kaspar Schulz Brauereimaschinenfabrik & Appartebauanstalt KG 200, 201
Kang, Jin Mo 115
Katase, Kazuo 115
Katharinenspital 67
Kaulberg 24, 65, 82, 83, 87, 122, 201
Kelheim 11, 12, 58
Kemmern 155, 184

Kirchen und Kapellen:
Bamberger Dom 46–55, 57, 59, 61, 65, 73, 77, 113, 127, 129, 201, 218, 222
Erlöserkirche 30–33
Gügel 220, 222
Katharinenkapelle 111
Kreuzbergkapelle 70, 71
Marienkapelle 25, 87
Obere Pfarre (Zu Unserer Lieben Frau) 24, 25, 79, 119, 189
St. Elisabeth 73, 74, 114, 179, 180, 181, 188
St. Gangolf 65, 77
St. Getreu 16, 72–75
St. Johannis Baptistae unter den Linden (Johanniskapelle) 77, 78, 79
St. Jakob (Bamberg) 65, 69, 70, 93
St. Jakob (Herrnsdorf) 70
St. Martin 43, 69, 175, 229
St. Michael 16, 64–67, 77
St. Stephan 31, 49, 65, 76–79
Vierzehnheiligen 216–219
Zeiler Käppele 199
Kirchweih (Kerwa) 29, 175, 178–185
Klein Venedig 157, 179
Klemenz, Christian 134–137
Kloster:
Banz 89, 217, 228–231
Ebrach 81, 224–227
Karmelitenkloster 80–83, 229
Langheim 217, 226
Mich(a)elsberg 65, 157, 197, 225, 229
König Ludwig I. von Bayern 11, 44, 219
König Maximilian I. Joseph von Bayern 19, 144, 167
König Stephan I. von Ungarn 53, 54
Konzerthalle 105, 107, 113, 114, 157
Kranen 12, 15, 113, 157
Kreuzweg 72–75, 148
Krippenweg 187, 189
Kronach (Fluss) 213
Kronach (Stadt) 209, 212–215
Kuball, Mischa 115
Kunigundendamm 31

L

Lastkahn 11, 12, 13
Leitenbach 148
Lessing, Willy 36
Lisberg 155
Loskarn, Thomas 202
Löwenbrücke 188
Lucas Cranach der Ältere 58, 214, 215
Ludwag 223
Ludwig-Donau-Main-Kanal 10–13, 157, 184
Luginbühl, Bernhard 114
Lüpertz, Markus 112, 114

M

Main 11, 12, 43, 58, 148, 157, 199, 226
Marchini, Giovanni Francesco 233
Marienbrücke 31, 188
Maxplatz 47, 152, 164, 175, 177, 187
Memmelsdorf 98, 146, 147, 185, 205
Messerschmitt, Wilhelm Emil 45

Metzgerei:
- Alt 153
- Kalb 153
- Lessner 152, 153

Mich(a)elsberg 64–67, 73, 74, 110, 113, 115, 125, 181, 197, 198
Mich(a)elsberger Wald 16, 105
Monsterpark Rattelsdorf 158–161
Mühlenviertel 97, 115
Museum:
- Archäologiemuseum Oberfranken 210
- Bauernmuseum 41
- Diözesanmuseum 59, 65, 115, 189
- Fränkisches Brauereimuseum 67, 125, 133
- Gärtner- und Häckermuseum 40
- Geburtshaus Levi Strauss Museum 26–29
- Historisches Museum 58
- Missionsmuseum 189
- Museum Kloster Banz 231
- Museum zur Geschichte Ebrachs 227
- Naturkundemuseum 88–91
- Pfalzmuseum Forchheim 210
- Sammlung Ludwig 99, 189
- Schlossmuseum (Schloss Seehof) 207
- Staatsgalerie 63
- Stadtmuseum Forchheim 210
- Zeiler Hexenturm 199

N

Nachtwächter 22–25
Napoleon 19, 40, 61, 62, 214, 230
Neue Residenz 57, 60–63, 229, 233
Neues Palais 111
Neumann, Balthasar 63, 66, 217, 218, 230, 233
Nürnberg 11, 12, 16, 24, 39, 44, 69, 73, 103, 106, 131, 180, 217

O

Obere Brücke 155, 175, 233
Obermain Therme 156
Orangerie:
- Kloster Mich(a)elsberg 66
- Schloss Seehof 205, 206

Otto von Griechenland 44
Otto VIII. von Wittelsbach 58

P

Papstgrab (Clemens II.) 48
Petrini, Antonio 77
Pfennigwunder 49, 77
Pfleger, Robert Dr. 202
Philipp von Schwaben 58
Plensa, Jaume 114, 115
Poldi 90, 93
Pommersfelden 205, 233

R

Rathaus Schloss Geyerswörth 12, 97, 189
Rathaus Forchheim 210
Rattelsdorf 160
Rauchbier 126–129, 132, 151, 152
Reformation 66, 82, 229, 230
Regensburg 136, 197, 217
Regnitz 12, 13, 31, 35, 43, 58, 75, 82, 97, 98, 99, 106, 127, 141, 155, 157, 163, 165, 167, 168, 179, 180, 191, 202, 209

Remeis, Karl Dr. 95, 100–103
Riemenschneider, Tilman 48, 49, 51
Rodach (Fluss) 213, 215
Rosengarten 62, 63, 180
Rottmeisterhäuschen 98

S

Säkularisation 59, 63, 66, 69, 77, 79, 82, 87, 197, 206, 209, 214, 219, 222, 226, 230
Sandgebiet 16, 73, 74, 85, 110, 117, 139, 170–173, 177, 179, 180, 188, 189
Scheßlitz 77, 94, 148, 220, 222
Schleuse 11, 12, 13, 86, 157, 167
Schloss Seehof 77, 107, 147, 204–207
Schloss Weißenstein 230, 232–235
Schönborn, Lothar Franz von 61, 85, 205, 233, 234
Schulz, Tobias 201
Shoppingmöglichkeiten 141, 187, 190–195
Spitzweg, Carl 234
Staatsarchiv 28, 35
Staatsbibliothek 63, 89
Stauffenberg, Claus Schenk von 20, 35, 36, 163
Stegaurach 87, 168, 169
Stephansberg 65, 76–79, 85, 101, 128, 143, 144
St. Erhard 134–137
Sternwarte Dr. Karl Remeis Bamberg 100–103
Stolpersteine 34–37
Straßgiech 98, 148
Strauss, Levi 26–29
Süßholz 38–41, 153

T

Theater:
Brentano-Theater 111
E. T. A.-Hoffmann-Theater 109
(Bamberger) Marionettentheater 110
nana theater 111
Puppenbühne Herrnleben 110
Theater am Michelsberg 67, 110
Theater der Schatten (Schattentheater) 111
Theuerstadt 39, 65
Tietz, Ferdinand 63, 147, 205
Treidelpfad 12
Turmwächter 23, 24

V

Villa Remeis 95
Vogelsaal 90

W

Waldklettergarten Banz 231
Wasserschloss (Villa) Concordia 10, 85, 86, 115, 157, 167
Weihnachtsmarkt 186–190
Wölfel, Hans 37
Wortelkamp, Erwin 113
Wrede, Volker 177
Wunderburg 19, 39, 122, 124, 184,
Würzburg 69, 77, 101, 163, 205, 217, 229, 233

Z

Zeil am Main 197, 198, 199, 226
Zweiter Weltkrieg 21, 30–33, 37, 40, 45, 79, 87, 105, 109, 110, 118, 202, 214, 230

Verborgene Schätze Frankens

▷ Gerade die vielen kleinen Städte Frankens bergen wahre Kostbarkeiten: ehrwürdige Burgen und Schlösser, Museen und Brücken, eindrucksvolle Kirchen, Synagogen und Basiliken, historische Ortskerne und imposante Stadtmauern, idyllische Gärten und Parkanlagen ... Entdecken Sie 22 kleine Perlen und deren einzigartige Sehenswürdigkeiten, wie die römische Therme in Weißenburg, das Biermuseum in Gräfenberg oder Deutschlands einzige erhaltene bürgerliche Eremitage in Creußen.

- 22 fundiert recherchierte Touren zu den Perlen Frankens
- Im handlichen Format – bestens geeignet für unterwegs
- Mit zahlreichen Insidertipps zu Gasthäusern und Sehenswürdigkeiten

Der Kleinstadt-Verführer Franken
Broschur, 156 Seiten
ISBN 978-3-86913-116-0

ars vivendi